农户对子女教育投入行为：知识、理性与社会
——以秦巴地区 D 村和 W 村为个案

黄祖军　著

科学出版社

北　京

内 容 简 介

　　长期以来，学者对农民行为的研究一直带有二元对立思维，存在"理性"与"非理性"的争论。本书试图超越这种二元对立思维。本书以秦巴地区D村和W村为个案，从社会理性人视角出发，以行为与结构关系研究的社会建构论范式为分析工具，具体分析农户对子女教育投入行为的社会生态场域、现实表征、理性逻辑和实践逻辑等内容。本书揭示农户对子女教育投入行为背后的深层逻辑是理性行为的社会建构，即以理性为中介，农户行为和结构约束的互动与相互建构。

　　本书可为从事农民对子女教育、农民行为研究方面的相关人员提供参考，可作为社会学、政治学和管理学的本科生及研究生的参考资料。

图书在版编目(CIP)数据

　　农户对子女教育投入行为：知识、理性与社会：以秦巴地区D村和W村为个案/黄祖军著. —北京：科学出版社，2018.5
　　ISBN 978-7-03-057222-6

　　Ⅰ.①农…　Ⅱ.①黄…　Ⅲ.①农户–子女–教育投资–研究–中国　Ⅳ.①G725

　　中国版本图书馆CIP数据核字 (2018) 第084583号

责任编辑：张　展　孟　锐/责任校对：韩雨舟
责任印制：罗　科/封面设计：墨创文化

科 学 出 版 社 出版

北京东黄城根北街16号
邮政编码：100717
http://www.sciencep.com

*成都锦瑞印刷有限责任公司*印刷

科学出版社发行　各地新华书店经销

*

2018年5月第　一　版　开本：B5 (700×1000)
2018年5月第一次印刷　印张：10 3/4
字数：260千字
定价：**79.00元**
(如有印装质量问题，我社负责调换)

前　　言

　　本书从社会理性人视角出发，以行为与结构关系研究的社会建构论范式为分析工具，揭示出农户对子女教育投入行为背后的深层逻辑是理性行为的社会建构，即以理性为中介，农户行为和结构约束的互动与相互建构。本书克服了以往对农民行为研究的片面性和简单化。以往研究要么只看到农民行为是理性的，过于强调农民行为的自觉性和意图性，忽视了各种结构约束因素，甚至偏于农民理性是纯粹经济理性的论断；要么只看到各种结构因素对农民行为的约束与限制，贬低或扼杀农民的理性，忽视农民行为的主体性和意图性。

　　长期以来，已有研究在农民行为和农民教育投入上往往脱节，对农民行为的研究忽视了农民教育投入行为，对农民教育投入的研究多从经济学方面研究投资收益，很少涉及对农民行为的探讨，造成社会学意义上对农民教育投入行为研究的空缺。而通过对个案村的实地调查发现，农户对子女的教育投入行为存在差异和变化。鉴于此，本书围绕农户对子女的教育投入行为，试图揭示其背后的深层逻辑，回答和解释农户对子女教育投入行为的差异和变化的原因。

　　为了揭示农户对子女教育投入行为背后的深层逻辑，本书具体分析农户对子女教育投入行为的社会生态场域、现实表征、理性逻辑和实践逻辑等内容，层层衔接，进行阐述和剖析。首先，对农户教育投入行为的社会生态场域进行分析，为理解和探讨农户对子女教育投入行为提供现实语境和社会意蕴。农户对子女教育投入行为的实践场域是社会转型期教育内卷化，一方面，教育"有增长而无发展"；另一方面，教育的边际报酬递减。其次，具体剖析调查所在村农户对子女教育投入行为所表现出的差异和变化。差异主要呈现出不同农户教育投入的观念、行为差异，以及同一农户在子女不同教育阶段的投入行为差异。而变化既呈现出农户对子女教育投入行为的变化与具体情境相关，也表现出教育投入观念、动机和行为选择的变化。最后，深入挖掘农户对子女教育投入行为差异与变化背后的深层机理，揭示了农户教育投入行为具有理性与实践的双重逻辑，是理性行为的社会建构。从表层看，农户对子女教育投入行为的差异与变化源于农户行为的理性逻辑：一方面，表现出生存理性、经济理性和社会理性的差异；另一方面，表现出在生存理性、经济理性和社会理性之间的变化。从深层看，农户对子女教育投入行为的差异与变化源于其实践逻辑。在实践中，农户的理性行为受到家庭、社会、文化等结构性因素的约束和限制，在各种结构因素约束下，农户理性选择对子女的教育投入行为，并随具体情境的变化而调适目标和行为。

　　总之，农户对子女教育投入的行为逻辑是理性行为的社会建构，这也是农户对子女教育投入行为差异与变化的根源。农户从追求生存、经济、政治权力、社会地位、社会声望、情感等社会收益最大化目标出发，权衡子女、家庭、社会、文化等因素，做出是否对子女教育投入的决策。当子女、家庭、社会、文化等因素发生变化时，在新情境下农户反思并调适先前对子女的教育投入行为，确立新的最大化社会收益目标，做出是否对子女教育投入的新决策。农户对子女的教育投入行为是结构约束与农户理性选择的结果，呈现出以理性为中介的行为与结构的互动和相互建构。

　　本书受西华师范大学英才项目："'技术—社会'视角下贫困农村数字化治理研究"资助。

目　　录

第一章 导 论

一、研究缘起与问题提出

(一)研究缘起

当前，中国处于社会转型加速期，教育体制也在不断改革和发展。我国教育既面临许多发展机遇，也出现了许多困境。而农村教育特别是农民子女的教育问题，在社会转型加速期出现了许多新情况、新问题。研究农户对子女的教育投入，特别是其投入的行为特征，对把握农户教育的投入现状、促进农村教育发展具有重要意义。

从教育体制的改革和发展看，我国教育既出现良好的发展势头，也面临令人困惑的难题。自改革开放以来，中国教育领域也开始改革。特别是 20 世纪 90 年代最后几年和 21 世纪的前几年，教育改革步伐加快，这是中国教育规模迅速扩张的时期。国家对教育的一系列改革，有三点值得关注。①改革高等教育，实行高校收费制。1997 年，中国普通高校实行全面"并轨"，开始实行收费制度。此后几年，高等教育的学费一直呈上升趋势。1996～2000 年，中国高等学校教育学费的年增长率保持在 25%左右，而 1998～1999 年的高等学校教育学费增长率更高达 44%。根据可比价格计算的学费占居民收入的比例大幅提高，到 2002 年，高等学校学费支出占农村居民收入的比例从 1996 年的 68.6%飙升到 177.6%，占城市居民人均可支配收入的比例由 1996 年的 37%上升为 77.3%(刘民权 等，2006)。②高校规模扩展迅速。我国的高等教育规模扩展现象从中华人民共和国成立以后就开始了，曾一度停滞，20 世纪 80 年代高校规模也有一次扩展，但规模比较小。而20 世纪 90 年代的高等教育扩展速度快、规模大。1990 年全国高等学校在校生为382.2 万人，2000 年全国高校在校生上升为 847.9 万人，增长迅速(国家教育发展研究中心，2001)。③国家加大农村义务教育建设力度。改革开放以来，农村教育快速发展，农民受教育程度逐步提高。我国目前已完成了普及九年义务教育和基本扫除青壮年文盲的历史性任务。近几年来，中国政府重视农村教育，并已逐步形成农村义务教育保障机制。这个保障机制从学费、教育经费、校舍维修改造、教师工资等多个方面来发展农村教育。特别是 2008 年秋，国家决定在全国城乡实施免费义务教育，这对农村义务教育的发展将产生深远影响。这些政策和措施，为农村教育的快速发展提供了保障。

但随着教育体制的改革和发展，一些问题也不断暴露出来。①教育规模日益扩大，但是教育质量并未提高；相反，有下降趋势。教育的发展还是一种粗放型的规模扩展，而不是集约型的质量提升。特别在城乡二元结构下，农村基础教育的质量与城市基础教育的质量差距越来越大。②高等教育的"市场化"改革，实行全面的收费制度，一方面使教育经费分摊的主体多元化，减轻了国家的教育负担；另一方面，也给家庭带来了很大的压力，甚至严重影响教育的公平性，使一部分低收入家庭放弃对子女的教育投入，甚至可能使达到录取标准的低收入家庭的学生放弃高等教育机会。③随着教育规模的扩张，"教育过度"现象也较为普遍。我国过度教育的形成直接受到教育扩展的影响，也伴随知识失业而出现。最近几年，我国大学生就业形势比较严峻，毕业即失业现象并不少见。即使许多已就业的大学生，也从事学历层次较低的工作，导致教育资源和人才的浪费。④教育的收益呈递减化趋向。"文凭贬值"现象较为突出，高学历人才的收入较低，大学毕业生的收入有时还不如低学历的人。教育收益的递减化趋向，既指经济收益的递减，也包含社会收益的递减。一方面，随着受教育程度的提高，经济收益的边际报酬递减；另一方面，随着受教育程度的提高，受教育者提升社会地位、社会声誉也并非一帆风顺。

从社会变迁和转型看，教育对农民子女来说，既显得重要，也面临诸多困难。开放社会中的流动和分层标准从过去主要依据政治出身、血统等先赋性因素转向主要依据后天个人努力、教育程度等获致性因素。教育成为社会的"筛选机器"（Spring，1976），在现代社会中，教育是社会流动的动力机制。在我们能获得数据而加以分析的所有工业化或正在工业化的国家中，对"谁走在最前面"这一问题的最好回答，就是"那些获得了教育的人"（Deng et al.，1997）。这并不是说家庭环境不再影响子女的职业，而是意味着优越的地位不再能够直接继承，而必须由公认的实际成就来证明其合法性（张人杰，1989）。对于社会地位较低的人来说，教育是改变自身地位、实现向上流动的最主要路径。教育在当前中国社会转型时期，对个体社会流动的重要性越来越突出。伴随中国社会的转型，原有的生产力、生产关系被打破，体制的转换带来利益关系的重组和分化，社会各方面发生了巨变。新的社会阶层和职业群体相继出现，社会阶层结构逐渐形成。许多学者都对中国的社会阶层进行了重新划分，虽然划分的标准和模式各有特点，观点也不尽相同，但不可否认，中国当前社会存在分层，且阶层结构慢慢成型。

在中国社会转型过程中，各阶层之间的流动速度不断加快，流动路径更为繁多；同时，阻碍流动的结构性屏障与改革开放前完全不同。一方面，改革开放以来，社会结构更加开放，社会流动率明显增加，经济改革前制约人们社会流动的三道制度性屏障——户口身份屏障、档案身份屏障和政治身份屏障——的影响越来越弱，特别是政治身份屏障已基本崩溃(李春玲，2005)。另一方面，新的阻碍社会流动的屏障出现。有三道结构屏障阻碍了阶层的自由流动：第一道为是否占有最重要的资源种类，如权力资源和经济资源，没有这些资源的阶层想要跨越这道屏障进入拥有这种资源的阶层是有一定困难的；第二道屏障是源于劳动技术分工或者是否拥有文化资源而导致的阶层分化，各种学历文凭和资格认证构成了这道屏障的基础；第三道屏障是源于是否能获得就业机会，这主要存在于有机会争取到就业岗位的人与没机会获得工作的人之间(李春玲，2005)。这三道屏障使优势社会阶层的"封闭性"和"排他性"增强，处于社会劣势阶层的人要想上升到优势阶层，必须消除这几道屏障。而接受教育、获得文化资源又是一个可行可取的路径。特别对社会地位和社会声望较低的农民阶层而言(陆学艺，2002)，获取文化资源有特殊的意义。农民要实现向上的社会流动、获得较高的经济和社会地位，通过获取文化资源实现流动是有效的途径。教育对农民阶层向上的社会流动越来越重要。

在社会转型时期，虽然教育对农民阶层的重要性日益凸现，对改变农民子女命运、社会地位与声誉的意义重大。但与此同时，我们不能否认农民家庭对子女教育的投入受诸多因素影响与制约，使得投入行为具有很大的变动性和复杂性。①我国从计划经济体制向市场经济体制转型过程中，劳动力市场的分割与歧视，给农民子女的社会流动带来了不确定性，农民通过教育来改变孩子命运的途径能否实现，充满变数。②城乡教育差距的拉大，使农村孩子身份转换和地位升迁更加困难。在城乡二元结构下，城市与农村的教育差距越来越大。农村教育落后和质量低下的状况，使农村孩子的受教育机会和升学受到影响，与城市孩子的竞争更为不平等。这种现状，势必影响农户对子女的教育投入。③教育体制的改革对农户教育投入行为的影响不可忽视。一方面，高等教育实行全面收费制度，而在当前城乡二元分化的社会，农民的收入增长有限，这种矛盾的现状必会影响农户对子女的教育投入行为；另一方面，国家对义务教育实行免费制度，这对农户的教育投入行为也会产生影响。④当前大学生就业难，毕业即失业的现象并不少见，学历呈现贬值趋向。"教育过度""知识失业"以及教育的收益递减使得新的"教育无用论"在社会上相继出现，特别是中国一些地方出现高中生弃考现象。这些现象难免会影响农户对子女的教育投入行为。

综上所述，在中国社会转型期和教育"市场化"以及教育文凭日益贬值趋势下，农户对子女教育投入行为会呈现哪些特征？会发生什么变化？不同农民家庭对教育投入行为有什么差异？在社会结构性的限制中，农户又如何选择对子女的教育投入行为方式？农户对子女的教育投入行为背后的深层逻辑到底是什么？这些都是值得研究，并且应该深入研究和探讨的问题。研究农户对子女的教育投入行为，以及其行为背后的深层逻辑，具有重要意义。本书正是基于这些思考来分析和研究农户对子女教育投入的行为及其逻辑。

（二）问题提出

在中国社会转型期，各阶层之间的社会流动速度不断加快。一方面，教育对不同社会阶层的流动，特别是较低社会阶层向较高社会阶层的流动起着重要作用，对农民子女而言，获取教育是有效的向上流动路径。另一方面，新的社会屏障使优势社会阶层的"封闭性"和"排他性"增强，处于社会下层的农民和农民子女的上升流动遇到越来越大的阻力。依靠教育实现农民子女社会地位和身份的改变越来越难。而中国教育体制改革和发展过程中呈现的问题也影响农民子女向上的社会流动。一方面是教育的全面收费制和"市场化"改革，一方面是教育收益边际报酬递减、"文凭贬值"和大学生毕业即失业。在中国社会转型期和教育的"市场化"以及教育文凭日益贬值趋势下，研究农户对子女的教育投入行为既是必须的，也有必要的；既具有学术价值，也具有现实意义。

为此，本书通过实地调查，试图研究转型期中国教育改革与发展背景下，农户对子女教育投入的行为表现与逻辑是什么？为了深入探讨这一问题，基于研究需要，又进一步细分了几个更小的问题：①农户对子女教育投入的现状如何？对子女的义务教育阶段和非义务教育阶段的投入又表现出哪些不同？②农户对子女的教育投入是基于理性思考还是感性思考？③农户对子女教育投入行为受哪些因素影响和制约？④在受到各种因素影响和限制时，农户又是如何选择教育投入行为方式的？⑤农户对子女教育投入行为背后的深层逻辑是什么？这些问题也是本书要深入探讨和论述的具体问题。

二、研　究　意　义

在中国社会转型与教育改革和发展过程中，研究农户对子女教育投入的行为逻辑这个问题，既具有学术意义，也具有现实意义。

（1）本书的研究有助于深化对中国教育改革和发展的理论研究。对社会转型期教育改革和发展背景下农户教育投入行为逻辑的研究，首先必须对转型期中国的教育现状进行分析和探讨。而对中国教育发展现状的探讨仍是学术界的一个争论焦点。有学者认为，当前我国教育发展是"市场化"取向；也有学者认为，教育"市场化"的提法不妥，应该是教育"产业化"（王海南 等，2000）。有学者认为，我国教育发展是"大众化"趋向；也有学者认为，我国当前教育仍是"精英化"取向；还有学者认为，我国教育发展表现为"过度化"（武向荣 等，2007）。总之，这些争论和不同见解都从各自的理解视角对当前中国教育体制改革和发展趋势做出了解释。本书的研究也涉及中国当前的教育发展和改革，本书从教育本身的发展、教育对社会的影响以及社会对教育的回应角度来探讨和分析我国当前的教育发展现状，这种探讨和分析，将进一步深化对我国教育改革和发展的认识。

（2）本书的研究有助于丰富对农民教育投入行为的理论研究。目前，学术界对农户教育投入行为的研究还比较薄弱。本书通过剖析农户教育投入行为的结构性制约因素和农户在约束下的选择行为方式，从行为与结构互动的动态角度对农户教育投入行为进行审视，从浅层和深层两个层次挖掘农户教育投入行为背后的深层逻辑，呈现出农户教育投入行为的"理性"与"社会建构"特征，揭示了农户教育投入行为的双重逻辑——理性逻辑与实践逻辑，深化了对"农户的选择是否理性"命题的认识，从中也可以更深入理解农民行为是"道义""理性"抑或"惯习"争论的实质，进一步丰富了对农民教育投入行为研究的理论视角。

（3）本书的研究进一步丰富了中国学界对农民教育投入行为的经验研究。对农户教育投入行为及其深层逻辑的研究，既是学术界有待深入研究的问题，也是现实生活中理解农户对教育的态度和背后思维逻辑的需要，还是国家今后制定教育改革和发展政策，特别是针对农民和农村教育发展政策，缩小教育不平等的需要。在中国社会转型期和教育的"市场化"以及教育文凭日益贬值趋势下，农户教育投入行为表现出哪些现状和特征，是否会发生变化？出现哪些变化？不同农民家庭对教育投入行为有什么差异？在社会结构性的限制中，农户又如何选择对子女的教育投入行为方式？本书通过实地调查和访谈，对农户教育投入行为的这些方面的探讨，必将丰富学界对中国农民教育投入行为的经验研究。

（4）在现实方面，本书的研究目的是了解西部经济欠发达地区的农户教育投入行为，如何提高农村孩子的受教育水平，以及促进农村教育发展有一定的参照作用。本书以西部秦巴山区经济欠发达农村为调查基础，收集第一手资料，能较好地呈现这一地区的教育现状和农民的教育投入行为，为理解这一特殊地域的农民教育观念和行为选择提供参照。此外，为当地教育部门如何提高该地区农村孩子的受教育水平，促进农村教育发展，缩小城乡教育差距提供参考。

三、文献回顾与述评

研究农户对子女的教育投入行为，需要对相关的已有研究进行归纳，以把握目前的研究现状和研究程度。而相关的研究涉及教育投入研究、农民行为研究和农民对子女的教育投入行为研究。从相关的研究成果中既可以吸取养分，也可以获得启发，为确立、找准本书的研究视角奠定基础。下面就对这些文献做一些回顾与评述。

（一）关于教育投入的相关研究

1. 教育投入理论

学者们对教育投入的理论研究，依据论述的角度和各自观点的不同，可以归纳为人力资本理论、技术功能论、筛选理论和劳动力市场分割理论等。

1）人力资本理论

人力资本理论基于经济学的"成本—收益"范畴，详细论述了教育性质、教育的成本与收益、教育的作用以及教育投资与经济增长的关系等问题。此理论学派的代表人物主要有西奥多·W. 舒尔茨、明瑟（Mincer）和贝克尔等。

（1）人力资本理论对教育性质进行了论述，主要是对教育到底是消费还是投资问题的回答。对教育是消费还是投资问题的回答，有利于个人（家庭）和国家对教育性质的理解，同时也为个人和国家对教育的投入行为提供理论基础。如果教育是消费活动，那么人们对教育的投入行为就将受到其消费偏好和消费能力的影响，其中家庭收入与教育活动的价格——学费是人们消费教育的重要考量要素。如果教育是一种投资行为，那么必将带来收益，不管是个人还是国家，都将获益，而教育的投入行为也如资本家投资那样是一种前期资本预付行为。西奥多·W. 舒尔茨认为：绝大部分教育既不是纯消费，也不是纯投资，其中初等教育主要是消费教育，高等教育、专业教育和成人教育主要是投资教育（Schultz et al.，1961）。实际上，根据教育是一种人力资本的概念，通过高等教育而形成的人力资本远非是同质的。其部分是消费的，部分是生产的。而且，消费和生产两部分还各有许多不同的类型。这些人力资本的价值取决于其提供服务的价值（单中惠 等，2000）。而对于明瑟和加里·S.贝克尔来说，他们更趋向于认为教育是一种投资行为。即便是传统上那些认为难以归入投资范畴的东西，比如卫生、保健、教育、就业调查、信息获得、迁移以及在职培训等，都被当作是一种投资而不是消费（刘精明，2005）。

（2）人力资本理论对教育投入的收益进行了分析和论述。教育的收益是教育投资的重要考量因素。加里·S.贝克尔（1987）认为，"唯一决定人力资本投资量的最重要因素可能是这种投资的有利性或收益率"。对教育收益的测算和分析为人们对教育投入的动机和行为提供了进一步的理论依据。人力资本理论对教育的收益是从个人和社会两个层面来分析的。对个人而言，人力是一种资本，个人对教育的投资会增加其收入，增加和保障其福利。人力资本是劳动者时间价值——收入提高的最主要的源泉（西奥多·W.舒尔茨，1990）。对人力和知识的投资是保证人的福利的决定性因素。教育的社会收益主要是针对国家而言，国家作为教育投资的重要主体，对教育的投资可以促进经济增长和社会发展。研究表明，许多低收入国家的发展进程明显地得益于大学所培养的工程、技术、医疗、公共与私人的管理工作、农业等方面的土生土长的专门人才(西奥多·W.舒尔茨，1990)。

(3)人力资本理论对教育投资的作用进行了分析。如上所述，教育能增进个人福利，提高个人人力资本存量，增加个人收入。投资教育也能促进经济发展和社会发展，对贫穷社会来说，是脱贫致富的好路径。此外，投资教育还为人类社会未来发展提供了美好前景，也有利于摆脱空间、能源、耕地和其他物质财富对人处境的限制。人口质量和知识投资在很大程度上决定了人类未来的前景。当人们考虑这些投资时，地球物质资源将会耗尽的预言就必然被抛弃(西奥多·W.舒尔茨，1990)。

2)技术功能论

有关教育投入的技术功能论，主要是面对科技革命和技术变革的发展，人们如何适应社会发展与科技革命的新需要而提出的研究课题。技术功能论有两个逻辑前提，一是认为教育与科技革命二者有密切关系；二是劳动者提高教育能适应技术革新的新需要。教育投入的技术功能论是从功能主义视角来分析和论述科技革命与教育投入的关系。一般来说，科技革命对教育的影响有两条路径，一条路径是直接影响教育的观念、内容、技术和手段；另一条路径是通过就业和劳动力市场的变化来间接影响教育。而科技革命影响就业和劳动力市场这条路径对人们教育投入的行为将产生重要影响，一方面迫使人们被动地提高受教育水平以适应这种变化；另一方面，人们为了获取更好的职业或保住已有职位，也会主动地提高教育水平。正如 Collins(1977)所认为的，技术变革使工作对技能和知识的要求越来越高，而技能和知识主要是通过教育获得的，因此，接受学校教育的人越来越多，人们接受学校教育的时间越来越长，以适应不同行业、职业和工作职位对人的不同要求。因此，我们既要看到科技发展本身对人们教育投入行为的直接作用，更要重视科技革命所引发的就业结构、劳动力市场结构变化对人们教育投入行为产生的间接作用。

3)筛选理论

1973 年，史潘斯发表了《筛选假设——就业市场信号》(Micheal，1973)，文中系统阐述了筛选理论，是该理论形成的重要标志。筛选理论在一定程度上论述了教育的筛选作用和在就业市场的符号作用对人们教育投入行为的影响。

筛选理论强调教育的符号作用，在就业市场上，教育起着信号的作用，是雇主挑选雇员的重要信息。因为劳动力市场信息不完全使得雇主对受聘者的劳动能力了解较少。在这种情况下，雇主只能依据可见的信息来决定选聘谁、是否选聘、支付的工资水平。筛选理论认为，教育的筛选作用在某种程度上代表了人的能力，虽然教育不能提高人的能力，但却可以反映人的能力。正是教育具有的筛选作用和就业市场的符号作用，刺激人们为了找到好的工作岗位，增加工资水平而不断地投资教育，提高受教育水平。筛选理论认为，雇主过分地依赖学历文凭作为选聘的依据，可能会给国家和个人带来严重的后果。因为若获得较高教育文凭便可获得较理想的职业岗位和优厚待遇，就会大大刺激人们对高等教育的投入，导致高等教育的过量发展，造成教育的过度。

总之，筛选理论分析和论述了 20 世纪 70 年代教育文凭贬值下人们的教育投入行为。筛选理论认为，正是教育在就业市场的信号作用影响求职者对教育的投入行为，他们会设法多接受教育去申请好的职位，因为受教育水平是告诉雇主的一个重要个人信号。正是求职者纷纷投资教育、不断提高自己的受教育水平，这种教育投入行为造成了文凭泛滥的现象。

4）劳动力市场分割理论

劳动力市场分割理论对教育投入的论述，主要体现在劳动力市场与教育的关系上。劳动力市场分割理论有一个重要的假设前提：劳动力市场是不统一、不完全的。归纳起来，劳动力市场划分模式较多，曲恒昌等（2000）归纳为：主要劳动力市场和次要劳动力市场；垄断的劳动力市场和竞争的劳动力市场；内部劳动力市场和外部劳动力市场。不管劳动力市场划分的模式有何不同，总可以划分为两种类型：好的劳动力市场和差的劳动力市场。教育总与这些劳动力市场相联系，教育水平既是不同劳动力市场区分的重要标志，又是劳动力市场划分的重要依据。正因如此，劳动力市场的分割影响人们对教育的投入行为，人们都希望进入好的劳动力市场，而为了达成目的，便投资教育，提高教育水平。但劳动力市场的分割也往往存在歧视和阶级利益区别。来自下层的社会群体，即便获得了较高的教育水平，进入条件好的主要劳动力市场往往也比较困难，从而降低了下层社会群体对教育的需求（杜育恒，2000），这影响下层社会群体对教育的投入。史潘斯也认为劳动力市场分割是阶级利益差异和斗争的结果，穷人进入主要劳动力市场往往很难，这样会造成农民持久的贫穷（Micheal，1973），对农民教育投入不利。

2. 教育投入的成本分担与补偿理论

教育投资到底是个人的事还是国家的事，对政府、社会和个人而言，到底谁应该为教育付费、付费的内容包含哪些、付费的比例是多少，一直是学界争论的焦点问题，这也是教育投入的成本分担与补偿问题。学术界在这方面的观点和研究成果也不少。

（1）关于谁应为教育付费问题的研究。对于这个问题的回答，实际上关系教育投资主体问题，而其假设前提就是关于教育是公共产品还是私人产品的回答。自 Samuelson（1954）提出"公共物品"以来，公共物品这个概念就被学术界广泛运用。

对教育是公共产品还是私人产品的疑问，实际上涉及教育的产品属性。教育的产品属性一般有三种分类。第一类观点认为，教育是公共产品。Barlow（1970）就持此种观点，认为教育是公共物品，他通过论述美国地方学校财政效率问题，分析和论证了教育的公共性。公共物品一般由政府提供，供全社会享用，认为教育是公共产品的观点主张政府应该承担教育的全部费用，应为教育付费。第二类观点认为，教育是私人产品，具有私人性。Barr（1998）认为"教育不是公共物品"。教育不是一个纯粹的公共物品，即使含有一些公共物品的内容和因素，那也是非常有限的。研究表明，因为教育是私人产品，对于那些无子女的人来说，他们绝大部分人投票反对教育的政府公共支出（郑秉文，2003）。第三类观点认为教育是准公共产品，既不是私人产品，也不是纯粹的公共产品。这类观点介于前两类观点之间。中国学者对教育的产品属性研究成果也比较多，观点也存在较大分歧，但也基本上从属于这几类观点。

（2）关于教育投入支付能力问题的研究。教育的产品属性确定了，教育的支付责任和范围也就确定了，但是，支付能力影响教育的投入。学术界一般认为，初等教育属于纯公共产品，应由政府投入资金；中等教育主要是准公共产品，应由政府和个人（家庭）共同投资，但政府应为主要资金投入者；而高等教育主要是私人产品，主要由个人（家庭）投资，但国家和社会也应该分担一部分费用。D.B.约翰斯通（2004）在《高等教育成本分担：英国、联邦德国、法国、瑞典和美国的学生财政资助》一书中提出了"高等教育成本分担"理论。其理论影响较大。但我们也要看到个人（家庭）的支付能力影响教育投入行为。对于家庭贫穷的孩子来说，上大学不得不通过向亲戚朋友借款，节俭度日或在课余与假期工作来筹集上大学的大部分资金（加里·S. 贝克尔，1987）。因此，缺乏货币是低收入家庭的优秀中学毕业生不上大学的主要原因，是高收入家庭的优秀中学毕业生不上大学的次要原因（加里·S. 贝克尔，1987）。

（3）有关教育成本分担与社会公平问题的研究。对教育成本分担与社会公平问题的研究主要集中于两个问题：一个是未实行教育成本分担时社会公平的问题；另一个是实行了教育成本分担后的社会公平问题。基本形成了两种观点，第一种观点认为教育成本分担有利于社会公平，单纯由政府对教育付费不利于社会公平。弗里德曼、萨哈罗普勒斯、哈耶克等对政府承担教育成本提出了严厉的批评，认为这既不公平，也没有效率。米尔顿·弗里德曼等（1982）认为，政府在资助和管理学校方面作用的不断加大，不仅导致了纳税人金钱的巨大浪费，而且导致比自愿合作继续起较大作用所能产生的教育制度成为落后的制度。弗里德曼为此主张教育市场化改革，实行教育成本和费用的分摊。弗里德利希·冯·哈耶克（1997）认为，实行教育成本分担有利于社会公平，因为如果教育由政府公费支付则是不公平的。他认为，"几乎毋庸置疑的是，教育虽说能够增加人们对公共需求的贡献，然而超过一定时段而加以延长的教育必须证明就此所付成本为正当，所以享有这种较高程度教育的人将始终只能是全部人口中的一小部分"。我们还必须接受这样一个事实，即由于社会上的其他人通常都不得不承担支持高等教育的费用，所以那些从高等教育中获益的人因而一直享受着一种"不劳而获(unearned)"的优势。第二种观点认为教育成本分担不利于社会公平，国家对教育承担成本和费用是合理公平的。霍勒斯·曼认为，由政府负担学费的免费公共教育，有利于社会公平。"他的主要论点是，教育非常重要，因此政府有责任向每个孩子提供受教育的机会……'在向马萨诸塞州教育委员会提交的报告中，霍勒斯·曼反复强调……教育是一种最好的、一本万利的公共投资'(米尔顿·弗里德曼 等, 1982)。"公共选择理论的代表人物詹姆斯·M.布坎南认为，公共教育属于准公共产品，由政府支出教育费用是有道理的。在谈到财政资助和学术自由关系时，詹姆斯·M.布坎南(1988)一直认为财政资助教育和学术具有合理性与合法性，只是在对教育进行公共资助时，需要政府对教育的适当控制和管理。

(二)对农民行为的研究

对农民教育投入行为的研究必然涉及农民行为的研究。对农民行为的研究，长期以来是国内外学者关注的一个重要问题，凡是涉及对农村、农业、农民的研究，农民行为是不能不探讨的问题。这些研究跨越经济学、社会学、人类学等诸多学科，归纳起来，可从生存伦理、理性、社会结构和文化等方面来分析和考察这些研究成果。

1. 生存伦理视角

从生存伦理视角出发来研究农民行为，其代表人物主要有恰亚诺夫、斯科特和波拉尼等。三人理论各有侧重点，并不完全不同。恰亚诺夫以农民生存需求为核心，斯科特以"生存伦理"为核心，波拉尼以"非市场化"为重点，但他们的核心观点可用生存目标来概括，认为农民的行为是生存第一和安全第一，需要从此视角来研究农民行为。

恰亚诺夫的理论是一种"劳动消费均衡"理论。他强调农户行为，特别是其经济行为具有家庭劳动农场性质，遵循的是不同于资本主义企业的行为逻辑，具体说就是追求家庭生计的满足。恰亚诺夫(1996)认为，资本主义经济单元——企业的"有利"概念同家庭农场的"有利"概念是不同的，农民经济活动的动机不同于企业主。恰亚诺夫以俄国小农为研究对象，认为资本主义企业的计算利润方法不适用小农的家庭农场。因为农民的生产动机不是为了追求利润最大化，其生产的动力在于满足家庭成员消费需求的必要性，农民劳动也仅在于满足整个家庭全年家计的平衡。这不同于资本主义企业主通过投资追求利润最大化，农民的一切经济行为都以"生存"为目的。对资本主义企业性质的雇佣劳动农场而言，经济核算采用利润最大化理论，即纯利润＝总收入-原材料费用-工资，如果纯利润小于零，该农场就被认为是在亏本经营，如果投入农场的资本收益率高于国内通常的利息率，该农场才是盈利的；而对农民劳动家庭农场来说，没有工资范畴，农民农场只是用所消耗劳动的实物单位来表示其劳动耗费(恰亚诺夫，1996)。

詹姆斯·C.斯科特(2001)沿着恰亚诺夫的"生存第一"思想，在对东南亚农民的研究中，提出了农民经济行为是一种道义至上的行为，道义经济行为遵循"安全第一"的生存伦理。这条"安全第一"原则，体现在前资本主义的农民秩序的许多技术的、社会的和道德的安排中。农民的家庭生产是为了满足消费、生存的需要，是安全第一、生存第一。农民所追求的并不是收入的最大化，而是较低的风险和较高的生存保障系数。詹姆斯·C. 斯科特(2001)认为，东南亚农民"生存理论"的现实基础是他们长期的生存压力所致，即使是很小的风险都可能导致农民生存的灭顶之灾，故农民宁愿采取回报低但稳定的策略，而不愿选择收入高但存在较大风险的策略。在农业生产活动中农民常采取这样的行为，即"选择种植食用作物而不是销售作物，为了分散风险而乐于使用不同类型的种子，偏爱那些产量一般但稳定的作物品种"。越是接近生存边缘线——只要处于生存线之上——的家庭，对风险的耐受性越小，"安全第一"准则的合理性和约束力就越大。当然，詹姆斯·C.斯科特(2001)认为，这种"安全第一"的生存伦理对那些处于普遍的生存困境中的耕作者很适用，特别对那些收益很低、土地很少、人口较多、产量变化大且无其他工作机会的农民来说，生存第一的模式是非常适用的，但不太适用于收益高、土地充足、人口少、作物产量稳定且有其他工作机会的农民。这种安全第一的模式是研究最穷农民和中等农民行为的合适模式。

2. 理性视角

许多学者从理性假设出发，对农民行为进行了研究。这方面的研究成果涉及面广，跨越多学科和多重视域。具体来说，从理性视角对农民行为的研究成果可以归纳为"经济理性""生存理性""社会理性"和"有限理性"等视角。

1)经济理性视角

从经济理性视角对农民行为的研究涉及面广，几乎涉及农民的一切经济行为和大多数非经济行为。经济理性视角认为，农民行为的目的是追求经济收益的最大化。这种经济收益，既可能是利润，也可能是效用。

从经济理性视角出发对农民行为的研究，经典的理论是舒尔茨小农学派的"利润最大化"观点[①]。舒尔茨小农学派代表人物主要有亚当·斯密、西奥多·W. 舒

---

① 邓大才认为：按照小农行为和动机分类，小农理论可以分为恰亚诺夫学派、马克思小农学派、舒尔茨小农和黄宗智小农四大学派(邓大才，2006)。

尔茨和波普金。该学派认为，小农是理性的，追求利润最大化是其目的。亚当·斯密(2005)对人做了"经济人"的假定，认为每一个人的行为主要是利己，求得自己的利益，对自我的利益特别关注。每个人都会尽其所能，运用自己的资本争取最大的利益，一般而言，他不会有意为公众服务，也不知自己对社会有什么贡献，他关心的仅仅是自己的安全、自己的利益。

西奥多·W. 舒尔茨(1999)承继亚当·斯密的观点，在其代表性著作《改造传统农业》中，他在研究"如何把弱小的传统农业改造成为一个高生产率的经济部门"这个中心问题时，驳斥了认为传统农业中生产要素配置效率低下的观点，而此种观点一个重要的假设就是：认为传统农业社会中的农民行为缺乏经济理性，对经济刺激不能做出正常反应，这造成生产要素配置的效率低下。西奥多·W. 舒尔茨通过事实否定了此种假设，他利用对危地马拉的印第安人社会和印度的调查资料证明了传统农民并不愚昧和缺乏经济理性，而是能对市场价格的变动做出迅速、正确的反应，经常为了多赚一点收入而斤斤计较，是理性的经济人，追求利润最大化是其目标。西奥多·W. 舒尔茨(1999)认为，危地马拉的印第安人首先是一个企业家，一个商人，他总是在竭力寻求哪怕能赚到一个便士的新途径。他购买自己能买得起的东西时非常注意不同市场上的价格，他认真地计算其生产用于销售或家庭消费的谷物时自己劳动的价值，并与受雇工作时的情况加以比较，然后根据计算与比较再行动。为了考察贫穷农业社会中农民配置生产要素的行为，舒尔茨提出了"传统农业中，生产要素配置效率低下的情况比较少见(西奥多·W. 舒尔茨，1999)的假设，也即"贫穷而有效率"。西奥多·W. 舒尔茨(1999)通过对"贫穷而有效率"假设的实证分析指出，在传统农业社会中，农民对资源做出了最佳运用，他们是一个理性经济人，是一个企业家、一个商人，他们总在竭力寻求赚钱的途径，他们所进行的商业活动"都可以作为在一个非常发达的、倾向于完全竞争的市场条件下，由一个既是消费单位又是生产单位的居民所组成的货币经济的特征。总之，认为，小农是一个在传统农业范围内有进取精神并追求最大化利益的人，能对经济刺激做出正确反应，其行为具有理性。

该学派另一个重要人物是塞谬尔·波普金，他在西奥多·W. 舒尔茨分析模型的基础上，对农民经济行为进行了进一步研究。在其著作《理性的农民》中，赛谬尔·波普金通过对越南农民的研究，认为越南农民是理性的经济人，各农户在村庄中相互竞争、自谋其利并追求利益最大化。为此，他提出一个假设——农民是理性的个人或家庭福利最大化者，并指明其所指的理性意味着，个人根据他们的偏好和价值观评估他们行为选择的后果，然后做出他认为能够最大化其期望效用的选择(Popkin，1979)。在"理性经济人"和"期望效用最大化"假设的基础上，波普金建立了一个揭示农民社会和农民行为的解释模式。

国内从经济理性角度对农民行为的研究成果也不少。国内的研究焦点集中在：第一，争论农民行为追求的是利润最大化还是效用最大化。张江华(2007)

在研究工分制的劳动激励和集体行动效率时，认为农民在工分制下追求工分的行为是一种经济理性行为，农民的经济理性是追求工分最大化。农民增加劳动的行为都是理性的。换句话说，在工分制的制度约束下，农户以各种方式获取更多的工分(挣工分行为)成为一种理性选择行为。劳动者追加劳动的主要考量因素就是看自己的劳动量是否可被计入工分，即使这些追加劳动的行为对整体集体边际收益为零或负，对该劳动者而言其行为都是理性的行为。马小勇等(2006)研究农民表现出的"非理性行为"后认为，这实际上是农民理性选择的结果，非理性只是表象，农民的行为事实上仍然是符合经济理性的。而正确认识"农民的理性行为"，必须首先认识到，理性行为的目标是效用最大化，而不是利润最大化。第二，认为我国农民的经济理性受到社会文化等因素影响，发生了异化。朱梅等(2005)研究了一些地方农民的"六合彩"赌博行为后认为，农民参与"六合彩"赌博实际上是经济理性的异化现象。农民的最初动机是追求经济，但由于受到社会文化条件和自身素质的制约，经济理性行为在实现过程中被扭曲了，产生异变。这样农民没有超越生存理性，形成更高层次的经济理性，反而彻底背离了最开始的生存理性，使得经济理性的形成缺乏依托的基石。马小勇等(2006)也认为，农民的"非理性行为"是社会结构和文化约束下的一种理性异化。农民未利用许多明显的获取利益的机会，是因为利用这些机会存在很大的成本和代价，存在的货币或心理成本往往使这些"机会"无利可图；加上社会结构和文化对农民行为的约束，这样就出现农民行为不同于市场经济条件下的经济主体的行为，而表现出所谓的"非理性"。

2)生存理性角度

生存理性视角认为，农民的行为是追求最大化的生存收益，支配其行为的是生存理性。国内学者们的研究表明，农民行为所体现的恰恰与斯科特、恰亚诺夫、韦伯以及波耶克等的断言相反。农民的行为并不是道义和非理性取向的，而是由生存理性支配的，是一种生存理性行为。农民会以最大程度的努力和智慧去追求生存所需的最大收益。黄平(1997)在研究农民外出迁移的原因时指出，中国农民具有生存理性，中国农民在生活中，一方面要首先考虑安全第一的生存原则，而不是首先追求利益最大化，另一方面农民也在精打细算、权衡利弊得失，故称为生存理性而不是生存伦理。张兆曙(2004)对农民经济行为的研究表明，支配农民行为的不是生存伦理，而是生存理性。他以后乐村农民50年的经济实践为基本素材，对斯科特生存伦理的经典论题进行了检验，得出结论认为，农民在经济实践中，不管是否存在生存危机，农民的行为都具有理性精神，是一种生存理性。张兆曙(2004)发现，从建国50多年的情况看，后乐村的农民在不同时期的经济行为选择存在差异：存在"草鞋交易""鸡毛换糖""小百货交易"和"家庭小商品生产"等众多差异行为。农民行为表现出不同场合中的生存理性：乡村集市上的生存理性、流动交易中的生存理性和地下市场上的生存理性。这些生存理性策略都是外向型的行为策略，农民通过这些不同场合下的行为来避免没有指望的农业生产，甚至不惜以身试法、不惜冒钱物尽失的风险，而获取更多的生存收益。管爱华等(2006)在研究中国农村的传统道德时指出，中国社会的生产方式决定了农民行为是遵循生存理性原则。应该从农民的生存理性上去理解和解读农村的传统道德，"家""乡土人情"和"勤俭与消闲"等农村传统道德理念都是生存理性的表达，只有从农民的生存理性行为原则出发，才可以深刻认识到中国农村的传统道德。

3) 社会理性视角

社会理性视角认为，农民是追求最大化收益的理性人，这种收益不仅限于经济收益，还包括政治权力、社会地位、社会声誉、文化和情感等多种其他收益，农民以合理性行动追求这些效益的最大化。文军(2001)在梳理和分析理论界对农民的理性与非理性争论后，认为农民是具有理性的，是社会理性人。由此出发，他分析了当代中国农民外出务工的动因，得出结论认为，中国农民外出就业的行为是理性的，而这种理性是社会理性。文军(2001)从当代中国农民外出就业的宏观动因与微观动因两个层面来分析这种社会理性行为，认为在生存压力和农民理性的共同作用下，引起了当代中国农民的外出就业。农民在具体行动过程中，遵循着从生存理性选择到经济理性选择，再到社会理性选择这样的一种逻辑进路。黄鹏进(2008)在分析和阐释了生存伦理、经济理性和社会理性的争论后认为，关于农民"社会理性"的提法，是对非资本主义国家的"本土性视角"和"地方性知识"的强调。在人类学者的许多第三世界田野观察中，证实了农民是社会理性的观点。即使面对市场经济的冲击，许多地方的农民仍然按自己传统的行为逻辑运行。

4) 有限理性视角

Simon(1955)提出了"有限理性"理论，他认为因为决策信息的限制，导致人的理性行为是有限的，并为之建立了模型。国内对农民有限理性的研究，成果较为丰硕。这些观点主要有：第一，认为农民的非理性行为实质是受到约束的有限理性行为。许多学者都注意到了农民行为的约束因素，他们分析了农民的物质资本投资、人力资本投资、应用新科技成果、市场交易等众多的行为，特别注意到这些行为中农民的消极态度，认为中国农民的行为是一种受到约束的有限理性行为。这些学者认为，把农民看成愚昧、落后、懒惰和非理性是一种误识。仔细分析和深入剖析，会发现农民行为是理性的，只不过这种理性并非完全理性，而是一种有限理性。实际上，农民非理性行为的背后是其理性行为的各种约束。而中国农民理性行为的限制因素主要有现行的土地制度、户籍制度和农村市场滞后等因素(马小勇，2003)。钟涨宝等(2001)认为，从有限理性视角看待农户土地流转中的行为选择，有利于那些在表象上看似非理性的行为得到合理解释，这也符合中国的农村和农民现实，对农地流转过程中的农户行为具有很好的解释力，可为解决农村的农地流转困境问题提供思路。周明宝(2002)通过对浙西南农民工城乡"两栖"现象的研究，认为这种两栖流动形式实际上是农民的一种无奈理性选择行为，农民的这种理性行为是受到旧的经济体制及有关制度限制，阻碍了农民的自由流动而引致的结果，也是受到二元社会结构约束的结果。周明宝(2002)认为，浙西南农民工的农业—非农兼业、城乡"两栖"的就近迁移流动模式，既是适应山区小城镇化、工业化和现代化要求，也是自己对经济利益反复权衡的结果，因此是一种有限制的理性行为。农民的外出务工决策和行为，是农民反复甄别与遴选，在实践中走出的一种流动模式，从某种意义上说，农民城乡"两栖"的移动模式，正是农民慎重思虑后退而求其次的无奈的理性选择，是有限理性行为。其次，农民的理性行为是需要条件的，是一种"条件最大化"的理性行为，彭文平(2002)在谈到中国市场环境中农民行为时，认为中国的市场环境不完全，农民的理性行为是存在条件的。特别是中国中西部农民只是部分参与不完全的市场，面临的是不成熟的投入要素和产出市场，因而农民行为只是一种条件最大化行为，彭文平的条件最大化理性实质是有限理性观。

3. 社会结构、文化视角

从社会结构、文化视角对农民行为的研究，可归纳为四个方面：从社会结构来理解农民行为；农民行为受文化影响；农民行为是文化建构的产物；农民行为受制度约束。

(1)对农民行为的理解，应该从社会结构角度出发。费孝通对中国农村和农民行为研究较为深入。他认为，中国农村的道德体系、社会关系、乡土社会的基层结构都是一种差序格局，差序格局的社会结构和道德体系影响、制约着农民的行为，农民的生活、行为方式都可以从这种差序格局的结构中得到理解和解释。费孝通(1998)认为应从社会结构角度来看待农民的行为和行动方式。"中国乡土社会的基层结构是一种我所谓'差序格局'，是一个'一根根私人关系所构成的网络'，这种格局和现代西洋的'团体格局'是不同的。"中国乡土社会的这种差序格局中，社会关系是逐渐从一个一个人推出去的，以"己"为中心，像石头投入水中一样，波纹一圈圈推出去。在这种富于伸缩性的网络里，随时随地是有一个"己"作为中心的。这并不是个人主义，而是自我主义。中国乡土社会的差序格局也引起不同于西方的道德观念。中国乡土社会的道德体系出发点是重视自我的修养和仁义礼治。在以自己作为中心的社会关系网络中，最主要的自然是"克己复礼"，"壹是皆以修身为本"——这是差序格局中道德体系的出发点(费孝通，1998)。一个差序格局的社会，是由无数私人关系搭成的网络。这网络的每一个结构都附着一种道德要素，因此，传统的道德里不另找出一个笼统性的道德观念来，所有的价值标准也不能超脱于差序的人伦而存在了(费孝通，1998)。乡土社会的这种社会关系和道德观念影响和束缚着农民的行为动机和表现。道德观念是在社会里生活的人自觉应当遵守社会行为规范的信念。它包含着行为规范、行为者的信念和社会的制裁。它的内容是人和人关系的行为规范，是依着该社会的格局而决定的。从社会观点说，道德是社会对个人行为的制裁力，使他们按规定的形式行事，用以维持该社会的生存和绵续（费孝通，1998）。

（2）农民（农户）行为受文化影响。埃弗里特·M. 罗吉斯（1988）认为，在不同的社会中，农民家庭行为多种多样，因为不同社会有不同的文化。这说明文化影响农民的行为，而且随社会文化的变迁而变化。他通过对四个不同社会、不同发展程度国家的农民家庭生活方式（家庭行为）变迁的研究，说明了从传统文化到现代文化的变迁极大地影响农民家庭行为变迁。

（3）农民行为是社会文化建构的。张江华对中国 20 世纪 50 年代至 80 年代集体经济时期工分制下农户的经济行为进行了研究。通过对广西壮族自治区田东县立坡屯山村的农户劳动投入行为的研究，对恰亚诺夫劳动-均衡假说进行了验证。他认为，在中国集体经济时期，从很大程度上说，农民劳动与消费的关系验证了恰亚诺夫的假设：农民劳动与消费二者之间存在均衡关系，农民需求满足程度和劳动艰苦程度决定了其对劳动的投入程度。但张江华又认为，恰亚诺夫的理论需要补充。农民的劳动投入动机除了受需求满足程度和劳动艰苦程度决定外，还受制于消费的文化意义与价值，其动机还是一种文化建构。农民个体及其家庭的消费也是一个文化表演过程，是一个表达和制造社会与文化认同的过程。因为"命"文化观念还影响中国农民的生活与消费方式（张江华，2004）。

（4）农民行为受制度影响和约束。俞德鹏（2002）对户籍制度的研究表明，农民行为深受户籍制度的约束和影响，这些影响已经渗透到人们的生活方式和价值观念中。在农村，由于户籍的约束，一代又一代年轻人只能扎根于其出生的地方，即使是有一些萌芽了进取心的农村青年，也往往屈从于现行户籍制度的束缚而固守田垄，每天重复着日出而作、日落而息的生活方式。在现行户籍制度的制约下，农民的流动行为表现出世界特有的畸形景观。"有人口自由流动而无人口自由迁徙；有城市流动人口而无城市新移民……他们冬去春来，奔波于老家与城市之间……'候鸟'的运动形成了一年一次的民工潮（俞德鹏，2002）。"这形象地说明了农民及其子女的行为受制度影响和约束。

4. 其他视角

1）综合视角：黄宗智小农学派

黄宗智在对中国农村经济状况进行分析的基础上提出了一种综合的分析视角。在研究华北小农经济时，黄宗智（1986）指出：要了解中国的小农，需要进行综合的分析研究，其关键是应把小农的三个方面视为密不可分的统一体，即小农既是一个追求利润者，又是维持生计的生产者，当然更是受剥削的耕作者，三种不同面貌，各自反映了这个统一体的一个侧面。黄宗智还指出，小农的经济行为在以上两例中——一个和商业化有关，另一个和人口压力有关——只能通过区别不同阶层的小农，而又综合形式主义、实体主义和马克思主义学派的分析来理解。这表明，中国农户经济行为既受"家庭劳动结构"的限制，又部分受到"市场经济"的冲击，同时，农民的劣势社会阶层地位，对其经济行为也有一定程度的影响，所以，不能单纯用利润最大化、生存伦理和马克思主义"剥削与被剥削"的任何一种分析范式对中国农户的经济行为进行解释。

此外，黄宗智借用"内卷化"一词来分析和解释农户的经济行为和中国农村经济。在华北小农经济的研究中，他看到一个现象：面对人口压力，依赖家庭劳力的农户做出的行为反应不同于雇佣劳力的大农场，农户在单位面积上投入的劳力远远大于雇佣农场，甚至在边际收益低于成本时还继续投入劳力。他把此种现象称为"内卷化"。在后来对长江三角洲的研究中，黄宗智进一步发展了其"内卷化"理论，提出了"过密型①（内卷化）增长"。依此理论，他进一步分析了中国农户的经济行为。黄宗智（1986）认为，长期以来，长江三角洲的小农即使在单位工作日边际报酬递减的情况下仍增加劳动力的投入，不仅农业，而且家庭手工业都呈现出"过密化"特点，是一种"没有发展的增长"。

2）非理性视角

马克斯·韦伯（1987）在研究新教伦理与资本主义精神时曾经指出，传统社会的农民行为，其遵循的原则并不是得到最多，而只是追求得到够用、必需而付出最少。韦伯发现，传统农民在农业收获季节的收割行为表现为不是尽力收割多一些以挣得更多钱，而是只收割可以挣得习惯了的必须挣到的钱就够了。挣得多一些并不比干得少一些来得那样诱人。他并不问：如果我尽力去做，那么我一天能挣多少钱呢？他却这样问：我要做多少活儿，才能挣到以前挣的 2.5 马克来打发传统的需求呢？韦伯认为，农民的这种行为是传统主义的，是非理性的，其行动的目的是追求代价最小化，而不是利益最大化。波耶克（J.B.Boeke）通过对荷属爪哇（今印度尼西亚）农村的研究，也认为农民行为是非理性的，遵循够用、代价最小的原则。他指出，在传统农业社会中，由于农民缺乏求利欲望与积累动机，只以"够用"为满足，因而也表现出了"非理性"行为（Boeke，1953）。从"非理性"的视角来研究农民行为，这种研究视角曾一度非常盛行，他们普遍认为那种追求利益最大化的"经济人"假设已不适用于农民行为研究。

---

① "内卷化"与"过密化"实际是一个意思，只不过学者在翻译的时候，冠名不同。在黄宗智的《长江三角洲小农家庭与乡村发展》一书中，译作"过密化"（黄宗智，2000）。

3）社会化小农视角

徐勇等（2006）认为，应该对农户行为研究进行深入反思，并提出了社会化小农思想。他们认为，解释中国农户和其行为应该采用一种"社会化小农"的视角。因为农户受货币支出压力的约束，其行为是以货币收益最大化为目标的，农民的"支""收""往"都源于"社会"，这使得农民的生产、生活、交往都带有社会化的特性，属于社会化小农。社会化小农，可以更好地概括农民的特性，也有利于"再识农户"行为，更是一种研究"三农"的新分析框架。社会化小农能更好地解释农民的行为，拓宽研究视野和深化对农民行为的研究。徐勇等的观点确实值得深思，也对我们如何更好地理解农民行为提供了思路。

（三）农民教育投入行为的相关研究

国内外学者对农民教育投入及行为也做了一些研究，这方面的研究归纳起来，大体表现为如下三个方面。

1. 对农民教育投入重要性的研究

研究农民教育投入的重要性，学术界集中于教育投入对农民个人的重要性和对农业、社会经济发展的重要性两个方面进行研究。亚当·斯密（1972）曾说过教育的重要性，他说："学习一种才能，需受教育，需进学校，需做学徒，所费不少。这样费去的资本，好多已经实现并且固定在学习者的身上。这些才能，对于他个人自然是财富的一部分，对于他所属的社会，也是财富的一部分……学习的时候，固然要花一笔费用，但这种费用，可以得到偿还，赚取利润。"

对农民教育投资重要性的研究最为深入的要数舒尔茨。西奥多·W. 舒尔茨（2006）认为，教育投资对农民个人的好处一方面体现在有选择继续接受更高收益率教育的自由；另一方面，体现在当农村青年离开农业去从事非农业工作时，能得到更高的个人收入。西奥多·W. 舒尔茨认为，缺乏有价值的技能是农业劳动问题的根本，而对农业劳动人力资本的投资是增加农民收入和提高农业的有效路径，是农业现代化和经济增长的主要源泉。他在《改造传统农业》一书中指出，"本书研究的中心论点是把人力资本作为农业经济增长的主要源泉"。"在丹麦，没有向农民教育的大量投资就不会在 1870～1900 年实现对农业的改造……要了解在亚洲条件下农民所受的教育对农业增长的有利影响，日本的成功是最好的说明。"在《经济增长与农业》一书中，他又强调农民教育投资的重要性，"我的论点是，这种教育除此之外也是很高报酬的生产能力投资。"

许多学者从社会分层与流动角度探讨了农民教育投入的重要性。社会分层研究的学者们普遍认为，农民处在社会阶层的下层。李春玲（2005）曾总结归纳了中国社会阶层划分的模式，分析这些分层模式，可以看到农民处于社会的下层。由于教育在社会阶层分化和流动中的特殊作用[①]，对农民改变自身命运和向上的社会流动提供了机会。正如威廉·G.布朗所说，教育"可以让人们从他们最初的社会地位中解放出来"，这一点也是大家公认的(丹尼尔·科顿姆，2005)。俞德鹏认为，在中国户籍制下，农民进入城市获得城市户口和身份——改变农民身份的途径主要有：①考入全日制普通高校或中等专业学校；②征地之后的人口安置；③入伍后表现出色晋升为军官(丹尼尔·科顿姆，2005)。可见教育获得对农民改变身份和命运的重要。专门研究农民社会流动的学者指出，如果农民没有通过教育改变自己的身份，即使有社会流动的自由，农民仍然不会被城市接纳，仍然改变不了社会地位低下、受歧视的命运。"绝大多数离乡离土的流动人口将仍然属于农村人口。尽管他们所从事的职业是非农业，但作为户口仍然是农村的人口……尽管他们的经常居住地是城市，并向城市交纳税金，却不能与城市人口一样享受就业、就学、就医、社会保障等平等政策(徐勇，2003)。"

2. 对农民教育投入行为影响因素研究

对农民教育投入行为影响因素的研究，归纳起来集中于家庭内部因素和社会因素两个方面。

1)家庭内部因素对农民教育投入行为影响

对农民教育投入行为影响的家庭内部因素主要有：家庭收入、家庭子女性别、子女数量、父母受教育程度等。家庭内部因素对农民教育投入行为的影响具体体现在四个方面。

(1)家庭收入对农民教育投入的影响。加里·S.贝克尔(1987)曾详细分析过家庭收入与人力资本(教育)投入的关系。他指出，美国的经验证据构成了这样一些含义：当非人力资本不被继承与它被继承时相比，孩子的教育更加依赖于父母的收入。他甚至认为"富裕"家庭可以按他们是否在人力资本和非人力资本上投资来下定义。

家庭收入与农民的受教育程度存在相关关系，总体上说，家庭收入是农民受教育的一个重要影响因素。西奥多·W.舒尔茨(1991)在研究农村教育投资不足的原因时指出，农民家庭太穷是一个重要的原因。即使假定教育的数量和质量能得到保证，农民也简直负担不起——他们缺资金，因为他们要受资本配给的限制。候建新(2002)曾研究冀中11个村子的农民解放前受教育程度后认为，受教育程度与家庭经济富裕程度成正比。如清苑统计资料的三个时点上(1930年、1936年、

---

① 美国学者戴维·格伦斯基对社会分层作了深入研究。从中我们可以看到学界普遍认为教育是一种重要的资源，既是社会阶层分化考虑的一个重要指标，也是阶层流动(特别是向上流动)的一个重要资源(戴维·格伦斯基，2005)。

1946 年），数量极少的高中以上学历者全部来自中农以上家庭，其中富农以上家庭又占主体。贫农及其以下家庭一般最好的教育程度是高小，只有极个别人（大约1‰）读到初中。这些数据证明，贫穷是农民接受教育的最大障碍。李旻等（2006）以河北省承德市为例，分析和研究了农村家庭教育投资的影响因素，认为收入依然是制约其对教育投资的主要因素，因此发展农村教育行之有效的措施是提高农民收入，减轻农民教育负担。龚继红等（2005）通过对湖北省随州市农村家庭的调查，研究了家庭收入对家庭教育投资行为的影响。其研究表明，家庭收入是农民教育投资的基础，但家庭经济状况的影响存在界限，并不直接对家庭教育投资产生影响。只有当家庭经济状况达到人均年收入 3000 元后，家庭教育投资水平才会明显提高。农村家庭对子女的教育期望并不会因经济状况的好坏而提高或降低，家庭收入对农民教育投资选择的影响不大。

　　（2）家庭子女结构对农民教育投入的影响。子女结构对农民教育投入的影响主要体现在两方面。一是家庭子女数量对教育投入行为的影响，二是子女的性别结构对教育投入行为的影响。

　　①家庭子女数量对教育投入行为的影响。西奥多·W. 舒尔茨（1990）认为，低收入国家的家庭越来越重视孩子的质量，他们通过节育减少孩子的数量，而这特别有利于对孩子的教育投资。贝克尔认为，家庭孩子数量的减少有利于增加对每个孩子的教育投资。一对夫妇所生孩子数目的减少能够增加他们子女在下一代的代表性，因为这能使这对夫妇在每个孩子的教育上、训练上和'吸引力上'给予充足的投资。家庭孩子的数量和教育投入是相互影响的，特别是随着教育投资收益的增加，会刺激农民增加对孩子的教育投入。"在传统的农业社会里，不但农村家庭比城市家庭要大一些，因为依靠农业为生的家庭的孩子'廉价'些，而且传统的农民在他们的孩子身上投资也比较少……不过，随着发展的进程，农业方面人力资本的收益率也会提高，因为农业日渐机械化和复杂化。那么，农民家庭也会转向孩子的质量而不是数量（西奥多·W. 舒尔茨，1987）。"龚继红、钟涨宝通过实证研究，认为家庭子女数量影响农民的教育投资行为，具体而言：子女少的家庭对现代教育投资观念有更强的认同感；独生子女家庭和四子女家庭在教育投资目的性上更倾向于实现子女向城市流动；在教育投资选择上，多子女家庭遵守择优原则并存在一定的性别偏好和年龄偏好，少子女的家庭大多选择进行高价投资（龚继江 等，2006）。此外，在多子女家庭中，对不同子女的教育投入也存在差异。加里·S. 贝克尔（1987）认为，多子女的贫穷家庭中，对能力较强孩子的教育投资会更多一些。"较贫困家庭在平等和效率之间有一种斗争，并且仅仅因为效率超过了平等，所以把更多人力资本投资于能力较强的孩子身上……然后，所作推论是较贫困的家庭也在能力较强的孩子身上投入更多的人力资本。"

　　②家庭子女性别结构对教育投入行为的影响。加里·S. 贝克尔（1987）通过有关国家 25～34 岁的男女按学年数计算的受教育程度估计表明，贫穷社会里父母在

男孩子的教育上投资更多。这说明贫穷家庭中对男孩的教育投资多于女孩，存在性别偏好。李旻等(2006)认为，随着经济社会的发展，农民收入增加，思想观念改变，孩子的性别已不再是影响父母教育投资的主要因素。但也有学者认为，农村家庭子女性别对农民教育投资行为存在影响。龚继红等(2005)认为，家庭子女性别结构也影响农民的教育投资行为，具体影响是：农村独生子女家庭的儿童入学年龄早于其他子女性别结构的家庭；农村家庭在儿童入学上存在一定的性别偏好；农村家庭教育投资存在着比较严重的性别偏好；子女性别结构影响着家庭教育投资的量；在教育投资选择上，其选择标准除择优外，还有择小择男倾向；单一性别子女结构的家庭倾向于进行额外投资为子女求得继续接受教育的机会。

(3)父母受教育程度对农民教育投入的影响。德·德特雷对美国的数据研究发现，母亲的教育会提高儿童的质量，即会增加对儿童的人力资本投资，对儿童的教育有利(西奥多·W. 舒尔茨，1990)。加里·S. 贝克尔(1987)认为，孩子的教育与母亲的教育有正相关关系。由于受过教育的妇女对孩子数量的需求比较少，数量与质量的相互影响意味着他们更愿意在她们孩子的教育和其他训练方面更多的投资"李旻等(2006)的研究结果表明，家庭中母亲的决策地位与母亲的受教育程度同时影响对孩子的教育投资，家庭地位高且文化程度高的母亲，对孩子的教育投资有积极促进作用。母亲受教育程度对子女的影响要大于父亲。

(4)其他家庭因素对农民教育投入行为的影响。这些因素有：父母对子女表现的利他程度，家庭主要决策者是否愿意投资孩子的人力资本，家庭成员疾病等。加里·S. 贝克尔(1987)认为，家庭决策者是否关心孩子的利益，是否以牺牲下一代的利益来满足自己的消费影响对子女的教育投入。胡芳日(2006)通过对 20 世纪 90 年代以来中国家庭教育投资现状的分析，认为中国家庭对子女的教育投资具有很大偏好，对子女的教育投资占家庭总支出的比例逐年提高。但中国教育投资比较反常的现象是，其收益率是相当低的，大大低于物质资本收益率，就是与同期银行利息率相比也是很低的。不能完全用经济学的投资收益理论来解释中国家庭子女教育投资。胡芳日认为，比较重视对子女教育投资，是中国家庭的一大偏好，这种偏好的形成是多种因素作用的结果。就总体来看，文化传统的影响、望子成龙的心态和利他主义行为等因素是造成中国家庭教育投资偏好形成的主要原因。此外，一些学者还研究了农户因病对教育投入行为的影响，认为农村劳动力大病对家庭子女教育投入行为有影响。孙昂等认为，"因病致贫"和"因病返贫"是中国农村经济不发达地区的一个社会问题。一旦农民家庭劳动力受到大病冲击，农民自身健康和家庭收入势必受到影响，也影响着对子女的教育投资(孙昂 等，2006)。

2)社会因素对农民教育投入行为的影响

学者们对影响农民教育投入的社会因素的分析，主要涉及与教育投入相关的一系列因素，包括教育制度、就业市场以及其他社会因素。高昂的学费和就业的不景气常常影响农民对教育的投入。在我国农村地区，借钱供孩子上大学成为一个较为普遍的现象。高昂的大学学费和大学毕业后就业前景不乐观，使农民对高等教育的态度发生了变化，由"望子成龙"变为"怕子成龙"，进而影响了农户对高等教育投入的选择问题。王一涛等(2004)的研究表明，农户对高等教育的选择，受制于农户的筹资能力。在西部和少数民族等经济更为贫困的地区，往往有较多农户放弃对子女进行高等教育。蒋斌(2006)研究了农民对普通高中投资的社会影响因素，认为我们以前关于农民对子女教育投资的成本-效益分析存在偏颇，农民对子女高中教育投资的个人行为并不只是决定于个体的原因，而是受到社会因素的制约，有着深厚的社会根源。这种社会根源主要有三个方面：一是城乡二元经济结构导致农户经济收入普遍很低，农村居民无力负担高昂的学费；二是由于我国的教育制度偏差导致农村义务教育资金投入不足，从而导致教育质量下降和农村孩子学习能力普遍不高；三是由于我国社会就业压力的潜在影响，导致农民对教育的期望出现了减弱的苗头以及新的"读书无用论"观念。

3. 对农民教育投入行为的困境与对策研究

许多学者从政策层面研究了如何引导农民进行教育投入行为的选择。针对农民教育投入的困境，学者们提出了解决途径和对策思路。随着教育收费体制的改革、高校扩招与就业压力的并存、中国二元劳动力市场的分割等问题的出现，农户的教育投资面临着巨额教育费用和微小收益回报的困境。为此，刘艺蓉等(2004)认为，应该从教育收费制度、贫困资助制度、就业渠道、农民收入，教育观念改变等几个方面入手来解决这些困境。针对农民对教育需求的弱化、淡化趋势，农民投资教育的积极性差的状况，一些学者认为，应该围绕农民家庭经济收入、教育投资的成本与收益、教育体制以及农村政策环境等问题加以解决。而解决这些问题的关键，还需要构建农民终身教育体系、建构农民教育相关政策法规体系、以及为农民接受教育创造更多的、现实的条件来扶持农民的教育投入，这就进一步需要投资体制、信贷制度、管理体制、农业政策环境的完善(代俊兰，2002)。针对农村义务教育投入资金不足的问题，许多学者提出应从制度上保障农村基础教育投入，国家应该承担主要的投入资金。王献玲(2006)认为，我国整体教育投入水平低、投入总量分配使用失衡、政府间财力格局与义务教育事权责任不对称，这些因素造成我国农村基础教育长期以来投入不足。为改善这种不利状况，需要重新划分各级政府在农村基础教育投入上的事权和责任，多渠道筹措农村教育经费并建立和完善基础教育投入的管理机制。汪柱旺(2004)认为，目前我国推行的"以县为主"的农村义务教育投入体制面临窘境，因为县级财政负担沉重、地区间发展差距过大以及中央和省级政府对农村义务教育转移支付过少，这会直接限制农村义务教育的发展。因此，他提出应推行"以国为主"的义务教育财政投入新体制，农村义务教育经费投入的主要责任应该由中央政府支付，这样可以切实保障农村义务教育经费投入的稳定来源，减弱经费的短缺程度，可以从根本上解决农村义务教育发展的瓶颈问题。

(四) 对已有研究的评论

通过上文对教育投入行为、农民行为和农民教育投入行为相关研究的梳理，既为本书的研究提供了理论基础和研究起点，也为本书研究视角的选取提供了条件。在对学界已有研究的梳理过程中，也发现了已有研究存在的薄弱和不足之处，为本书提供了有待研究的空间。归纳起来，已有研究在以下四个方面较为薄弱，有待进一步发展。

(1) 对农民行为和教育投入的研究成果不少，但已有研究成果在研究农民行为和农民教育投入上往往有脱节之嫌。鲜有专门研究农民教育投入的行为及其逻辑的成果。很少运用农民行为研究的理论视角来专门研究农民教育投入行为，而对农民教育投入的研究也很少涉及农民行为的理论和视角，即使有所涉及也流于表面。故此，书中试图把农民教育投入与农民行为研究结合起来，以农民教育投入的行为及其逻辑为主要研究内容，以深化相关研究。

(2) 已有对农民行为的研究更多的是强调结构性因素对农民行为的影响和制约，即使有强调农民的主体性和创造性，也往往把结构的约束和农民主体选择相对立，要么强调结构对行为的影响，要么强调行为的主动性而抛开结构的限制。本书则从结构与行动关系的社会建构主义视角出发，以结构与行为的互动与互构为着眼点，来把握农民行为的主体选择性与结构制约性；研究和分析在社会结构性的限制中，农民又是如何选择教育投入行为方式的，以及农民在理性选择教育投入行为时，如何受结构的制约与建构。

(3) 已有对农民教育投入行为的研究更多的是静态研究，鲜有从动态视角出发来研究。已有对农民教育投入行为的研究多是在分析和描述哪些因素影响农民教育投入行为，以及影响后的结果，很少研究这些因素是如何影响农民教育投入行为的，这个影响过程是怎样的。本书则把静态研究与动态研究结合起来，既从静态上研究和阐释农民教育投入行为的表现和影响因素，也从动态上把握这些因素对农民教育投入行为的影响过程以及农民行为的调适过程。

(4) 对农民行为的已有研究虽然从理性人的视角很多，但往往单纯看到农民的某一方面的理性，忽视了农民是社会人，其理性具有多面性和变化性。此外，已有研究虽然看到了农民的理性行为逻辑，也认识到农民的理性行为受到结构因素的限制，但往往未能进一步分析农户理性是如何形成的，农民在各种限制中如何运用理性来调适行为，农民是如何运用理性来影响或者选择结构因素。换句话说，未能看到农民的理性思考是社会建构的产物。再者，已有研究较少看到农民行为的实践特征与实践逻辑，对农民在实践中的行为是如何与结构因素互动的研究较少。有鉴于此，本书把农民放到整个社会和文化中，既看到农民行为的理性逻辑，也更深层次地挖掘农民理性行为逻辑的更深逻辑，看到农民实践中表现的理性行为的社会建构性，把握其实践逻辑，从双重逻辑来分析农民教育投入行为，以期深化对农民行为研究的理性视角。

四、概念界定、分析框架与章节安排

（一）概念界定

1. 行为

行为是社会学的重要概念，不同于心理学的行为概念，社会学通常称之为"行动"。马尔科姆·沃特斯（2000）认为，与一套意义、理由或意图（intention）相关的行事过程被称为行动。这表明人是一个创造世界的行动主体，具有反思性，会思考，行动的过程包含着个体的动机和目的。安东尼·吉登斯（1998）认为，人的行动是作为一种绵延（duree）而发生的，是一种持续不断的行为流。本书中的行为概念等同于社会学的行动概念，是个体在日常生活、社会实践活动中有意图、有目的的行事过程，也是个体在有意建构社会世界时所做的实践活动。

2. 教育内卷化

教育内卷化是借用内卷化范畴来思考教育发展而提出的一个概念范畴。学者们对内卷化概念进行过深入分析和论述。康德最先区分了"内卷化"与"演化"[①]。美国人类学家戈登威泽用内卷化来研究文化，他把内卷化理解为文化外部边缘被固定的情况下，内部的精细化与复杂化发展（刘世定 等，2004）。格尔茨认为，内卷化作为一个分析性概念，意指由于内部的过分精细而使形态本身获得的刚性，即事物的停滞不前、原地不动、未曾发展。对我们而言，我们只要一个分析性概念，即一个既有的形态，由于内部细节的过分精细而使形态本身获得了刚性（Geertz，1963）。黄宗智（2000）认为，内卷化现象是劳动力的大量投入而造成的劳动力边际报酬递减，是"没有发展的增长"。杜赞奇（1996）认为，内卷化是旧有职能和社会关系的复制，而不是效益的提高，就是"没有实际发展的增长（即效益并未提高），固定方式（如赢利型国家经纪）的再

[①] 韦森认为，首先提出内卷化一词的是德国古典哲学家康德（韦森，2006）。

生和勉强维持"。从学者们的论述中，我们可以看到内卷化有两个特点，第一是"有增长而无发展"，第二是劳动(力)的边际报酬递减。而这两个特点，正是内卷化概念发展至今的最本质之处。

本书中的"教育内卷化"概念，正是在把握内卷化两个本质特点的基础上，对内卷化概念的借用。既然是借用的概念，和原概念就存在不一致的可能，因为事物和现象不同了。我们只需在抽象的相似性上求得借用概念的一致，此外，我们也无须求得完全的一致，如果真要求完全一致，可能会限制思想的发展和理论的创新。杜赞奇说："与所有的借用词一样，它所揭示的现象已脱离了原词本意，所以，我提醒读者注意'内卷化'的过程而不要纠缠'内卷化'这一名词。"本书正是基于这种考量而借用内卷化的概念来分析和解读转型期中国教育的发展。

所谓教育内卷化，就是教育呈现有增长而无发展的状态，教育规模的增加和扩张并没带来教育质量的提高，教育质量处于停滞状态，甚至有下降的趋势。而对教育的人力资本投资带来的受教育者的边际报酬递减，随着劳动者教育文化的提高，劳动者的边际收益呈递减化趋势。要把握教育内卷化的内涵，需要我们把握教育的"有增长而无发展"和"教育文凭获得者的边际报酬递减"两个方面。

当前中国社会转型期教育发展的现状可用教育内卷化进行解读。在中国教育改革和发展过程中出现了许多困惑：教育规模在扩张的同时，教育质量并未提高，高校扩招、合并与更名后教育质量的停滞，农村教育质量较低，城乡教育差距越来越大；高校毕业生就业的压力越来越大，毕业即失业的现象屡见不鲜；大学毕业生收入减少，高学历人员的待遇增加有限，教育贬值现象普遍；高学历者从事低学历，甚至无须上学就能从事的工作，教育人才未能得到充分利用，教育资源浪费严重；高中大量学子放弃高考，新一轮"教育无用论"出现。这些现象和困惑如何解读、如何应对，正是许多学者们探讨和分析的重要主题。而本书认为教育改革和发展中出现的这种种现象与困惑，可用教育内卷化概括，这种解读也是一种合理的视角，这可为教育的改革和发展提供新思路，也可为解读农户的教育投入行为提供新视角，还有利于思想的发展和理论的创新。

3. 理性

理性一直是社会科学领域的重要概念。在整个社会科学中，几乎都多少预示着社会行动者是理性的或是非理性的假设。对理性概念的理解，哲学、经济学、心理学、社会学等不同学科的理解各有侧重，而不同的学者又基于自己的知识、学科背景和理解提出了自己的看法。本书的理性概念主要基于社会学对理性的把握和认识，更具体而言，是借用科尔曼对理性的认识。认为理性是人的一种有目的、有意图的行动原则，是人选择与调节自我行为的能力，包括对目的、动机的选择和确认。

社会学运用理性概念来研究人的社会行为和社会秩序。社会学在假定社会行动者都有自己的理性、存在自己的偏好的前提下，研究社会行动如何形成，以及社会秩序如何在人的社会行动中形成。科尔曼在运用理性概念方面做出了重要成就。他把经济学的理性概念运用到社会学领域，并发展了理性概念。科尔曼对"理性"的理解，主要是强调一种目的性的、有意图的行动原则。他的理性概念，是一种社会理性概念，而不是经济理性概念。首先，詹姆斯•S. 科尔曼(2008)的理性人是一种"社会理性人"，是处于社会互动、社会关系中的能动选择的主体。获取最大利益和满足是他们的目的。他们都是享乐主义者，各种事件的后果以及取得或消费各种资源，都使他们在不同程度上感到满足，期待着此种满足感使每个行动者按照增加满足感的方式行动。其次，科尔曼的社会"理性"有三个方面的特点。一是修正了经济学传统的完全理性假设。科尔曼说，"本书理论假设基本行动者智力正常，但并非绝顶聪明，无论如何，思维能力都有局限性。特别是在有两种行动可能性的复杂形势下，本书理论假设理性的发挥受到限制"。二是看到人的行为也有非理性的一面。三是注重制度、社会结构、文化等对行动者理性的影响，即个人偏好和目的受到各种结构性因素的影响。科尔曼认为，"理性"行动者的追求目标具有社会性。"理性人"假设的基本内涵是指对于行动者而言，不同的行动会产生不同的效益，而行动者的行动原则就是为了最大限度地获取效益(Coleman，1990)。这一行动者应用的行动原则十分简单：最大限度地获取效益或提高满意程度。而这种"效益或满意"并不只局限于狭窄的经济领域，它还包括政治、社会、文化、情感等内容，行动者这种多领域的追求，使得其所追求的目标具有社会性。

本书正是在科尔曼对"理性"概念理解的基础上，认为理性是人的一种有目的、有意图的行动原则，是人类选择与调节自我行为的能力，包括对目的、行为的选择和确认。这种理性是一种社会理性，行动者在社会各种结构性因素的影响和制约下，有目的、有意图地不断调适自己的行为，追求经济、政治、文化、情感等多方面的利益和效益的满足与最大化。

4. 社会建构

社会建构是结构与行动关系研究的一种社会建构论思想和方法，是试图消解行动和结构的二元对立，以使结构与行动发生有效融合的一种研究范式和思想。

结构与行动的关系一直是社会学研究的主题，长期以来，对二者关系的研究，基本上形成了三种代表性研究范式，即结构范式、行动范式和社会建构论范式。这三种研究范式，事实上对结构和行动关系的解读包含一个逻辑前提，即到底结构和行动的关系是对立的，还是二者具有统一性，能超越这种对立。结构范式和行动范式，表明了结构和行动的关系是二元对立的，要么用结构解释行动，要么用行动解释结构。只不过结构范式侧重于结构对行为的决定性和制约性，行动范式侧重于行动对结构生成的作用。而社会建构论范式则从结构与行动的互动和相互作用出发,既用结构解释行动,也用行动解释结构,从而超越了二者的对立和分裂。

社会建构论范式认为行动和结构并非二元对立,而是相互作用、相互建构的。一方面,结构限制、约束行动;另一方面,行动也反作用结构,型塑和建构结构。结构和行动相互作用,在互动中相互建构。正如马尔科姆·沃特斯(2000)所说,社会建构论认为结构是人类有意或无意创造出来的。它被视为一种作为人类行动后果的突生规律性;思维着、行动着的主体被看成结构安排及其内在约束的创造者。

法国布迪厄的社会实践理论和英国吉登斯的结构化理论就是社会建构论范式的表现,消解了结构和行动的二元对立,使结构与行动发生了有效融合。安东尼·吉斯登(1998)提出了著名的结构二重性,认为不断纳入结构的社会系统包含了人类行动者在具体情境中的实践活动,这些实践活动被跨时空再生产出来。行动和结构二者的构成过程并不是彼此独立的两个既定现象系列,即某种二元论,而是体现着一种二重性,以结构二重性观点看来,社会系统的结构性特征对于它们反复组织起来的实践来说,既是后者的中介,又是它的结果。对行动而言,结构并不是"外在之物",而是体现在社会实践活动中,"内在于"人的行动;结构同时具有制约性和使动性;结构既是媒介也是结果,随着行动者依凭结构来指导其行动,行动者就再生产了结构。布迪厄也是结构与行动关系研究的社会建构论范式的集大成者,布迪厄将其著作的特征概括为建构性结构主义或结构主义的建构论(乔纳森·特纳,2001)。布迪厄始终把消除结构与行动的二元对立作为自己理论的任务之一,强调从"实践"这一中介出发来发展他的理论,并在逻辑层面和经验层面重新建构社会行动与结构的关系。他认为,对于只愿意认识自明的意识行为或被规定为外在世界的事物的二元论观点,应该用行为的实践逻辑反对之(皮埃尔·布迪厄,2003)。

从上述概述中可以看出,社会建构是结构与行动关系研究的一种社会建构论思想和方法,是试图消解行动和结构的二元对立,以使结构与行动发生有效融合的一种研究范式。本书对社会建构的理解基本上来源于布迪厄和吉登斯对行动和结构二者关系的解读。正是他们的社会建构论视角,使他们从行为和结构互动与互构的角度对二者关系进行分析,既用结构解释行动,也用行动解释结构,消解了结构和行动的二元对立,使结构与行动发生了有效融合。

(二)分析框架

本书在研究逻辑上,首先简要分析了农户对子女教育投入行为的社会背景和教育背景;接着描述调研过程中发现的农户对子女教育投入行为的差异性和变化性;最后分析和阐述农户对子女教育投入的行为逻辑,通过分析农户对子女教育投入行为的理性逻辑和实践逻辑,阐述了农户对子女教育投入行为的影响因素和限制因素，以及农户在各种结构性限制下如何选择教育投入行为方式。全书的分析框架如图 1-1 所示。

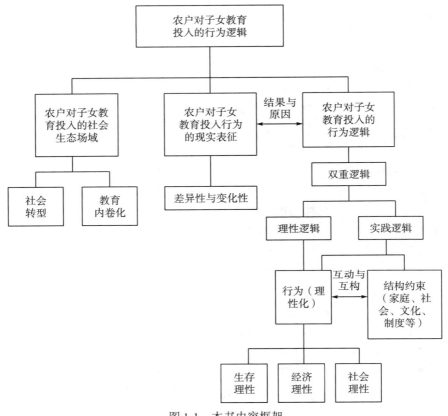

图 1-1　本书内容框架

（三）章节安排

本书着力研究社会转型和教育内卷化背景下农户对子女教育投入行为的逻辑。作为分析性的个案研究，以社会学行为研究的"社会理性"视角、行为与结构关系研究的社会建构论思想为基础，在实际的社会调研中，以访谈获得的农户话语为内容，分析农户对子女教育投入的行为逻辑。本书的章节安排如下。

第一章，导论。本章对研究背景、研究意义、核心概念、研究框架和方法做简要的概述。这一章主要提出研究问题、拟定研究设计和阐明研究意义。

此外，这一章也对已有研究成果进行回顾，把握研究发展现状，找准本书的研究思路和视角。具体对有关教育投入行为、农民行为和农民教育投入行为等研究进行了回顾和分析。

第二章，农户教育投入行为的社会生态场域：社会转型期教育内卷化。这一章就农户对子女教育投入行为的社会背景进行分析。把握农户对子女教育投入的整个社会大环境和教育制度环境，为下一步分析和解读农户对子女的教育投入行为奠定基础。

第三章，农户教育投入行为的现实表征：差异性与变化性。本章分析农户对子女教育投入行为的现实表现和特征。通过访谈和调查，归纳农户对子女教育投入行为的差异性与变化性特征，对这些特征的具体表现进行详细解读和分析。

第四章，农户教育投入行为的理性逻辑：从生存理性到社会理性。本章分析农户对子女教育投入行为的理性化逻辑，对农户表现出的生存理性、经济理性和社会理性追求进行阐述，以此初步解释农户教育投入行为差异与变化背后的逻辑。

第五章，农户理性教育投入行为的张力：家庭、社会与文化约束。本章是对影响和约束农户理性教育投入行为的各种结构性因素的分析。通过分析家庭、社会、文化等因素对农户理性行为的影响和约束，让我们进一步看到影响农户对子女教育投入行为差异和变化的结构性因素，也为更深入的分析和阐释奠定基础。

第六章，农户教育投入行为的实践逻辑：理性行为的社会建构。本章是第四章、第五章的深化，进一步阐释农户对子女教育投入行为差异和变化的原因。通过农户在家庭、社会、文化等具体情境约束下的理性行为选择，分析和把握农户教育投入行为的实践特性，在实践中把握其行为的深层逻辑。

第七章，结论与展望。本章主要归纳研究得出的结论，指出值得深入研究的方面，并对后续研究进行展望。

五、研究方法与资料来源

(一)研究方法

本书的研究主要采用访谈法、观察法、问卷调查法和文献研究法来分析和研究农户对子女的教育投入行为及其逻辑。

文献法主要是对已有研究文献的分析和梳理，了解学术界有关农民行为、农民教育、农民教育投入及投入行为等方面的理论和经验研究。借鉴以往研究成果，并发现以往研究的不足，找到研究的切入点。

访谈法、观察法、问卷调查等方法主要收集经验研究资料。本书最基本和最大量的资料来自访谈，而问卷调查和观察法作为访谈法的补充，用来充实和深入了解调查对象。

(二) 资料来源

本书中研究资料来源于两大部分，一部分是文献资料，另一部分是调查资料，调查资料来源于对秦巴地区 H 市的 D 村和 W 村的实地调查。

1. 文献资料

根据研究的需要，使用的文献资料主要有：国内外有关农民行为、农民教育和农民教育投入行为的研究文献；其他有关农民研究的学术成果和文献；历年来政府有关农民教育的统计数据资料；政府出台的有关农村教育的文献；H 市的地方性农村教育文献。

2. 调查资料

1) 访谈资料

访谈资料是本书资料来源的重点，本研究共访谈了 46 户，访谈主要对象为农户。访谈主要采取笔录、事后回忆整理及部分录音的方式 (附录 1，附录 2)。

访谈的内容主要围绕观念、行为、结构影响因素、行为与结构互动这四个方面来展开。①被访者概况。包括被访者个人和家庭及子女情况。②对子女教育投入的动机与目的，包括如何看待教育及孩子上学？让子女上学的主要目的有哪些？期望子女最高受到何种层次教育？对孩子的教育期望和目的是否存在变化？是哪些因素引起对孩子教育期望和目的变化？③农户对子女教育投入的现状：对孩子教育的经济投入；对孩子的感情、时间、精力等非经济投入；对子女的各阶段教育的投入现状。④农户对子女教育投入行为受哪些因素影响。⑤农户对子女教育投入行为的变化过程，包括在各种因素影响教育投入时，对孩子的教育投入行为是否存在变化？在面对各种影响因素时，如何调整对子女的教育投入行为？调整对子女教育投入行为时，又基于哪些考虑？

2) 问卷调查资料

作为访谈资料的补充，本书也进行了问卷调查。调查的对象为 D 村和 W 村的农户。主要通过问卷方式了解农村家庭的经济状况、子女性别结构和数量、家长的文化水平、教育投入等基本情况。采用随机抽样的形式，共发放 300 份问卷，回收有效问卷 258 份，有效回收率 86%。

第二章　农户教育投入行为的社会生态场域：社会转型期教育内卷化

人的行为总是在一定的时空纬度下进行的，离开了一定的时空范围，行为将无法理解。同理，农户对子女的教育投入行为总是在特定的社会背景和制度环境下进行的，这是理解和解读农户对子女教育投入行为的时空域，离开了这种特定的社会生态场域，对农户教育投入行为的解读也就失去了现实依托和社会意义。

一、农户教育投入行为的社会生态场域

"场域(fields)"是法国社会学家布迪厄有名的概念工具，对社会科学的影响较大，被用于分析多种社会现象和社会机制。何谓场域？皮埃尔•布尔迪厄(2005)给出过简要的定义：从分析的意义上来说，场域可以定义为位置之间的客观关系的网络或构型。而场域的范围也包括艺术家和知识分子、阶级生活方式、名牌高校、科学、宗教、权力、法律、居民住宅等众多场域。皮埃尔•布尔迪厄(1998)还提醒读者可以将场域设想为一个空间：我们可以把场域设想为一个空间，在这个空间里，场域的效果得以发挥，并且，由于这种效果的存在，对任何与这个空间有所关联的对象，都不能仅凭所研究对象的内在性质予以解释。人们总在特定场域中存在、行事，布迪厄运用"场域"概念工具来分析和研究日常生活中的具体实践，对婚姻行为、交往行为、市场行为等进行研究。在布迪厄的理论中，场域实质是人们实践展开的场所[①]。

人们的行为总是和特定场域相联系，在场域中存在、行事，场域构成了人们实践的场所。农户对子女的教育投入行为，总是在一定的社会背景下进行的，面临着特定的教育制度。而目前中国整个社会处于转型之中，教育也处于不断改革和发展过程中，在这种环境下的农户教育投入行为势必和其他社会、教育制度下农户教育投入行为有所差异。因此，要研究当前中国农户对子女的教育投入行为，不能不对其实践的场域进行分析。认识这种场域的特点，将为我们

---

① 刘少杰在论述布迪厄实践的逻辑时，指出在布迪厄的理论中，场域是实践展开的场所(刘少杰，2006)。

理解农户对子女的教育投入行为提供实践意义，也为准确把握农户教育投入的行为逻辑奠定基础。

而目前对农户教育投入行为而言，其社会生态场域主要表现为微观方面的教育发展现状和宏观方面的社会发展现状。从微观上看，教育的现状如何，既是农户对子女教育投入考虑的重要因素，也是农户教育投入行为的实践场所。从宏观上看，社会的变迁与转型，既影响教育投入行为的变化，也影响教育的发展，是农户教育投入行为的宏观实践场所。不管是微观的教育发展现状和宏观的社会场域，都通过农户的日常生活情境体现出对其教育投入行为的影响，农户的教育投入行为受教育与社会具体化的日常生活情境的直接影响。农户教育投入行为与社会、教育的关系，即农户教育投入行为的社会生态场域可以由图 2-1 表示。

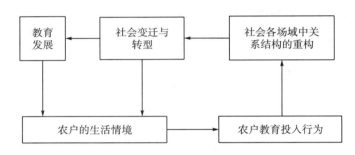

图 2-1　社会转型、教育与农户教育投入行为的关系图示

二、社会转型期的教育发展

(一)社会变迁与转型

社会变迁与社会转型，是农户教育投入行为的宏观场域，也是其行为实践的社会意义所在，故此，需要对社会变迁与转型有深入认识。而最为深入的理解，莫过于对其概念与各种观点进行梳理。许多学者都对社会变迁、社会转型进行过深入分析与论述，不同学者的观点各有侧重，并不一致。而社会转型也是一种社会变迁，学者们对社会变迁含义的理解，可归纳为结构观、功能观、结构功能观。

社会变迁的结构观，认为社会变迁就是社会结构的变化。马克思的社会变迁思想就可归为结构观。马克思在分析社会结构的过程中表明了他对社会变迁的理解，他从静态和动态方面来分析社会结构。从静态分析出发，马克思认为社会结构从层次上看，由生产力和生产关系(经济基础)、上层建筑两个层次构成；从构成社会结构的各子结构方面看，社会结构包括经济结构、政治结构、文化结构和群体结构等。从动态上看，马克思认为社会结构具有动态性。社会结构并不是僵化的、静止的，也不是固定不变的，而是灵活而富于变化的。这种结构变迁源于社会结构的矛盾性，马尔科姆·沃特斯曾说结构性矛盾是马克思一个关键性的理论范畴，因为它为社会变迁提供了一种说明。物质力量与社会关系之间的冲突，是马克思关于结构性矛盾最重要的例子。结构性矛盾是一个关键性的理论范畴，因为它为社会变迁提供了一种说明。出于这个原因，马克思常被称作"辩证唯物主义者"。"辩证的"这个词意味着他对二元对立和结构元素间的矛盾感兴趣，而"唯物主义的"这个词则表明他感兴趣的是生产结构中的冲突，而不是诸如观念、语言或者亲属关系这样一些东西中的冲突（马尔科姆·沃特斯，2000）。马克思对社会形态更替的观点正是其社会变迁思想的表现，特别对资本主义将被共产主义取代的观点，更是充分反映了他把社会变迁看成是社会结构的变化。他论述了生产力发展如何促使旧的生产关系秩序和社会结构的解体，又如何使新的社会秩序和社会结构得以合理地生存和发展。沃尔夫冈·查普夫（1998）也认为社会变迁是社会结构的变化：社会结构可以理解为社会生活和社会制度的规律性的（相对）稳定状态。这样，社会变迁即可称为：社会结构的变化，社会制度的变化富永健一（1988）也认为社会变迁是社会结构的变迁："如上所述，社会变迁可以理解为社会结构的变迁……因此，我要选择的社会变迁定义，就是社会结构的变迁。这样说的理由在于，要回答什么在变迁的问题，只需反过来看看，在没有发生变迁时，是什么东西未变，而这种相对稳定的东西，就是我们所讲的社会结构。"

　　社会变迁的功能观认为，社会变迁是社会功能的变化与进化。斯宾塞把社会比作生物有机体，认为社会变迁和进化与生物有机体有许多相似之处，是社会功能的分化与发展。随着有机体和超有机体（社会）的增长，它们的结构也就增长，也就是说，它们的结构会愈加复杂并且分化。结构的分化伴随着功能的分化，每一分化的结构为整个系统"生命"维持完成一定的功能（乔森纳·特纳，2001）。

　　结构功能观的变迁论认为，社会变迁是社会结构的调整和功能的变化。T·帕森斯（1988）认为，社会的变迁是社会结构的分化和功能的整合过程，表现为适应性增长、分化、容纳、价值通则化四个抽象的演化形态，并认为"美国作为历史上最发达的'工业社会'，已经经历并继续经历着社会结构本身及推动和以定期制度的文化的规模庞大的分化过程。就像一个医生要有良好的生物学训练一样，分化必须通过协调整个综合体分化部分运行的整合过程和整合机制来进行"。陆学艺（1991）认为，社会变迁全面地说，既是社会结构的变化，也是社会功能的变化，是社会系统的结构与功能变化的统一。刘祖云（2000）则认为，社会变迁就是社会系统的结构和功能生成变化的一种自然的社会历史过程。

　　社会转型是一种社会变迁，是社会从初级阶段向高级阶段的发展，是一种特定的社会发展过程。社会转型也是社会从传统向现代的转换与发展过程，是传统因素与现代因素的此消彼长。社会转型是一个动态的过程，而不是"传统"与"现代"的两分法，也不是一种静态的描述，而是一个"巨大的发展的连续体""一个动态的范畴"（金耀基，1999），可视之为"过渡时期"，即转型期。故此，我们应该把转型期社会看作一个连续巨大的发展的连续体。在社会转型时期，社会结构和社会各子系统的功能与运行机制或多或少、或快或慢都会发生变化。

（二）社会转型与教育

社会转型是一种社会变迁，是社会从传统向现代的转换与发展过程。在社会转型时期，社会结构和社会各子系统的功能与运行机制或多或少、或快或慢都会发生变化。教育作为社会系统的有机组成部分，势必受社会转型的影响，自身的运行方式与功能也会发生变化；同时，教育作为传承文化与培养人才的制度设置，也会影响社会转型，加速或阻碍社会转型的速度与深度。

1. 教育与社会的辩证关系

社会作为一个系统，包含经济、政治、文化等多个子系统，而教育也是社会的一个子系统。教育与社会之间的关系，主要表现为与社会的经济、政治、文化之间的关系（邓和平，2006）。具体而言，教育与社会的关系，包括教育与经济发展、教育与政治统一、教育与社会阶层分化、教育与社会变迁、教育与文化的关系等。教育与社会的辩证关系，主要表现在教育与经济、政治、文化之间的相互依存、相互影响上。一方面，社会的经济、政治、文化的变迁会影响教育的发展。经济为教育的发展提供资金来源和物资保障，教育的投入和规模受经济影响；社会经济发展的快慢、发展的阶段是人才需求的晴雨表，会影响教育的人才培养和供给模式。二者之间是相互联系的。威廉·费尔丁·奥格本（1989）认为工业和教育是相互依存的，工业的变迁必然要求教育体制的改变以适应工业的变迁。社会政治也是教育发展的一个重要影响因素，国家的政治制度设置、政策是否连续，以及政治环境是否安定都影响教育发展，同时，政治的意识形态也多少会反映在教育的内容上。此外，文化也影响教育，教育既是文化的一个子系统，又作为文化传承与创造的制度设置，深受文化的影响。一个社会的文化发展状况，文化繁荣程度，以及文化发展模式影响教育发展速度；文化传承的内容、文化体制和文化价值观、文化的内涵也影响教育传递的方式和教育的内容。另一方面，教育作为社会的一个独立子系统，有自身的发展规律和运行模式。教育作为一种文化存在，正是利用自身的文化传递与文化创造的功能，影响经济、政治和文化。教育为经济社会发展培养人才，传递文化观念，为文化的传承与发展提供空间与平台，还传递统治阶级的意识形态。此外，"教育系统还有改造社会、引领社会文明进步的特殊功能……在整个社会文明体系中，教育是一种文化存在；学校是一个文化实体；文化是教育对社会、经济、政治的作用方式及其作用点（邓和平，2006）。"总之，"在社会发展的一切阶段上，教育对社会的命运都曾有过贡献。

教育本身从未停止过发展。它传播着人类最高尚的理想（联合国教科书组织国际教育发展委员会，1996）。

2. 社会变迁、文化转型与教育发展

社会变迁、社会转型与文化、教育的关系极为密切。社会文化的变迁既是社会变迁的重要内容之一，也是导致社会变迁的一个重要因素。美国社会学家奥格本认为，社会变迁就是文化的变迁，社会最先变化的是物质文化，其次才是非物质文化的变迁。从物质文化和非物质文化的性质和变迁中可以看出，现代的许多变迁都起源于物质文化，物质文化变迁又引起文化其他部分的变迁（威廉·费尔丁，1989）。而教育也是文化，是人类社会文化范畴的活动现象，教育又兼有社会文化继承与创新的功能。教育与文化相伴相生，互为条件。故社会变迁与教育的关系正是社会变迁与文化关系的内容体现。

对社会变迁与教育的关系，学界主要有三种观点。第一种观点认为，社会变迁决定教育的变迁与变化，即教育的内容与运行方式受社会变迁影响。杜尔克姆是这种观点的代表。由于教育的内容因社会和时代而异，杜尔克姆断定，仅仅依靠推理无法确定应该包括哪些内容。我们的任务是对社会加以考察，看看教育是如何与之相适应的。在考察中我们将看到教育具有社会性，是为达到某一目的而采取的一种手段。而目的，杜尔克姆坚持认为，既不是由接受教育的个人，也不是由教师或教育管理人员来确定的，而是由社会来确定的（戴维·布莱克莱吉，1989）。第二种观点认为，教育是社会变迁的原因与动力。美国社会学家 L.F.沃德在其《动态社会学》中，比较系统地论述了教育与社会进步的关系。他认为，人类有足够的力量控制自然和社会以达到人类社会进步的目的，而教育则是实现这一目的的有效途径和主要因素（邓和平，2006）。第三种观点认为，教育既是社会变迁的重要动因，也受社会变迁的影响，二者是辩证统一的。这种观点，一方面试图克服前两种观点的偏颇；另一方面也看到教育与社会变迁的辩证关系。

社会转型的关键是文化转型。作为文化传承与创新的制度设置，教育在社会转型时期必须适应文化转型，满足社会转型对教育的改革与发展提出的新要求。而教育改革的目标与功能是教育改革两个重要的方面。一方面，教育要从传统转向现代，以适应社会从传统向现代的转型。这就要求教育观念的转型、教育发展与运行方式的变革、人才培养模式的变革、教育质量的提高、教育运行效率的提升以及教育内容的发展与变化。另一方面，在社会从传统向现代转型过程中，教育也要遵循自身发展规律，保持自身的独立与主体性，以改造社会、引领社会的文明进步。特别在社会转型期，社会结构的剧烈、持续、深刻的分化引起的社会震荡不可忽视，经济变迁与体制调整对人们和社会的影响，人们的利益调整、观念变迁、社会道德体系的重构、生活方式的变化以及社会转型引起的困惑等，无不表明社会变迁中的各种社会矛盾和社会问题较为突出，这就需要发挥教育的文化传承与社会文明的引领功能。此外，要特别重视社会转型对教育运行与发展带来的困惑与阻碍。正因为社会变迁中的各种社会矛盾与问题较为突出，教育的改革可能会出现非理性化，文化的惰性引起的社会转型矛盾也会体现在教育上。

教育的发展就是教育在适应文化转型、满足社会转型对教育新要求的过程中实现的。教育发展是教育从低级向高级阶段发展的过程，是实现教育的现代化与民主化的过程。教育发展是整个教育系统在实现教育现代化和民主化的进程中，总体上由低级形态向高级形态的不断生成、深化和更新的过程（邓和平，2006）。

(三)中国社会转型与教育困境

当代中国社会正处于转型及转型加速期，自1978年中国改革开放以来，随着中国经济体制从计划经济向市场经济转换、社会从传统型向现代型转型，社会结构、社会运行机制、社会价值观念等都在全方位转换。在这个过程中，教育体制、教育运行机制和教育政策也在改革，教育发展观念也处于变化、革新之中，中国教育改革与社会转型是相伴而生的。社会转型既为教育发展提供了机遇，也使教育面临挑战。

中国社会的转型，给教育带来许多发展的机会与条件。①经济、社会发展刺激了教育的需求，为教育提供了发展的空间。改革开放以来，中国社会发展迅速，社会经济和科技发展很快。社会的快速发展需要大量人才，特别是懂技术、懂管理以及创新性人才，以适应市场经济的需要。这刺激了人们对教育的需求，迫切希望通过教育提高自身科学文化素质。此外，经济的发展为教育的发展提供了物质基础，有利于教育资源的供给、教育设备的添置和教育资金投入。②为旧的教育体制转换提供了条件。中国经济体制的改革，需要政治、文化、科技、教育等一系列的体制与之相适应，也进行改革。中国当代的社会转型是全方位的，随着经济发展，社会对人才需求的类型更多，对人才的要求越来越高，必然需要教育的人才培养模式、运行机制适应这种要求。这种要求事实上为教育体制的转换提供了社会条件，是教育改革与发展不可错过的良机。③有利于教育观念的革新。社会从传统向现代的转型，本身也是传统观念向现代观念的转型。这既充满了矛盾和对抗，也是两种观念的此消彼长。在现代观念与传统观念的接触、对抗与矛盾中，人们对教育的看法与要求会有所变化，社会对教育的评价与选择也会变化，这些都影响教育观念。加之科学技术自身的发展，新概念、新思想、新风貌、新创作、新技术和新工艺等的产生与发展将直接影响到教育思想观念（曲恒昌 等，2000）。④社会转型为教育创新提供了条件。教育创新体现在教育观念创新、教育内容创新、教育手段创新、教育方法创新以及培养人才模式的创新。而中国当前的社会改革为教育创新提供了动力和条件。

在中国当前的社会转型时期，教育的改革与发展除了机遇之外，还存在许多问题，面临挑战。当前社会转型期，中国教育的发展问题也比较突出，主要表现在：①发展水平低，仍处于世界较低水平；②教育发展不平衡，区域之间、城乡之间、重点学校与非重点学校之间、公立学校与私立学校之间的教育资源配置不平衡；③高层次、创新人才不足；④教育不公平现象较为突出；⑤教育运行效率较低，教育质量长期停滞，甚至有下降趋势。

三、社会转型期教育发展困惑：教育内卷化

在中国教育改革和发展的过程中，出现了许多困惑：教育规模在扩张的同时，教育质量却长期停滞，甚至有所下降，城乡教育质量差距越来越大；知识失业现象较为普遍，高校毕业生毕业即失业的现象也屡见不鲜；教育过度、教育贬值现象普遍，大学毕业生收入减少，高学历人员的待遇增加有限，甚至有下降趋势；高中大量学子放弃高考，新一轮"教育无用论"出现。如何解读与分析教育改革、发展过程中的这些现象与困惑，是许多学者的研究焦点，也是本书探讨农户对子女教育投入行为不得不面对的一个现实问题。本书认为，教育发展的这些困惑，可用教育内卷化来概括。

（一）内卷化：对教育发展的一种分析视角

1. 内卷化概念的缘起与发展

"内卷化"一词的英文为 involution，起源于拉丁语 *involutum*，是英文 involute 的名词形式。involute 有复杂的、错杂的、内旋的、卷成螺状的含义（张芳杰，1984），因此，involution 一词表示任何内部复杂、错综、内缠之物。"内卷化"一词在学术界的发展经历了一个变迁过程。

康德首先区分了"内卷化"与演化。美国人类学家戈登威泽用内卷化来研究文化，他用这个概念来指一类文化模式，这类文化当达到了某种最终的形态以后，既没有办法稳定下来，也不能使自己转变到新的形态，取而代之的是不断地在内部变得更加复杂（刘世定 等，2004），即在文化外部边缘被固定的情况下，内部的精细化发展。美国人类学家格尔茨在对印度尼西亚爪哇农业的研究中，进一步发展了戈登威泽的"内卷化"概念，这体现在他的著作《农业内卷化：印度尼西亚生态变迁的过程》中。格尔茨说："无数的劳动力集中在有限的水稻生产中，特别是在因甘蔗种植业而改善了灌溉条件、单位面积产量有所提高的地区。1900年后，即使旱地农业有所发展，人们的生活水平也只有非常小的提高。水稻种植，由于能稳定地维持边际劳动生产率，即更多劳动力的投入并不导致明显的人均收

入下降，至少间接地吸收了西方人进入以后所产生的几乎所有多余人口。对于这样一个自我战胜的过程，我称之为'农业内卷化'"(Geertz，1963)。格尔茨认为，内卷化作为一个分析性概念，意指由于内部的过分精细而使形态本身获得的刚性。"对我们而言，我们只要一个分析性概念，即一个既有的形态，由于内部细节的过分精细而使形态本身获得了刚性(Geertz，1963)。"杜赞奇(1996)对格尔茨的内卷化理解为："根据格尔茨的定义，'内卷化'是指一种社会或文化模式在某一发展阶段达到一种确定的形式后，便停滞不前或无法转化为另一种高级模式的现象。在殖民地和后殖民地时代的爪哇，农业生产长期以来原地不动，未曾发展，只是不断地重复简单再生产。尽管这种生产并未导致人均收入的急剧降低，但它阻止了经济的发展，即人均产值并未提高。"刘世定等(2004)认为，格尔茨的内卷化或农业内卷化概念可以概括为三点：①"内卷化"概念是指一个系统在外部扩张受到约束的条件下内部的精细化发展过程；②"农业内卷化"是指在资本、土地资源被限定的条件下，劳动力持续地被吸收到农业中获取收益并使农业内部变得更精细、更复杂的过程；③这一劳动力持续投入的过程，并不意味着劳动的边际生产率递减。

黄宗智首先运用内卷化来研究中国的农村经济和农户行为。在《华北的小农经济与社会变迁》中，黄宗智把小农家庭在面对生存压力时，对农业大量投入劳力，在边际收入递减甚至为零时仍然继续投入劳力的现象称之为内卷化。他注意到一个现象：在面对人口压力时，家庭农场和雇佣劳力的大农场会作出不同反应。在面对剩余劳力和劳力不能充分使用时，家庭农场在单位面积上投入的劳力远比雇佣的大农场多，并且这种劳力集约化程度远远超过边际报酬递减的地步。故此，黄宗智运用格尔茨研究爪哇水稻农作中提出的"农业内卷化"来研究这种现象。对这种内卷化现象，黄宗智(1986)注解为"我们如在图上以垂直轴线代表产量，水平轴线代表投入的劳力，'内卷'的现象出现于显示产量与劳力之间的关系的曲线开始向右伸平之后，即劳动力边际产量开始递减之后"。他还认为，在那种情况下，许多小农家庭因生活的需要被迫投入极高密度内卷性的劳动量。为此，他们会付出一定的代价：劳动力的边际报酬递减。后来，黄宗智在研究长江三角洲小农经济时，进一步丰富了内卷化的内涵。提出了"过密型(内卷化)增长"，即没有发展的增长。依此对"内卷化"的理解，进一步分析了中国农户的经济行为。黄宗智(2000)认为，长期以来，长江三角洲的小农即使在单位工作日边际报酬递减的情况下仍增加劳动力的投入，不仅农业，而且家庭手工业都呈现出"过密化"特点，是一种"没有发展的增长"。黄宗智(2000)进一步对"内卷化"增长进行了阐述，"就总产出和总产值的绝对量而言，明清时期长江三角洲的农村经济确实出现了相当幅度的增长……但是仔细考察一下就会发现，这种增长乃是以单位工作日的报酬递减为代价而实现的。家庭年收入的增长，不是来自单位工作日报酬的增加，而是来自家庭劳动力更充分的利用，诸如妇女、儿童、老人的劳动力，以及成年男子闲暇时间的劳动力。这就是'无发展的增长'，或者说'过密型增长'"。

杜赞奇在研究 20 世纪上半期中国华北农村时，用"内卷化"来研究政治现象，并提出了"国家政权内卷化"。杜赞奇(1996)认为，他的"内卷化"概念不完全符合格尔茨的定义。"当然，我是抽象地使用'内卷化'的，并用它来描述政治过程而非经济现象，如同格尔茨从文化领域中借用这一词汇来研究'文化经济'现象一样。与所有的借用词一样，它所揭示的现象已脱离了原词本意，所以，我提醒读者注意内卷化的过程而不要纠缠'内卷化'这一名词。我所描述的'政权内卷化'与农业内卷化的主要相似处在于：①没有实际发展的增长(即效益并未提高)；②固定方式(如赢利型国家经纪)的再生和勉强维持。"杜赞奇所谓的"国家政权内卷化"指的是国家机构扩大其行政职能靠复制或扩大旧有的国家与社会关系，而无效益提高的现象。国家政权内卷化是指国家机构不是靠提高旧有或新增(此处指人际或其他行政资源)机构的效益，而是靠复制或扩大旧有的国家与社会关系——如中国旧有的赢利型经纪体制——来扩大其行政职能(杜赞奇，1996)。内卷化的国家政权在财政方面的体现就是国家政权无力建立有效的官僚机构以遏制或取缔非正式机构的贪污、中饱私囊。

李培林(1999)运用"内卷化"对中国国有企业进行了分析和研究，他认为中国国有企业人员存在内卷化现象。这种现象是国有企业追求利润最大化和职工福利最大化双重目标的逻辑结果，因为福利具有刚性特征，要改变国有企业人员内卷化现象，必须建立有一种效率的替代机制，以便在提供职工相同保障水平的条件下解决此问题。在对国有企业社会成本的分析中，李培林等(1999)认为，国有企业的社会成本是其内卷化增长的重要原因之一，也因此形成国有企业人员过密化和福利功能的内卷化。"从以上的分析可以看到，国有企业的社会成本比我们预想的可能还大得多，这已经成为许多国有企业'有增长而无发展'的重要原因之一……但是，由于国有企业社会成本的扩张冲动缺乏硬约束，国有企业会由此形成人员过密化和福利功能内卷化趋势。"在《国有企业社会成本分析》一书中，李培林等(2000)进一步运用内卷化详细分析了国有企业的利润最大化与福利内卷化的双重矛盾目标，揭示了国有企业人员的内卷化，分析论述了造成国有企业内卷化增长的社会成本。

此外，国内许多学者相继用内卷化来分析国家政权、基层组织、体制改革、社会群体、企业发展等，主要集中于经济、政治、文化、社会群体和社会关系等领域。尽管有学者批评内卷化概念定义不当、模糊不清，需要进一步廓清其内涵和外延，但不可否认内卷化这一概念已成为学界一个有影响的范畴和分析框架。

2. 内卷化的内涵

我们对内卷化概念的来龙去脉及其发展过程有了把握，对内卷化的内涵我们也需要进一步说明。目前，从学者们对内卷化概念的争论和运用来看，学界对这一概念的理解还不一致。但正是这种不一致，为我们发展和拓宽这一概念的研究、分析范围提供了想象空间。

在对内卷化概念发展的梳理中，我们知道：戈登威泽把内卷化理解为文化外部边缘被固定的情况下，内部的精细化与复杂化发展。格尔茨认为内卷化作为一个分析性概念，意指由于内部的过分精细而使形态本身获得的刚性，即事物的停滞不前、原地不动、未曾发展。黄宗智（2000）认为，内卷化现象是劳动力的大量投入而造成的劳动力边际报酬递减，是"没有发展的增长"。杜赞奇（1996）认为"内卷化"是旧有职能和社会关系的复制，而不是效益的提高，就是"没有实际发展的增长（即效益并未提高），固定方式（如赢利型国家经纪）的再生和勉强维持"。

国内学者对内卷化概念的认识也存在不同理解。刘世定和邱泽奇通过从戈登威泽经格尔茨到黄宗智关于内卷化的分析，认为："在戈登威泽和格尔茨那里可以清楚地看到，内卷化的基本含义是指系统在外部扩张条件受到严格限定的条件下，内部不断精细化和复杂化的过程。黄宗智以边际收益递减来界定内卷化概念，是一种误解，同时在把劳动的边际收益引入内卷化后，改变了分析的基本方向（刘世定 等，2004）。彭慕兰等（2003）也对黄宗智的内卷化概念提出批评，认为内卷化"这一概念定义不当""这个定义完全不起作用"（彭慕兰 等，2003）。郭继强（2007）对内卷化概念提出了自己的理解：内卷化是对经济主体特别是家庭农场（农户）自我战胜和自我锁定机理的一种概括。他认为，内卷化的区间可以从两个不同层面进行考察：①在给定的生产技术条件和其他投入要素量的情况下，解析出了内卷化区间i；②在生产技术条件或其他投入要素发生变化的情况下，解析出了内卷化区间ii。他试图综合黄宗智和格尔茨的内卷化概念。范志海（2004）通过对内卷化的梳理，认为实际上有三种内卷化的理想类型，而这三种理想类型，实际是内卷化的三个层次。第一是农业内卷化或经济内卷化，指的是农业或经济有增长无发展的状态；第二是国家内卷化或政权内卷化，指的是旧有的国家或社会政权、体制的复制、延伸和精致化；第三是文化内卷化，指的是旧的文化观念、习惯参与的社会复制与精致地定格各种秩序。值得注意的是，这三种内卷化是统一的内卷化机制的三个不同表现层次，它们具有内在的契合性。

通过国内外学者对"内卷化"一词的解读和运用。我们可以看到内卷化的两个特点：第一是有增长而无发展，第二是劳动（力）的边际报酬递减。而这两个特点，正是内卷化概念发展至今的最本质之处。本书对内卷化的理解正是基于这种思考，认为内卷化是事物（系统）有增长而无发展的状态，以及参与事物（系统）的劳动力的边际报酬递减。

尽管学者们对内卷化概念的理解不完全一致，但正是这种多样性理解，促使了内卷化概念内涵与外延的扩展。这也是"内卷化"的生命与活力所在。书中借用内卷化的概念来分析和论述转型期教育的发展，揭示农户教育投入行为的教育场域现状。既然是借用的概念，本身就存在不一致的可能，因为事物和现象不同了。我们只需在抽象的相似性上求得借用概念的一致，而不必得完全的一致，如果真要求完全一致，可能会限制思想的发展和理论的创新。本书正是基于这种考量而借用内卷化的概念来分析和解读转型期中国教育的发展。

3．教育内卷化[①]

所谓教育内卷化，就是教育呈现有增长而无发展的状态，教育规模的增加和扩充并没带来教育质量的提高，教育质量处于停滞状态甚至有下降的趋势；而对教育的人力资本投资并没带来受教育者的边际报酬递增，相反，随着劳动者教育文化的提高，劳动者的边际收益呈递减化趋势，边际报酬递减。把握教育内卷化的内涵需要我们把握教育的"有增长而无发展"和"教育文凭获得者的边际报酬递减"两个方面。

本书认为，教育改革和发展中出现的这种种现象与困惑，可用教育内卷化概括，这种解读也是一种合理的视角。这可为教育的改革和发展提供新思路，也可为解读农户对子女教育投入行为提供新视角，还有利于思想的发展和理论的创新。

（二）转型期教育内卷化的表征

依据上述理论分析与视角解读，可用内卷化范畴来分析转型期中国教育发展的种种现状与困惑。而转型期中国教育的内卷化主要表现为两方面：一是教育有增长而无发展；二是教育的边际报酬递减。

1．教育有增长而无发展

教育有增长而无发展，指我国教育规模增加了、扩大了，而教育的质量却没有提高，质量长期停滞，甚至有下降的趋势，出现了没有发展的增长。教育"有增长而无发展"主要涉及教育规模与质量，是从教育的规模与质量二者的关系上来说的。

---

① 国内运用"内卷化"视角来研究教育的文章很少，其中东北师范大学博士陈坚运用内卷化理论来研究农村教育，认为农村教育的功能发挥、目标定位、改革方式及观念文化延续着内卷化的机制。但陈坚对教育内卷化的解读主要认为：由于外部人力、物力、财力等支持不足或缺失，农村教育形成了一种相对稳固的内部发展模式和严格的约束机制，而使农村教育在发展和变迁过程中出现了一种"路径依赖"和自我"锁定"，发展缓慢、相对停滞（陈坚，2008）。

当前中国教育改革和发展中的一个显著现象是教育规模扩大了。从教育规模来看，中国教育规模自改革开放以来持续扩大，学生人数由 1985 年的 21753 万人上升到 2006 年的 31860 万人，教职工人数由 1985 年的 1261 万人上升到 2006 年的 1652 万人，教育人口由 1985 年的 23014 万人上升到 2006 年的 33512 万人，教育人口比重由 1986 年的 22% 上升到 2006 年的 25.6%，1999 年曾一度高达 27.5%[1]。从教育各阶段的入学率来看，也可以看到我国教育的规模扩大的趋势（表 2-1）。

表 2-1　各级教育毛入学率[2]　　　　　　　　（单位：%）

年份/年	小学按各地相应学龄计算	初中（12～14 周岁）	高中阶段(15～17 周岁)		高等教育 （18～22 周岁）
			职前	全口径	
1990	111.0	66.7	21.9		3.4
1991	109.5	69.7	23.9		3.5
1992	109.4	71.8	22.6	26.0	3.9
1993	107.3	73.1	24.1	28.4	5.0
1994	108.7	73.8	26.2	30.7	6.0
1995	106.6	78.4	28.8	33.6	7.2
1996	105.7	82.4	31.4	38.0	8.3
1997	104.9	87.1	33.8	40.6	9.1
1998	104.3	87.3	34.4	40.7	9.8
1999	104.3	88.6	35.8	41.0	10.5
2000	104.6	88.6	38.2	42.8	12.5
2001	104.5	88.7	38.6	42.8	13.3
2002	107.5	90.0	38.4	42.8	15.0
2003	107.2	92.7	42.1	43.8	17.0
2004	106.6	94.1	46.5	48.1	19.0
2005	106.4	95.0	50.9	52.7	21.0
2006	106.3	101.9	57.7	59.2	22.0

教育规模的扩张并未带来教育质量的提高，教育质量长期停滞，甚至有下降趋势，出现了有增长而无发展的状况。要阐述教育质量，需要先对教育质量的内涵进行分析。《教育大辞典》认为，教育质量是教育水平和效果的程度，主要受以下因素影响：教育制度、教学计划、教学内容、教学方法、教学组织形式和教学过程等的合理程度；教师的素养，学生的基础以及师生参与教育活动的积极程度。教育质量最终体现在培养对象的质量上。衡量教育质量的标准是教育目的和各级各类学校的培养目标。前者规定受培养者的一般质量要求，亦是教育的根本

① 数据来源于中华人民共和国教育部网站的教育统计数据。详见：http://www.moe.edu.cn/edoas/website18/81/info33481.htm
② 中华人民共和国教育部网站的教育统计数据。http://www.moe.edu.cn/edoas/website18/87/info33487.htm

质量要求；后者规定受培养者的具体质量要求，是衡量人才是否合格的质量规格（顾明远，1998）。西奥多·W. 舒尔茨(1991)认为，教育质量是教育的品质，质量是指影响其价值的一年教育的品质。舒尔茨的教育质量可以感受，却无法具体把握，对此，他自己也十分清楚。这样设想的质量难以观察，它避开了计算机，它善于捉迷藏。我们知道它在那儿，我们也知道它是重要的。联合国教科文组织2003 年关于高质量教育的部长圆桌会议认为，教育质量在不断适应社会和经济的发展与转型。原有的教育质量概念已不能适应今天社会发展的需要，尽管人们可以站在各自不同的角度来理解这一概念，但在追求提高教育质量的努力中，仍然存在被普遍认同的何为高质量的教育，高质量的教育应当使人们具备作为社会成员和世界公民的充分参与的能力[①]。对教育质量而言，它是一个历史性概念，具有阶段性、相对性与动态性，教育质量并不是一个固定不变的概念，它是动态的、变化的、发展的，随着时间、地点、时代的不同而变化，随着社会的发展、科技的进步而不断丰富与发展。教育质量也是一个哲学概念，因为不同的质量观立足于不同的教育哲学思想，总是从一定的哲学视角出发的。教育质量的哲学视角一般有两大范式，一类是认识论范式，认为教育质量要基于人们对知识的探求和对真理的追求，评价教育质量的标准是看教育的学术性，是否适应对知识的探索目的，是否适应培养精英人才的目的。这种哲学视角秉持教育"探求高深学问"的宗旨，讲求"注重学术、追求卓越"的教育质量。另一类是实践论范式，这类教育质量范式强调教育的社会有用性，评价教育质量的标准是外部适应性，主张教育质量要适应社会需要，其关注点往往在于教育的实用、合格和满意等心理上的主观认同。

本书教育质量采用《教育大辞典》的定义，认为教育质量是教育水平和效果的程度，教育质量最终体现在培养对象的质量上。把认识论与实践论两类教育质量哲学视角结合起来考察转型期的教育质量。一方面，看教育在"探求高深学问""注重学术、追求卓越"上的质量如何；另一方面，也看教育在培养适应社会需要的人才上以及教育的实用性方面的质量如何。从教育的"学术性"与"实用性"两方面来考察教育质量，实质是从"精英教育"与"大众教育"两个方面来分析教育质量。因为注重教育的学术性、知识性的认识论教育质量哲学视角往往强调精英教育的培养模式，具有强烈的地位教育取向；而注重教育实用性、生存技能的实践论教育哲学视角往往强调教育的大众化模式，具有鲜明的生存教育取向(刘精明，2005)。

从教育的"学术性"来看，我国当前教育质量并未得到提高。基础教育本应培养学生的世界观与价值观，培养学生获取知识的能力以及基本的文化修养，但在市场经济以及当前的教育体制下，基础教育以升学为指挥棒，成为了追求升学

---

① 联合国教科文组织于 2003 年召开了"关于高质量教育的部长圆桌会议"，在会上提出这种看法。

率的场域，学生也以升学为第一要务，以应试为第一目标。高等教育的学术腐败、剽窃、学术造假等学术越轨现象还比较普遍。高等教育在培养学生的学术性及文化性方面的作用日益衰微。学生、教育工作者急功近利，把学术及"探求高深学问"作为追求的人寥寥无几，他们更多的是看重高等教育的工具性价值，追求由此带来的经济、政治、地位、权力、声誉等利益。在学校管理方面，过于注重形式，趋于官僚化与行政化，缺乏学术活力。作为培养"文化人"的教育面临文化的困境，教育文化性缺失。在社会文化传承与创新、社会文明的指引方面功能弱化，甚或消解了自身的文化性，丧失了作为文化角色的价值魅力。

从教育的"实用性"以及培养适应社会需要的人才来看，我国当前教育质量也未提高。我国的教育学制与培养模式基本上是照搬西方的学制。这既有历史原因，也有现实原因。在拉丁美洲、非洲和亚洲，大多数国家的教育体系，无论是否适合这些国家的当前需要，仍然反映着过去曾一度作为自己祖国的或其他外来霸权的影响（联合国教科文组织国际教育发展委员会，1996）。在今天社会迅速发展的时代，科技发展步伐加快的时代，我国教育培养模式与学制越来越显示出诸多弊病。教育培养模式一般有自由开放式入学与限制性选拔学生两种模式（联合国教科文组织国际教育发展委员会，1996）。我国由于教育资源缺乏，人口众多，为了社会发展需要，教育模式长期以来实行限制性选拔学生模式。而近年来我国的义务教育阶段虽然向开放式入学转向，但这种开放式入学仅限于户口所在地，甚至仅限于居住社区。如果要进入异地或非社区的学校，则须交纳借读费。我国非义务教育阶段还实行严格的限制性选拔学生模式，限制性选拔学生的教育模式最大的弊病是教育资源的不公平分配以及教育质量的层级分化。农村基础教育质量低于城市，非重点学校教育质量低于重点学校教育质量，落后地区的教育质量低于发达地区教育质量。这种参差不齐的教育质量使得我国各级学校培养学生的总体质量下降。在教育资源相对较少的农村学校、落后地区学校和非重点学校中，学生学习实用性技能受到限制，没有或很少有配套的实验设备、缺少好的师资、与市场技术脱节、信息闭塞等都影响学生的质量。而教育资源相对较多的城市、发达地区和重点学校，一方面因为现行的考试制度和教育模式，学生往往高分低能、眼高手低，重分数轻实践，重升学轻能力；另一方面，在这些拥有较多、较好教育资源的地区与学校中，学生更重视教育的社会地位流动的功能，偏于地位教育而轻视生存教育，这也造成学生轻视技术和技能的学习。近年来，社会拒绝接受刚毕业的学生，出现大学毕业生就业难现象，这种现象的出现并不是社会上大学生太多了，而是这种教育模式所教育出来的人没有得到恰当的训练，不适应社会的变化，不能满足社会对学生技术与质量的要求。"当知识变化很慢，而人们（不是说得太过分的话）又能在几年之内希望'学会'一切足以满足理智上和科学上需要的东西时，这种为少数人建立的教育体系是有效的。但是如果我们把这种教育体系运用于急剧变化时代的大众教育，而知识数量又正以前所未有的速度激增时，那么这种教育体系很快就变得过时了……这个教育体系难以适应日益发展的社会的需要。它所教育出来的人并没有受到恰当的训练，因而不能适应社会的变化。当这种体系所授予的资格和技术不能满足社会的要求时，社会便拒绝接受这些毕业生(联合国教科文组织国际教育发展委员会，1996)。"

虽然中国教育规模出现扩张，但从上面的分析可以看到，教育质量并未因此而提高，相反，有下降的趋势，教育出现没有发展的增长。对"没有发展的增长"的理解，学者们曾有所论述。罗伯特克劳尔把"既没有结构上的变革，以使其他经济部门有补充的增长，也没有制度上的变革，以便把实际收入所得分到人口所有的各个阶层中去"的单纯的初级产品出口的迅速增长，称为"没有发展的增长(刘祖云，2000)。"而黄宗智(2000)把没有发展的增长称为"过密型(内卷化)增长"，即在单位工作日边际报酬递减的情况下增加劳动力的使用，仍能提高家庭的年收入。黄宗智用内卷化来解释长江三角洲农业与农户没有发展的增长状况，黄宗智认为，"增长"系指生产总量在任何一种情况下的扩展；"发展"则基于单位劳动生产率提高的增长；而"过密"则是伴随着单位劳动生产率降低的生产增长。而依据黄宗智的分析逻辑，根据本书中前面对内卷化的定义与理解，中国当前教育发展也表现为内卷化，是一种没有发展的增长。增长可指教育规模和总量的扩展，发展则基于教育质量的提高，而内卷则是教育的人力资本投资带来的受教育者的边际报酬递减。下文将进一步详细分析我国教育内卷化的另一表现，即教育投入所带来的教育文凭获得者的边际报酬递减。

2. 教育的边际报酬递减

教育收益是教育不可忽视的一个重要方面。它既影响教育的投入，也影响教育在社会中的地位，此外还影响教育的发展。贝克尔认为，唯一决定人力资本投资量的最重要因素可能是这种投资的有利性或收益率(加里·S. 贝克尔，1987)。有关教育的收益问题，许多学者对此曾有专门论述和研究。舒尔茨比较过教育投资与物质资本投资的收益率，认为教育投资的收益率要高于对物质资本的投资。更进一步的研究，则是看教育投资内部的收益率，即研究教育各阶段的收益率。比较教育各阶段的教育收益，就涉及教育的边际报酬，即随着受教育程度的提高，各阶段教育收益的比较。对中国教育的边际收入而言，既具有教育边际报酬递减的普遍规律性特征，还具有中国社会转型期的独特表征，即教育边际报酬的反常递减。

中国在改革开放前，文化水平对增加个人收入并无多大用处。研究中国问题的美国社会学家白威廉，曾认为中国教育在改革开放前的经济收益率是负数，教育对收入的影响是负面的，较高的文化水平不仅不能增加个人收入，相反，还会起负面影响(李春玲，2005)。自改革开放以来，随着经济社会的发展，"脑体倒挂"的现象减少，知识分子和受教育程度高的人收入显著增加。但我们不能由此认为，教育收益率是增加的，特别是随着受教育年限的增加，教育的边际收益并不是增加的。事实上，近几年大学毕业生就业难，甚至毕业即失业的"知识失业"问题已经表明中国的教育收益呈下降趋势。而社会转型期的教育收益，更是表现出收益较低和边际报酬的非正常递减。

(1)转型期教育的个人收益较低。自改革开放以来，"脑体倒挂"的现象逐渐减少，知识的经济价值也随社会的发展而凸显。曾经一度流行的"知识无用论"被"知识就是金钱"的思想观念代替。这既是教育(知识)的正常回归，也是社会的进步。但近几年来，新的"知识无用论"正在抬头，比如2009年重庆有近万名高中生放弃高考，占应参加高考人数的5%左右(席盘林，2009)。据不完全统计，2009年全国约有84万人放弃高考。据教育部统计显示，2005～2009年，连续5年，每年都有10%左右的应届高中生放弃高考(陈汉辞，2009)。仔细分析这种现象，与近年来大学毕业生就业不理想、失业普遍、收入偏低息息相关，"知识无用论"的抬头正是人们对教育收益降低的反映。

一方面，教育的成本不断增加。首先是教育的学费不断上涨。高中阶段和大学阶段的学费涨幅较大，随着高校实行全面收费制，教育费用的支出占了居民收入的绝大部分。对农民而言，学生上大学的费用只能靠借或者贷款，微薄的收入难以支撑农民家庭的孩子上大学。义务教育阶段虽然实现了免费教育，但农村中小学依然存在乱收费现象。在我们的访谈和调查中，一些农户坦言农村学校仍然存在名目不清的收费现象，且不给学生开任何收据和发票，以掩人耳目。此外，子女上学的其他教育费用也在增加，比如书本费、补课费等。如果选择较好的学校，借读费也是一笔不小的开支。其次是教育的机会成本增加。教育的机会成本是因上学而可能放弃的收入。中小学阶段学生的教育机会成本相对较少，但仍然存在。西奥多·W.舒尔茨(1990)认为，在计算教育成本时，子女为其父母所做工作的价值必须包括在内。甚至对那些处于学校教育低年级年龄很小的儿童来说，大多数家长牺牲了孩子们传统地从事工作的价值。此外，父母因照顾孩子上学而放弃较好工作机会的损失或者牺牲的工作时间的价值也是中小学孩子教育的成本。而高中阶段、大学阶段(研究生阶段)教育的机会成本相对较高，这是因为教育机会成本随着受教育年限的增加和受教育者年龄的增长成正比。学生受教育的机会成本还随社会的发展、整个社会的工资水平而增加，因为学生上学放弃了这种收入的机会，再者父母照顾子女而放弃较好工作机会或牺牲工作时间的损失也是增加的。因此，学生接受教育的机会成本有增加的趋势。随着教育学费的不断上涨，教育机会成本的增加，教育的总成本就增加了。

另一方面，教育的收益增长有限，甚至有下降的趋势。首先，收入的实际购买力下降。虽然近几年，中国社会各行各业工资水平都有所提高，但持续上涨的物价(几乎每一次工资上涨，物价都会上涨)，住房、医疗等生活成本的增加，基本上抵消了工资的增加，实际购买力有下降的趋势。其次，与物资资本投资相比，中国教育投资的收益偏低。一般认为，教育投资的收益高于物资资本投资的收益。舒尔茨认为，资本概念既包括物质资本也包括人力资本，两者都具有资本的属性，同时又存在差异，二者的收益率不同，人力资本投资收益要高于物资资本投资的收益。由于两者的差异性，两种投资的收益率是不同的。经验证明，人力资本的投资收益率要高于物质资本的投资收益率(西奥多·W. 舒尔茨，1990)。加里·S. 贝克尔(1987)也认为，教育投资比其他物质资本投资收益多，最有力的证据大概是，受过更多教育与具有更高技术的人总是比其他人的收入多。这一点对美国和苏联这样不同的发达国家，对印度和古巴这样的不发达国家，对一百年前的美国和现在的美国都同样是正确的。"而中国的经验表明，社会上的高收入阶层并不一定是受教育程度最高的人，相反，高学历者收入还普遍偏低。中国的收入差别更多地受行业、权力影响，行业的垄断往往造成收入的过于悬殊。特别在中国分割的劳动力市场条件下，城乡劳动力市场分割、地区劳动力市场分割、行业劳动力市场分割等情形，严重限制了人才的合理正常流动，限制了人力资本的收益增长。也造成在中国，物质资本的投资收益大于教育投资的收益。再次，中国教育个人收益率远远低于其他国家。Jain(1991)对世界 100 多个国家教育收益率的比较研究表明，教育个人收益率较高的是中低收入国家的初等教育，高达 42.2%，较低的是高收入国家的高等教育，但也达到 11.9%。与此相比，中国教育的个人收益率却比较低。研究表明，中国的教育个人收益率偏低。对 20 世纪 90 年代教育收益率的研究，学者们积累了大量的成果。赖德胜(1998)研究表明，中国教育平均个人收益率仅为 5.73%。陈晓宇等(2003)以《中国城市住户调查》1991 年、1995 年、2000 年的数据为基础，计算出这三年城镇居民个人教育收益率分别为 3.0%(1991 年)、4.7%(1995 年)、8.5%(2000 年)。陆慧(2004)的研究表明，与 1988 年、1995 年的教育收益率水平相比，2000 年的教育收益率虽有较大幅度的提高，但城镇居民的教育收益率仅为 6.57%，农村居民的教育收益率仅为 4.21%，研究表明，虽然中国教育的个人收益率在缓慢提高，无论是城镇还是农村居民的教育收益率都有了提高，但与世界平均教育收益率水平还存在差距，而农村居民的教育收益率远低于世界平均水平。特别是在物价水平和工资水平上涨的这几年，教育收益率的这种增长很有限，扣除物价因素后，教育收益可能有降低的趋势。中国教育个人收益较低可能是转型期的一个较为特殊的现象。

(2)转型期教育边际报酬的反常递减。根据新古典经济理论有关投资边际报酬递减规律，教育投资表现出边际报酬递减也是可以理解的。学者们的研究认为，教育各阶段的收益率是递减的，随着受教育程度(年限)的增加，收益率呈递减趋势，即教育的边际报酬递减。事实上，对世界其他国家的研究也验证了这一规律，即随着受教育水平的提高，教育收益率表现出下降的趋势(Psacharopoulos，1994)。西奥多·W. 舒尔茨(1991)通过对美国各阶段教育收益率的研究，认为小学教育是教育各阶段中收益率最高的，中学教育的收益率低于小学教育阶段，而高等教育的收益率是最低的。对于较好的小学和完成至少 8 年小学教育的较多学生来说，年收益率将可能大大超过 30%。对于较多较好的中学来说，包括这些学生放弃的相当大的收入在内，年收益率在 20%左右。对于高等教育，可比数字将会低些，每年 12%多一点。"加里·S. 贝克尔(1987)通过对美国白人教育收益率的研究，认为白人男高中毕业生未调整的收益率大于大学毕业生未调整的收益率，而且小学毕业生未调整的收益率也比较大。这些证据说明了正规学校教育年数增加所引起的"收入递减"或"边际产量递减"。教育边际报酬递减，是说随着受教育水平的提高，教育收益增加得比较缓慢，但教育的收益却是增加的，而不是下降的，只不过每投入一个单位的教育成本，单位教育收益的增加减少，而不会出现总收益的减少。中国教育的边际报酬一方面具有递减的普遍性，另一方面还表现出社会转型期的独特性。即在中国社会转型期，教育边际报酬出现了一系列反常递减，这种反常递减的结果是：随着受教育水平的提高，教育总收益不但不增加，有时反而减少。最典型的就是出现"教育致贫"现象。博士收入不如本科生，本科生收入不如中学生。社会出现新一轮的"知识无用论"，认为读书无用，越读书人越穷。这种反常的教育边际报酬递减，与教育扩展、教育过度、知识失业、劳动力市场分割与歧视有密切关系。

首先，教育过度与教育边际报酬的反常递减。Freeman(1976)年在他的《过度教育的美国人》(The Overeducated American)一书中，提出了"过度教育"，并进行了解释。他把美国自 20 世纪 70 年代初以来的教育收益率下降的现象，称之为"教育过度"，弗里曼将教育过度解释为教育的投资过度。曾满超和列文(Levin H. M.)对教育过度进行了分析，并认为教育过度具有三层含义：一是受教育程度相对应的劳动者的经济地位下降；二是受教育者不能实现其职业预期；三是拥有比其工作要求更高的教育文凭(Tsang et al.，1985)。我国学者的研究表明，中国当前存在较严重的教育过度现象，这主要表现在：①很多大学毕业生找不到工作；②被迫上学，近年来考研热、考博热现象的背后是许多考生被迫无奈，不得已而参加考试；③高能低就，即高文凭从事低文凭就可以胜任的工作；④高文凭者往往很难实现教育投资的预期收益(赖德胜，1999)。我国现阶段教育过度呈现出分布不均衡的特点，一些部门和地域过度储存了人力资本，而另一些部门和地区严重缺乏人力资本(武向荣，2007)。教育过度受教育扩展的影响。教育扩展影响到教育过度，进而影响教育收益，使得教育收益率减少。当前我国教育大幅度扩展，接受高学历教育的人增加，然而整个社会对高学历的需求小于供给，使得一部分人才过量，引起教育的过度。教育过度引致了受教育者收益的减少。并不是教育投资越多，收益越大，而是存在风险，会降低教育的经济价值(武向荣，2007)。随着劳动者受教育程度的提高，收入并不一定随着增加，还可能减少，这引起了教育边际收益的反常递减。

其次，知识失业与教育边际报酬的反常递减。与教育过度相伴的是知识失业，知识失业也是导致教育边际收益反常递减的因素之一。知识失业也称知识性劳动者失业，或称教育性失业（黄敬宝，2004），是指受过较高教育的、具备一定知识和专业技能劳动者的失业，即指受过一定教育的受教育者的失业（田永坡，2006）。目前，我国的知识失业呈增加趋势，特别是近年来大量大学毕业生失业的现象已经引起了许多学者的关注，并对"知识失业"进行了多视角的研究。学者们对知识失业的现状、特点、类型、影响和原因等方面内容进行了研究，形成了一些研究成果。我国目前的知识失业与教育扩张存在密切关系。一方面，知识失业引起教育扩张。在知识失业的情况下，往往会刺激教育的大幅扩张。为了防止失业，就不得不接受更高一级的教育，而又造成更高一级受教育者过量，出现新的知识失业，为了防止新的失业，于是再进一步刺激更高一级教育的扩张。在知识失业情况下，就业状况的每一次恶化，都要求扩展各级教育。另一方面，教育的每一次扩张，也引起新的知识失业。因为接受高一级教育的人增加了，就意味着低一级受教育者可能面临失业威胁，加之高一级受教育者增多，也影响到该级受教育者的就业。总之，形成了"知识失业—接受高一级教育—新的知识失业—再接受更高一级教育—更难的就业"这样一个恶性循环的状况。这样的恶性循环，既浪费了社会和个人资源，也使得受教育者的收益随之下降。因为随着教育的扩张，高一级的毕业生可能从事以前低一级毕业生从事的工作，导致高学历者接受更低一级的职业；受过大学教育的人可能从事以前中学生的工作，中学毕业生可能从事小学生的工作，引起收益的降低。教育扩张与教育收益率存在密切的关系。加里·S. 贝克尔（1987）曾论述过二者难以辨别的因果关系，认为教育收益率的研究，可以回答"教育大幅度的长期增加是引起了教育收益的减少呢，还是这种增加本身正是由收益的增加所引起的呢"这个问题，这正说明教育扩张与教育的收益率存在密不可分的关系。因此，知识失业和教育扩张的恶性循环，使得接受更高一级的教育并不一定带来收益的增加，可能还面临新的失业威胁，教育的边际收益出现反常递减也就不难理解。

再次，劳动力市场分割、歧视与教育边际收益的反常递减。在中国经济体制改革和社会转型期，存在较严重的劳动力市场分割和歧视。学者们的研究表明，中国劳动力市场存在较严重的分割现象，其分割包括多重分隔，存在城乡分隔、地区分隔、部门分隔及正式劳动力市场与从属劳动力市场的分隔（李建民，2002）。与中国劳动力市场分割相联系的是劳动力市场还存在歧视问题，而劳动力市场的分割本身就意味着歧视的存在。劳动力市场的歧视涉及许多方面，最常见的有社会身份歧视、户籍歧视、性别歧视、体态特征歧视（身高、相貌）、学历歧视等。我国存在的劳动力市场分割和歧视现象影响就业者的工资待遇和福利。我国正处在社会转型期的事情，也是教育边际报酬反常递减不可忽视的因素之一。社会上近年来争议比较大的就是垄断行业的高报酬和高福利，一个进入垄断行业的低学历者，可能比非垄断的一般行业的高学历者收入高，甚至高好几倍。一个垄断行业的大学本科生，可能比一个进入其他行业的博士生收入高很多。甚至出现"电厂抄表工年薪十万"的现象(陈小莹，2006)，而他所做的仅仅是一天只抄四次电表。垄断行业的高收入、高福利可见一斑，这比许多在高校工作的博士、教授收入还要高，此种现象正是中国劳动力市场行业分割的典型表现，也是教育边际收益反常递减的最好明证。而劳动力市场歧视的存在，表现出同等素质、技能的劳动者，因为存在的歧视而出现劳动报酬的巨大差异。因为歧视的存在，一方面不允许同等素质、技能的一些受教育者进入主要劳动力市场或者某些垄断行业的内部劳动力市场，而劳动力市场的分隔与差异导致了受教育者收入和福利的显著差异；另一方面，即使允许进入这些好的劳动力市场，也出现同工不同酬，或重要与非重要岗位的差异，导致收入不同。在这方面，比较普遍的是劳动力市场户籍歧视造成的劳动者待遇和福利的巨大差异。比如受教育程度相同、素质和技能相同的城市居民和农民工在劳动力市场上的遭遇和收入存在的巨大差异。学者们的研究表明，在全民与集体所有制企业中，户籍歧视十分明显，由于存在着严格的用工体制，农民工在这类企业中往往处于非正式员工的地位，而城市居民则很容易成为正式员工，因户籍歧视造成的工资差距也明显，农民工与城市居民"同工不同酬"现象十分突出(胡建国，2007)。即使具有相同能力、教育、培训和经历，农民工与市民工因身份不同、户籍的差异，进入劳动力市场所要求的条件、劳动报酬及福利待遇也往往存在较大的差异。正因如此，社会转型期劳动力市场的分割和歧视，同教育边际报酬反常递减存在的密切关系我们也就不难理解了。

(三)教育内卷化的原因

转型期教育发展的内卷化并非自然而然出现的，也并非某一单方面因素使然，有多方面原因，既与教育自身的发展有关，也与社会转型有关，还与文化转型相关。认识到教育内卷化的原因，有利于深入理解转型期教育发展状况，也为进一步解读农户对子女教育投入行为奠定了基础。这里我们对转型期教育内卷化的原因进行简要分析和概括。

1. 转型期教育的文化困境

转型期教育内卷化和转型期教育的文化困境有密切关系。教育的文化困境主要是教育所传承的文化表现出的困惑、矛盾，以及文化转型过程中的"文化失序"。

转型期教育的文化困境与社会转型过程中的文化转型有关。社会转型是从传统向现代的社会变迁过程，也常称为现代化。社会转型时期的文化是一种介于"传统"与"现代"的文化，是一种转型文化。在向现代化的转型过程中，这种文化一方面表现为传统文化价值观与现代文化价值观的矛盾与冲突，另一方面表现为社会表层文化与深层文化的冲突。金耀基(1999)认为：这一现代化的形变过程分析起来，就是"文化的与社会的变迁"。而这种文化与社会的变迁，则起因于两种或两种以上的文化的接触，此即所谓濡化（acculturation）。在濡化过程中，传统的价值必受到洗练冲刷，并一定会对外来文化产生抗拒与适应，人类学者告诉我们，没有一个社会会不经抗拒而放弃传统的文化，而传统文化在新来文化的冲击下，亦必经过一种急剧的变化。而传统文化与现代文化的冲突主要源于两种文化内涵的异质所致，特别是传统文化在面对现代文化冲击时表现出滞后性特征。而转型文化的矛盾与困境主要表现为人们生活方式上，人类每一阶段都包括一种不同的文化，并代表一种特定的生活方式（路易斯·亨利·摩尔根，1981）。人们生活方式上的差异、困惑、冲突在社会转型期充分暴露。教育作为人们社会化与生活方式养成的文化传承器，表现出传统与现代的冲突，解构与建构的矛盾。教育的发展也就表现出困惑与矛盾，其内卷化也就难以避免。

2．教育转型的非理性化

转型期教育的非理性转型主要是教育对自身文化价值的估计失当，以及教育的文化缺失。社会转型往往是社会的经济、政治、文化等子系统的转型与变迁。如果教育在转型与变迁中对自身地位和价值定位不当，就容易使转型出现非理性化。其表现为教育在社会转型期失去了社会文化传承与创新的功能，弱化或消解了自身作为社会文明的指引器的功用，丧失了作为文化角色的价值魅力，而一味地迎合社会经济、政治、文化的转型，使教育"去魅化"、市场化、低俗化与政治化，表现出教育的文化缺失。

转型期教育的非理性化跟教育与经济、社会的"零距离"有关。首先，在教育与经济的关系中，市场原则全面渗透到教育中。受经济与市场的功利原则支配，效率效益成为评价学校办学表现的最终标准，市场原理已经全面渗透到学校运作系统中，学校在社会功利与公益之间的矛盾冲突中，与经济、市场越来越走向"零距离"状态，并表现出过于亲和的、世俗的依附性（邓和平，2006）。其次，教育在面对社会的要求、评价和选择时，表现出过于趋同、认可的社会价值。社会转型时期，社会价值表现出多元性、复杂性和不可确定性，这与传统社会主流价值被解构、新的社会主流价值尚待建立有关，这时整个社会的价值趋于失序状态。这种失序的价值表现在人们的心理与行为上就是焦躁、浮泛与急功近利。社会对教育、学校、教师、学生的要求与选择也体现了这些特征。教育在传承文化与满足社会对教育的要求方面存在矛盾，教育面临生存困境，表现出游移不决。在这种矛盾困惑中，教育往往迫于社会的强力，放弃自身的文化性与主体性，适应社会对教育的各种要求与选择。

转型期教育的非理性化既表现为教育的文化传承、创新功能弱化，也表现在教育的文化指引器功能受阻。教育的重要价值就体现在传承文化、创新文化以及对社会文明的指引。但在社会转型期，文化变迁引起的文化困惑与文化矛盾影响教育的文化传承与创新。到底该弘扬传统文化还是现代文化，对文化的哪些方面创新，以及如何整合传统文化与现代文化的优点，超越二者的鸿沟，教育在这些问题上往往无所适从。故此，教育缺少"文化性"与"创新性"，呈现非理性的发展与转型，表现出教育角色的"渎职""失职"，处于自我迷失状态。教育的自我迷失难免使其社会的文明指引器功能失调，无法正常发挥其对社会的前瞻性和指引功能。

3. 教育失调

教育发展的内卷化还与转型期教育失调有关。在社会转型期，教育失调一方面体现在其文化继承、传播、创新以及培养发明创新人才的功能失调；另一方面，也体现在快速变迁的社会转型期社会失调所引起的教育困惑与难以适应。

在社会转型过程中，文化的转型与变迁往往影响社会中其他子系统的变迁。文化往往具有抵制与抗拒社会变迁的一面，表现出惰性。文化的惰性影响教育的创新、文化传播与人才培养，导致教育的这些功能失调。对于文化的缓慢发展状况，奥格本做了细致研究，他认为表述文化发展迟缓与停滞的概念有"残留""文化惯性"等。一些虽无用，但仍保留下来的文化形式，可称为残留，诸如民间传说、谚语、风俗、迷信和巫术等。而一些民族学家在研究许多文化现象时运用文化惯性概念，比如一些反常的文化现象，某些文化从地理位置看，与外界接触机会很多，本应扩散很快，但事实并不如此。象哈皮（Hopi）和那伐鹤（Navaho）文化每天都在接触，却看不到融合的趋势（威廉·费尔丁·奥格本，1989）。文化残留、文化惯性常常使得文化传播困难、发明创新困难。特别是两种文化差距悬殊时，文化传播就很困难。当两个文化相差非常悬殊，一个比另一个发达时，它们之间的传播就非常困难。两种文化之间的差距越大，传播的困难就越大（威廉·费尔丁·奥格本，1989）。而社会转型期常常存在传统文化与现代文化的差异和不同，两种文化差距的大小，影响传统文化的转型和现代文化的传播，也影响教育的创新。文化的停滞表明了文化具有惰性，影响教育在文化传承、文化创新、传播先进文化以及培养创新发明人才上功能的正常发挥，常常导致功能失调。

转型期教育除了功能失调之外，还表现出社会失调引起的教育困惑与难以适应，具体表现在教育资源的短缺以及教育在社会转型期的无所适从，教育观念的异质与冲突。转型期教育资源短缺是明显的，转型期社会的许多问题是明显而普遍的，资本的短少、训练人员的缺乏、教育设备的不足、人口多于土地、没有完好的方法以动员人力与物质的资源（金耀基，1999）。教育观念的异质与冲突所表现出的失调与转型期社会失调关系密切。在社会从传统向现代的转型过程中，社会变迁的速度有时相当快，变迁无论从广度和深度来看，对社会各方面的影响都较大，社会失调在所难免。奥格本认为，社会失调是因为社会物质文化变迁速度太快，而文化的其他部分，比如非物质文化的变迁速度较慢，从而造成文化滞后，这使得社会出现失调。"非物质文化比物质文化变迁扩散得慢。因此，在很多情况下都是物质文化变迁在先，所引起的其他变迁在后。有时，这种滞后时间很短，意义不大。有时，这种滞后引起的失调时间很长，成为重大的社会问题……社会运动相对于物质文化变迁的滞后引起社会失调，因为物质文化变迁很快，这些滞后和失调都会积累起来（威廉·费尔丁·奥格本，1989）。"此外，转型期社会矛盾尖锐、社会问题突出，也是社会失调的一个重要原因。这与社会转型时期社会的异质性有关。由于转型期社会具有高度的异质性，人们没有共同的信仰体系，也没有一套紧紧相扣的制度。因此，任何一项措施，一个观念，一种改革，都无法彻底贯彻（金耀基，1999）。社会转型时期的异质性使得社会的各种观念和行为往往相互冲突，社会价值鸿沟明显。价值的转换并不是一件容易事，在社会转型期，人们面临现代文化与传统文化不得不进行选择时，往往会遭遇"价值困窘"。特别是人们把文化的价值内化为自身的一部分之后，这种转换是相当困难的。社会道德在社会转型期不能更好地规范人们的行为，道德处于失范状态，人们社会越轨行为也比较突出。社会的异质性、价值观念的鸿沟、社会道德的失范也使得教育观念、教育价值出现矛盾与冲突，教育在此时往往无所适从。

总之，社会的快速发展与失调极易引起教育失调。日益加快的社会发展与结构上的变化使得正常存在于基础结构与上层建筑之间的鸿沟加深了，于是产生了这种现象。这就表示教育体系多么容易变得失调（联合国教科文组织国际教育发展委员会，1996）。

第三章 农户教育投入行为的现实表征：
差异性与变化性

认识和把握农户对子女教育投入行为的现实表现，是我们理解其行为逻辑的第一步。通过对调查地的调研，发现农户对子女的教育投入行为千差万别，纷繁复杂。而其中最引人关注的是行为的差异性和变化性。呈现、分析农户对子女教育投入行为的差异性和变化性，是我们全面了解农户教育投入行为现实表征的基础。

一、调查地的区域与教育概况

本书选取秦巴地区的 H 市 D 村和 W 村为个案，以此为基础进行个案解读和分析，研究当地农户对子女教育投入的行为逻辑。

H 市位于陕西省西南部，北依秦岭，南屏巴山，与甘肃、四川毗邻，中部为盆地。全市辖 11 个县区，总人口 373 万。市域总面积为 2.72 万平方公里，其中盆地占 6%，浅山丘陵占 36%，中高山区占 58%[①]。2007 年，H 市国民生产总值为 292.41 亿元，农林牧渔业总产值为 114.63 亿元，规模以上工业总产值为 241.11 亿元，地方财政收入为 10.24 亿元，农民人均纯收入为 2393 元(陕西省统计局，2008)，在整个陕西省处于中等水平。截至 2008 年末，全市拥有普通高等学校 1 所，高等职业技术学院 2 所，中等职业教育学校 12 所，普通中学 241 所，小学 1570 所，民办普通中小学 11 所。普通中学、小学在校学生分别为 21.6 万人和 26.3 万人。小学入学率为 99.98%，初中入学率为 99.56%[①]。从学校数量和学生人数看，H 市小学教育在陕西全省的发展状况居于中等水平，如表 3-1 所示。

D 村位于 H 市 L 县黄官镇西南部，距 H 市 44 公里，距县城 29 公里，距镇 12 公里。全村总面积为 11.6 平方公里，有耕地面积 640 亩(1 亩≈666.7 平方米)，2008 年全村人均纯收入 1678 元。全村 271 户，1031 人，11 个村民组，其中男 569 人，女 462 人，劳动力 544 人。全村受教育程度：高中占 12%，初中占 47%，小

---

① 参见 H 市政府门户网站，详见：http://www.hanzhong.gov.cn/hanzhonggov/72340168526266368/20051205/10738.html

学占 18%，初识字占 15%，不识字占 8%^①。

表 3-1　陕西省 2006 年各市小学基本情况统计（陕西省统计局，2007）

地区	学校数/所	毕业生数/人	招生数/人	在校学生数/人	教职工数/人	专任教师/人
全省	18590	679839	485432	3251046	200256	184573
西安市	1929	115264	91600	593304	34460	30018
铜川市	528	4799	8453	64349	5160	4895
宝鸡市	1702	64317	45299	313155	18007	16686
咸阳市	2104	103534	68853	490979	29236	27051
渭南市	2392	98817	70887	437940	29331	27001
延安市	2192	47848	37742	223620	15931	14594
H 市	1909	52943	44576	292297	17656	16628
榆林市	2087	77584	45713	329333	20970	19815
安康市	1487	52885	36984	263792	16723	15849
商洛市	2228	49706	33589	230611	12013	11339
杨凌示范区	32	2142	1736	11666	769	697

W 村位于 H 市 L 县城关镇，距 H 市 15 公里。全村耕地面积为 1457 亩，2008 年全村人均纯收入为 4872 元。全村有 539 户，1805 人，12 个村民组，劳动力 952 人，其中男劳动力 490 人，女劳动力 462 人。全村受教育程度：大专占 0.7%，高中占 26.4%，初中占 38.6%，小学占 28.3%，不识字占 5.9%^②，如表 3-2 所示。

表 3-2　2008 年 W 村基本情况

	指标	单位	数量
	村民小组	个	12
	耕地面积	亩	1457
	村总人口	人	1805
	村总户数	户	539
	劳动力	人	952
	人均纯收入	元	4872
	大专以上学历	人	13
	高中(中专)学历	人	476
受教育程度	初中学历	人	697
	小学学历	人	511
	不识字	人	108

资料来源：L 县城关镇 W 村统计资料。

---

① 资料来源于 L 县黄官镇有关 D 村的统计资料。
② 资料来源于 L 县城关镇有关 W 村的统计资料。

二、农户对子女教育投入行为的差异性

通过调查与访谈，发现农户在教育内卷化下的教育投入行为呈现差异态势。一方面，在教育内卷化下，社会上出现高中生弃考、新一轮"读书无用论"抬头。许多农户对子女的教育投入比较消极，甚至终止投入。另一方面，尽管面对农村教育质量低、高等教育费用负担沉重、以及大学毕业生就业难、教育边际收益递减等整个教育的内卷化，但农户依然坚持对子女的教育投入，依然重视子女教育。这种行为的差异现象在我们的调查和访谈个案村中也是一个普遍现象，随着调查的深入，越发感到有必要仔细分析和详细阐述这种差异现象。

对农户教育投入行为差异性的详细考察，是从静态上把握农户对子女教育投入行为的现实表现和特征。描述和把握其行为的差异性，将为我们探寻差异背后的隐性逻辑提供条件和基础。从调查的 D 村和 W 村来看，农户教育投入行为的差异可从两个方面来概括和把握：一是从不同农户的教育投入来看，其教育投入表现出差异性；二是从同一农户对子女的教育投入来看，也表现出差异性。具体来说，表现出不同农户教育投入的观念差异、行为差异，以及同一农户在子女不同教育阶段的投入行为差异。

（一）农户教育投入的观念差异

从农户教育投入的观念来看，农户之间的差异和分化也是明显的。这些观念上的分化具体体现为农户对孩子的教育投入目的、动机，对教育功用的认识以及对子女教育的态度等方面的差异。

1. 分化的教育投入行为目的、动机

人类的任何行为都是在一定动机下做出的，具有目的的指向性。农户对子女的教育投入也是这样，农户对子女的教育投入并不是盲目的，而是具有目的、经过思考的结果。在调查的 D 村和 W 村，我们看到农户对孩子教育投入的目的、动机是有区别的，呈现差异性。这种差异体现为"义务型""命运型""知识型"与"生存型"四种类型上的不同。这里特别指出的是，把农户对子女教育投入的动机划分为"义务型""命运型""知识型"与"生存型"四种类型，只是方便论述农户对子女教育投入动机的差异。事实上，农户对子女教育投入的动机是多样的，许多动机是交互联系在一起的，很难彻底划分。

（1）农户教育投入的"义务型"动机。农户在子女教育投入上，认为让子女上学是父母应尽的义务和职责，表现为农户送子女接受教育往往是一种习惯性

的行为，是自然而然的事。很多农户认为让子女上学是自己的责任，不需要子女回报，只要子女长大后不责怪父母就行。事实上，农户教育投入的"义务型"动机，是家庭行为具有利他性的表现。贝克尔注意到了家庭中的利他主义行为，并对其进行过详细的论述。加里·S. 贝克尔(1989)这样解释家庭中利他主义行为的普遍性：我认为，利他主义在市场交换中不是共同的，而在家庭里却是更为普遍的，因为利他主义在市场是没有多少"效率的"，而在家里，却是更为有效的。加里·S. 贝克尔认为，家庭中的利他主义可以确保家庭成员抵御灾害和各种不测后果，并可改善家庭的经济状况，增加家庭成员的福利。亚当·斯密也注意到了家庭中的利他行为，"他自己的家庭的成员，那些通常和他住在同一所房子里的人，他的父母、他的孩子、他的兄弟姐妹，自然是他那最热烈的感情所关心的仅次于他自己的对象。"亚当·斯密(2003)在《道德情操论》中还试图解释为什么人们对其家属和亲戚比对其他陌生人具有更多利他主义行为。中国谚语"可怜天下父母心"，从一个侧面反映出中国家庭中父母为子女的幸福和福利殚精竭虑。从访谈中，在对子女教育方面，农户常用的词语有"这是我们应该做的""只要子女今后幸福，再辛苦也值得""哪想到自己享福，只要孩子过得好就行""千辛万苦就是为了孩子"等[①]。正是农户这样的思考，使其对子女的教育投入动机表现为一种"义务型"。

(2)农户教育投入的"命运型"动机。这种动机指的是家长以改变子女的农民身份、农村户口和社会地位为目的的教育投入。在社会分层中，农民处于社会的较低层，经济收入、社会地位和社会声誉都比较低；拥有很少的经济资源、政治资源和文化资源；加上户籍制度的各种限制，农民在社会上能获取的资源太少，农民的命运更是深受户籍的影响。"一个人的命运如何，是穷还是富，是苦难还是幸福，主要不取决于他的才能与努力，而取决于出生时他父母(确切地说是母亲)户口的性质，即是城市非农业户口还是农村农业户口。现行户籍制度下城乡不同的户口将决定城乡居民从出生到死亡一生的命运走向……农村出生的孩子除了要受到自然的和宏观的不利条件制约以外，还要受到人为制度安排对他们的消极的影响。出生于中国农村的孩子，将同时承受这两种性质不同的与生俱来的不利，并将长时期地受其影响，受其支配(俞德鹏，2002)。"正是这种生存状况和阶层地位，催生了农民强烈的改变现实、改变命运的想法。希望子女离开农村、脱离农业户口是许多农民的想法。"长期以来，农民进入城市社会、脱离农业户口的渠道主要有：第一，考入全日制普通高校或中等专业学校；第二，征地之后的人口安置；第三，入伍后出色晋升为军官……而且，这几种情况要受命运和才智的支配，并不是任何农村人口都会碰上的，故仍然离迁徙自由和选择居住地点自由十分遥远(俞德鹏，2002)。"农民自由迁徙渠道有限，使得他们特别看重能脱离

---

① 根据对 D 村和 W 村的访谈内容提炼。

农业户口和进入城市社会的渠道。而读书是农民子女改变命运、进入城市社会、获取城市居民身份的首选。在访谈中了解到，不少农户希望子女进入城市、不再做一个农民。

（3）农户教育投入的"知识型"动机。这种动机指的是家长以提高子女的知识、文化水平为目的的教育投入。这种动机的目的是提高孩子和家庭的文化资本。在中国历史上，长期以来一直认为读书、学文化、做一个文化人是件很光荣、很荣耀的事。"万般皆下品、唯有读书高"早已沉淀于中国的文化中，对农民也有很大影响，农民家族或家庭中出一个有知识的文化人，一直是一件光宗耀祖的事。在农村的传统乡土社会中，文化人、有知识、有学问的人，通常受到大家的敬重。正是这种文化和社会氛围，提升了知识在人们心目中的地位，也使中国文化得到传承。在今天的知识经济时代，知识的内涵和外延已经扩大，知识的重要性更为凸显。农户认为，学知识是家庭中的大事，关乎子女的幸福和家庭的地位与荣耀。从调查的 D 村和 W 村来看，一些农户认为孩子学知识和文化是最重要的，也是家庭中引以为豪的事，这会让家庭在其他乡亲面前也很有面子，维护、保持了家庭的尊严。如果农村哪家出了个大学生，该户谈起自己的子女总有一种自豪感和幸福感，别人也总是投以羡慕的眼光，流露出敬佩的神情。

（4）农户教育投入的"生存型"动机。这种动机主要指农户以追求子女能获取生存知识和技能为目的的教育投入。长期以来，农民在恶劣的自然环境和资源匮乏的境遇面前面临生存压力，生活得好一些、宽裕些一直是农民的愿望。通过访谈和问卷，我们看到农户对子女教育的"生存型"动机主要表现在两个方面。一是希望通过教育，子女能获得适应社会所需的基本知识以求生存。虽然农村的农业劳动和生活并不需要太多的知识和文化，但一点知识和文化都没有也往往要吃亏。在社会不断发展、进步的今天，文盲在生活中还是会面临许多困难。而在访谈中了解到，农户大多希望自己的子女能在生活中精明、能干一些，也不愿在生活中受他人气、吃太多的亏。而让孩子接受教育，既能更好地适应社会，变得更"聪明"[①]，也能在生活中减少许多生存困境。二是农户希望通过教育，子女能获取生存技能，增加收入以改善生活。在从计划经济向市场经济转型的过程中，农民的经济意识明显增强。多增加收入以减少生存压力，改善生活既是生存目标的应有之意，也是其外延的不断延伸。追求经济收入的增加日益成为农户生存行动中的重要目标。农民在农业劳动与非农劳动(外出务工、经商)中看到了教育增加收入的积极作用，希望子女多接受一些教育以增加收入来改善生活的动机也越来越强。农户对子女教育投入的"生存型"动机和其他教育投入动机一样，也是不能忽视的。

---

① 农户话语中的"聪明"，意指在生活中精明、能干、做事有头脑，在生活中少受别人欺压，少吃亏。

2. 对教育功用的认识差异

教育的作用，既有社会方面的，也有个人方面的。从个人方面来看，教育一方面提高个人适应社会的能力，使个人成为合格的社会人，是个人社会化的一个重要渠道；另一方面，教育也成为人们社会分化、分层的重要"筛选机器"[①]。对教育功用的认识，学者们提出了不同的看法。Deng 等(1997)认为，在现代社会，教育是社会流动的动力机制。在我们能获得数据而加以分析的所有工业化或正在工业化的国家中，对"谁走在最前面"这一问题的最好回答，就是"那些获得了教育的人"。Kerckhoff(1995)提出：在工业社会，所有学校系统的主要功能就是对学生进行评判分类，并把他们分配到一个等级化的分层体系中去。Sorokin(1927)认为，学校就是使社会"贵族化"和分层化的机器，即使是在最为民主的、对每个人都开放的学校也是如此，只要它很好地履行了它的职责，这等于说教育的本质就是使人"贵族化"和分层化的机器。皮埃尔·布迪厄等(2004)认为，教育是社会等级的再生产，是一种文化和符号暴力的再生产。教育系统作为制度存在并继续存在下去，仅这一事实就使它包含了使人不了解它实施的符号暴力的制度性条件。也就是说，教育系统作为相对独立的垄断着符号暴力合法实施的制度而具备的制度性手段，事先就决定了要额外地，因而是在中立性的外衣之下，服务于它为之再生产文化专断的那些集团或阶级(独立造成的依附)。在论述精英学校(救世学校)时，布迪厄更是看到了其社会等级再生产的本质。但是为了感知教学机构真正的社会功能，就是说，将这些教学机构作为霸权和使霸权合法化的基础之一来看待，我们必须抛弃"救世学校"的神话。总之，在工业社会，教育获得对个人的职业、政治经济地位和社会地位产生重要影响是不容置疑的。那对教育的这种重要性，中国农民又是如何认识的呢？

在对 D 村和 W 村的调查中，我们发现农民对教育功用的看法存在分歧和差异。这种分歧和差异主要表现为教育的"有用论"与"无用论"上。一方面，不少农民认为教育是有用的，能改变子女的命运、地位，为子女找工作提供了条件；也能提高人的素质，为个人适应社会提供知识储备。另一方面，还有不少农民认为读书无用，接受教育是浪费时间，教育费用对子女乃至家庭是一笔大的支出。对农村人而言，读了书也用处不大。这两种观点，既涉及对教育投入是生产性的还是消费性的认识差异，又涉及教育对社会流动，特别是对较低社会地位阶层向上层社会流动是有用还是无用的问题。农民对教育的这两种截然相反的观点，势必会反映在他们对子女上学、接受知识的态度上，也势必影响农户对子女的教育投入行为。

[①] 乔治·斯普林把教育称为社会的"筛选机器"，意指教育对人们进行筛选，把人们分配到高低不同的社会等级化的结构位置上(Spring, 1976)。

（二）农户教育投入的行为差异

农户对子女的教育投入行为呈现差异，而这些繁杂的、多样的差异，可从两个方面来把握：一是从投入行为的内容来看，可看到农户对子女教育的物质与非物质投入差异；二是从投入行为本身来看，呈现众多的行为选择和差异。

1. 对子女教育的物质投入与非物质投入的差异

农户对子女的教育投入行为，从投入内容上看，可以分为物质投入和非物质投入。农户对子女教育的物质投入，主要体现在学习的必需费用与额外费用方面。对学生而言，学费、书本费是必需的教育费用；购买课外书、文具、参加辅导班、家教、择校方面的费用则是额外费用。必需费用对每个上学的孩子而言是基本相同的，因此，不同家庭对子女教育的物质投入差别主要体现在额外费用方面。通过对调查资料的统计，发现农户在物质投入方面的差异与分化如表 3-3 所示。

表 3-3　　农户对子女教育的额外物质投入　　　　　　　　　　　（单位 %）

教育额外投入项目	投入	不投入	合计
购买辅导书	44	56	100
购买课外书	12	88	100
参加辅导班（培训班）	13	87	100
家教	2	98	100
择校	11	89	100

注：依据对 D 村和 W 村的调查问卷统计计算而得。

从表 3-3 中可以看到，农户对子女教育的物质投入存在差异，但这种差异并不太大，对大多数农户而言，对子女教育的额外投入并不多。就调查的资料来看，W 村比 D 村农户更重视对孩子教育的额外物资投入，参加各种学习辅导班和特长培训班的家庭较多，而距离市县较远的 D 村则很少有这种情况。这也和农村的经济发展、家庭经济状况以及生活环境息息相关。

农户对子女教育的非物质投入，主要是对孩子学习的关心程度、时间和精力的投入。通过对农户的访谈，了解到一部分家庭对孩子的学习非常关心，比较重视孩子的教育，经常辅导或督促孩子学习，对孩子学习的时间和精力投入较多。但是也存在一部分家庭，对孩子的教育不太关心或者关心较少，在孩子学习上所花的时间和精力不多。而对孩子教育不太关心的家庭也有多种情况，有的是由于忙于农活没时间关心孩子学习，有的是不重视孩子学习，也有的是父母在外打工，爷爷奶奶照看孩子而无法辅导孩子学习。农户对孩子教育的非物质投入，差异还是比较明显。

　　个案 3-1①：W 村住户，家里有一个男孩，上小学二年级。家庭收入靠种植大棚蔬菜，年收入约 2 万，在村里经济条件比较好，是村里典型的重视孩子教育的家庭。

　　访谈者：平时你们关心孩子的学习吗？

　　父亲：对孩子学习比较重视。现在(小学)是孩子打基础的时期，基础打好了，后面学习才跟得上。要不基础不牢，以后学习很吃力。我和他妈读书不多，现在搞大棚，很多技术知识都不懂。我们希望孩子将来有出息，多学点知识。何况社会在变，孩子读书多也能适应社会。

　　访谈者：你们平时是如何关心孩子学习的？

　　母亲：平时我们常督促孩子看书、做作业，我还辅导他学习，小学二年级课本还比较简单。他爸规定孩子每周背诵一篇课文，他负责检查。

　　从访谈中，了解到孩子在父母的辅导、督促下学习，已经有了学习兴趣，在班上成绩也不错，可见父母的付出是有收获的。但并不是所有的农户都重视孩子学习，都舍得花时间来辅导孩子学习，对孩子的教育投入大量精力。这既有农户认识上的问题，也有其他因素制约着农户对孩子学习的精力投入。

　　个案 3-2②：W 村住户，家里有一个男孩，上初中一年级。家庭收入依靠父母开蛋糕店，年收入达 3 万元 ，是村里收入偏上的家庭。

　　访谈者：孩子学习如何？

　　父亲：孩子学习一般，在班上处于中等水平。语文、英语好一些，孩子喜欢看小人书、故事书。数学就差了，好几次都刚及格。

　　访谈者：平时你们辅导、督促孩子学习吗？

　　母亲：很少。孩子上学嘛，学校有老师教，没必要我们再辅导他学习。他愿意看书就看，不愿意学习我们也不管，再说现在的初中课本比较难，好些我们还看不懂。

　　父亲：是呀，我们花了钱送孩子上学，就是让学校管他学习，让老师教他知识。加上现在孩子上初中了，即使我们督促、辅导他学习也学不了啥，作用不大。

　　除了农户对孩子教育存在主观认识上的不足，导致对孩子教育所花的精力投入较少之外，许多客观原因也限制了农户对孩子的教育精力和时间投入。通过访

---

① 根据 2009 年 3 月 26 日访谈记录整理，编号：W20090326。
② 根据 2009 年 3 月 29 日访谈记录整理，编号：W20090329。

谈，我们了解到一个重要且普遍的因素就是父母忙于生计，特别是父母常年在外打工挣钱，孩子留在家乡上学，农户几乎没有时间辅导、督促孩子学习，由此导致对孩子教育精力投入的缺欠。

个案 3-3[①]：D 村住户，家里有两个孩子，双女户。大的上初中一年级，小的上小学三年级。由于孩子父母常年在北京打工，只是每年春节回家待一段时间。平时生活起居由爷爷奶奶照看，孩子成为留守儿童。

访谈者：孩子的学习成绩如何？

爷爷：还说得过去，处于班里中等水平。大的在镇中学上初中，学习任务重，上学期期末考试语文较差，刚及格，数学还好，考了 80 分。小的在村里上小学，成绩不算差，中等。期末经常考七八十分。

访谈者：平时你们督促、辅导孩子学习吗？

奶奶：我和她们爷爷不识字，没法辅导孩子学习，我们倒是经常叫孩子学习，可是现在的孩子太贪玩，一会儿又跑去玩了。孩子父母又不在身边，他们没法辅导、督促孩子学习，每次打电话回家，他们都要问问孩子学习怎么样，叫孩子多学习，让我们管严点。可是，现在孩子不太听话。

爷爷：加上我们又要种家里的田地，哪有时间经常管孩子学习哟。我们记起了就叮嘱她们要学习，但大多数时间都想不起来。

通过对 D 村和 W 村的调查，我们发现农村留守儿童因父母常年不在身边，父母对孩子教育的非物质投入（时间、精力）通常较少。虽然也常打电话回家关心孩子学习，但这种远距离的关心通常收效甚微。而留守儿童的爷爷奶奶一方面忙于农活，无暇顾及孩子的学习；另一方面，因为隔代溺爱现象在农村也较普遍，孩子对爷爷奶奶的话并不太在意，不太听爷爷奶奶的管教。这种状况在 D 村和 W 村并不少见。

2. 教育行为选择的差异

通过对 D 村和 W 村的调查，发现农户对子女教育投入行为的差异除了表现为物质投入与非物质投入上的差异外，还表现在教育行为选择上的差异。具体而言，农户对子女教育投入行为选择的差异主要表现为就近入学、择校、分流、辍学等。

1）择校

择校现象是中国改革开放以来教育领域出现的一种现象。这种现象的出现，

---

① 根据 2009 年 4 月 2 日访谈记录整理，编号：D20090402。

既与教育质量的差别有关，也与受教育的机会有关，还与教育的市场化改革和人们收入增加有关。首先，教育的质量差别是教育择校现象产生的一个重要原因。中国城乡二元体制格局是影响教育资源、质量分化的一个结构性因素，目前较普遍的现象就是城市义务教育的质量好于农村的义务教育质量，这与城市教育机构师资较强、资源较好以及地缘优势有关。而国家的重点学校与非重点学校的划分，也造成不同学校的教育资源和质量的分化。此外，随着国家对教育办学的改革，允许鼓励私人办学，民办教育在许多地方兴起，加剧了教育质量的分化。由于私立学校和民办学校办学方式灵活、管理和教学严格，也使一大批教学质量较好的私立中小学成长起来。总之，城乡学校之间、重点学校与非重点学校之间、公立学校和私立学校之间、私立学校与私立学校之间在教育资源和教育质量方面出现较大分化，这种分化是人们选择教育质量较好学校的一个重要原因。其次，受教育机会的限制也是择校的一个重要原因。在中国这样的发展中国家，教育资源有限，而人口又很多，人均教育资源很少，实现全民享受高水平的教育还很困难。虽然中国高等教育在二十世纪末不断扩大规模，从精英化教育向大众化教育改革，但目前每年接受高等教育的人口比例还比较小。人们为接受高等教育的竞争也异常激烈。鉴于这种有限的高等教育机会，家长们自然希望子女在高等教育之前能接受高质量的教育，希望子女能在激烈的大学升学竞争中获胜，择校就是自然而然的事了。再次，现实的可能也是择校的一个不可忽视的因素。如果说教育质量的分化，接受高等教育机会有限催生了家长对子女教育的择校意愿，那么教育的市场化改革和人们收入的增加则使择校成为可能。一方面，教育的市场化改革使教育机构对学生计划外的招生有了选择，也为家长选择教育机构提供了条件。另一方面，人们收入的增加为支付额外的择校费提供了物质保障，特别是一些教学质量好的重点学校、私立学校需要支付高额的择校费，如果没有物质保障，择校也很难实现。

在农村，农户子女择校现象也存在，在对 D 村和 W 村的调查中，发现农民子女择校的根本追求还是希望获得高质量的教育，这与农户对子女教育的重视有关，同时也是对低质量农村义务教育的一种主动积极的反应。通过调查，发现农户子女的择校从阶段上看主要有小学择校、初中择校、高中择校；从内容上看包括选择私立学校、邻村质量较好的学校、城镇学校、重点学校等四种择校形式。从访谈个案中我们可具体看到择校的各种形式与不同教育阶段的择校。

个案 3-4[①]：D 村住户，是村里几家送子女到邻村小学上学的农户之一。家有一个男孩，正上小学四年级，去邻村上学一年多。家庭收入主要靠农业，农闲到 H 市打工，年收入约 6000 元，在 D 村处于中等水平。孩子在邻村小学上学。

---

① 根据 2009 年 3 月 28 日访谈记录整理，编号：D20090328。

访谈者：你们让孩子上邻村学校是基于哪些考虑？为啥不就近上村里小学？

父亲：送孩子到邻村小学上学主要是想让孩子受到好一点的教育。邻村的小学比我们村教育质量好，教师比较负责。小学阶段正是孩子打基础的时候，我们想让孩子以后能考上大学。可是我们村的教学质量比较差，老师不太负责。

访谈者：孩子到邻村小学上学后有变化吗？

母亲：变化明显。一是成绩上去了，现在处于中等偏上水平，考试能拿80多分，上学期数学还上了90分。这在以前想都不敢想，经常考六七十分。二是喜欢学习了，现在不用我们叫就主动学习。以前老要我们督促，有时做会儿作业就跑去玩了。

访谈者：你们送孩子去邻村小学上学遇到困难没有？

父亲：没啥大的困难。主要就是交点借读费，基本上还能够承受。再有就是孩子上学比村里小学要多走点路，能远5里多路。此外就是我们早上得早点起床给孩子做饭。

送孩子到邻村教学质量较好的小学上学在农村较为普遍。在调查的D村和W村是较常见的一种择校方式，不管是在离县城近的W村，还是偏远的D村，这样的家庭不少，约占总择校户数的2/3[①]。除了这种择校方式外，选择上私立学校也是一些农户对子女教育的择校方式。

个案3-5[②]：W村住户，双女户。大女儿上初中二年级，小女儿上小学一年级。大女儿在四川绵阳一贵族（私立）学校上学。小女儿在L县大河坎镇某私立学校上学。户主为一私人企业老板，拥有三个企业，涉及煤炭、水泥和食品保健行业。年收入几百万，是村里典型的富有家庭。

访谈者：选择孩子上私立学校是出于什么考虑？

父亲：其实很简单，就是想让孩子接受高质量的教育，能上名牌大学，同时也希望孩子以后出国深造。私立学校总体上教学质量不错，比公立学校要好，当然也有例外的，有最后各方面不行办垮了的私立学校。我给两个孩子选择的学校教育质量都是附近知名的，师资力量都很强。小女儿因为小，就在附近镇里上私立学校。大女儿选择在省外上，当然你也知道四川绵阳离我们并不太远。

访谈者：孩子学习成绩如何？

母亲：还不错。小女儿刚上小学一年级，还看不太出来，但是识字还不少。大女儿成绩中等，考几次都是80分左右。当然这要有个比较的对象，如果和公立学校学生比，应该还是不错的，毕竟孩子上的私立学校教学质量不错，而且管理

---

① 依据对D村和W村的调查估算。
② 根据2009年4月4日访谈记录整理，编号：W20090404。

严格、科学。

访谈者：孩子上的私立学校收费标准是多少？

父亲：我们选择的私立学校教育质量、管理都是很不错的，学校实行封闭式管理，师资力量都是首屈一指的。因此收费标准就比其他学校要贵点。大女儿上的学校每年学费 3 万，其他费用（住宿费、校服费、杂费）近 1 万元，加上生活费，一年总计约 5 万多。小女儿上的学校每年学费 7000 多元，但加上生活费、校服费和其他费用，一年也差不多近 2 万元。

从访谈中还了解到该农户每个假期都要请家庭教师辅导孩子学习，对孩子学习上的投入更是不少。2008 年"5·12"地震期间，大女儿从四川学校回到家里，父母为了方便孩子学习，专门买了上万元的笔记本电脑，并接上网络。该户在孩子教育投入方面是很多的，这不光指物质上的投入，还指时间和精力上的投入。该户一有空，夫妻都要到四川去看大女儿。女户主平时对小女儿的学习也很关心。像这样的家庭在调查的 D 村和 W 村都存在，只是比选择邻村学校上学的数量少，毕竟选择孩子上私立贵族学校要受到经济收入的制约。但不能否认农村孩子选择私立学校情况的存在。在笔者家乡（四川）所在的村子，目前就有一所私立乡村小学。据了解，是一位村里在县城教书的教师回乡办的学校。学校经费来源一方面靠政府给予一定补贴，另一方面收取学生少量的学费。因为学费不贵（学生也能享受一定比例的教育免费），加上教师比村小教师负责，教学质量较好，目前在读的学生数量不少。这也是山村孩子选择私立学校的典型例子。

除了上面提到的农户在子女教育上选择邻村小学、私立小学外，选择城镇中小学也是近年来农户对孩子教育择校的一种现象，特别是离县城较远的山区、偏远农村，常有一些农户让子女在城镇中小学接受教育。在调查所在村，也存在一定数量这样的农户。

个案 3-6[①]：D 村住户，家里有两个孩子，一男一女。两个孩子都在县城上学，其中较小的男孩上小学四年级，女孩上初中二年级。家庭收入主要靠打工收入。男户主常年在北京打工，女户主在县城租房照顾孩子，也兼在一个烤鸭店打工。

访谈者：孩子学习如何？

母亲：两个孩子学习都还可以。女儿在班里学习是中等偏上，儿子在班里成绩处于中等水平。

访谈者：让孩子在县城读书是基于哪些考虑？

母亲：希望孩子能考上大学，离开农村，不要像我们这么辛苦。但是村里学校教学质量差，老师不太负责任，教学水平有限。县城就不一样，老师水平高，

---

① 根据 2009 年 4 月 5 日访谈记录整理，编号：D20090405B。

而且负责，教学质量也好。在县城上学，考上重点高中很容易，对以后上大学都有好处。

访谈者：孩子在县城读书的学费贵吗？对你们来说，供孩子在县城上学有困难吗？

母亲：孩子在县城上学要交借读费（择校费）。学费交的不多，主要是书本费和补课费。一学期算下来，交的也很多。对我们家来说，供两个孩子上学经济压力确实有点大。家里主要靠孩子他爸的收入，他有点手艺，是砖工。在北京搞建筑，收入还可以，一月有三千多。我平时在县城打点零工，贴补生活开支。算下来，除了孩子学费、房租和生活开支，一年也还有些节余。孩子以后上了初中或是高中，估计费用较多，会存在一定压力。

从访谈中了解到该农户让孩子在县城上学已经三年了，下一步打算在县城买房，以方便孩子今后上学。在调查所在村，像这种选择让孩子在城镇上中小学的家庭有十来户，而约 2/3 是父母常年在外打工，为了照顾孩子并让其上学，而选择让孩子在打工所在城市的学校上学。事实上，农民工子女到城市上学在全国也是普遍现象，而如何保障农民工子女与城镇居民子女享受平等的教育也是急待解决的问题。正如俞德鹏引述说："6 岁的王科辉、王贺辉是一对可爱的双胞胎，他们跟着父母从河北邯郸来到京城，父亲在一单位的食堂做临时工，母亲替另一单位看仓库，一家子过得比老家的生活好多了。但好景不长，眼看春节就到，'过完年，就得回老家'。他们的母亲告诉记者，'孩子该上学了，在这里上学，一个孩子得交好多钱，而且没学校愿收'。为了孩子的前途她只得忍痛辞去工作。在一个寒风凛冽的星期日，全家一起去天安门向北京告别（俞德鹏，2002）。"城市农民工子女上学难问题一直是近年来学术界、各级政府、教育机构和社会各界关注的一个社会问题。

此外，许多家长在孩子择校时选择重点学校也是择校的一种形式。这种现象与重点学校具有的优势是分不开的。教育主管部门依据各个学校的师资力量和升学率构成的综合实力，将学校划分为一般学校和重点学校，重点学校又划分为省级重点、市级重点、县（区）级重点等。重点学校和非重点学校的划分，使得非重点学校与重点学校的差距越来越大，重点学校也具有马太效应和优势积累[1]。一方面，重点学校越来越好。重点学校招收的学生质量越来越高，升学

---

[1] 默顿在论述科学界的奖励系统时提到"马太效应"，认为"马太效应"指的是非常有名望的科学家更有可能被认定取得了特定的科学贡献，并且这种可能性会不断增加。而对于那些尚未成名的科学家，这种承认就会受到抑制。即凡有的，还要再给他，叫他有余；而没有的不但不给，连他所有的也要夺走。后来加斯顿也进一步提到"马太效应"（R. K. 默顿，2003；杰里·加斯顿，1988）。哈里特·朱克曼在研究诺贝尔奖获得者时提到"优势积累"。指的是：凡在事业的早期即表现出有发展前途的科学家在从事研究的训练和设备上都被给予较好的机会，使个人在成就和获得报酬上遥遥领先其他科学家。而报酬和成就反过来又能化为用以从事进一步研究工作的有利条件。即早期被给予的优势条件，为进一步的发展提供了条件，这样一个不断的优势循环过程，称为优势积累（哈里特·朱克曼，1979）。

率也会增加；其教育经费保障也充足，除了政府的教育经费，额外"择校费"的收入也不少，能保证学校的各项建设和发展；此外，重点学校往往还聚集了该地区最好的师资队伍。另一方面，非重点学校与重点学校的差距越来越大。非重点学校的生源质量有所下降，难免影响升学率；非重点学校的教育经费往往缺乏，政府往往重视不够，也没有重点学校那么多的"择校费"用于学校建设和发展；此外，师资力量也比重点学校差。

正是非重点学校与重点学校如此大的差距，强化了家长对重点学校的偏好。一些家长宁愿多花钱也要让孩子进入重点学校学习。这在我们的调查访谈中也能体现。

个案 3-7[①]：W 村住户，家有一个男孩，上初中一年级。家里开有一粮油店，经济较为宽裕，年收入约 3 万元。

访谈者：孩子现在哪里上学？

父亲：我们家孩子现在县城的另一个镇上初中。那是所重点中学，教学质量较好，师资力量强。虽然孩子小学成绩一般，但我们想让孩子上个好初中，学习也许能提起来。我是托熟人在重点中学找人，然后交了择校费才为孩子争取到这个机会。现在想上重点学校的人很多，光交钱还不一定能上得了，有熟人、有关系才行。

访谈者：选择孩子上重点学校，是基于哪些考虑？

母亲：主要想让孩子长大后有出息，能考个大学。孩子小学阶段成绩在班上处于中等水平，主要是原来村里的小学教育质量差，学校管得不严。现在的孩子，教师管得严、要求严回家才学习、做作业。如果教师管得松，哪怕家长监督孩子学习也没用。找一个重点学校，成绩应该会提高的。加上我们家经济还相对宽裕，能给孩子提供这样的学习条件。

个案 3-8[②]：D 村住户，家有两个孩子，大的是女孩，读高一，择校上县里一所省级重点中学，小的是男孩，读初中一年级。家里主要靠农业和打工收入，收入处于村里中等水平。

访谈者：你们选择女儿上县里重点中学是基于哪些考虑？

父亲：我们希望孩子以后能考上大学，离开我们这山区，不要像我们这样辛苦。农民就是"面朝黄土背朝天"，哪像你们有工作的城里人，天热不怕太阳晒，天干地旱不用愁，挣钱也不辛苦。我们农村人出去打工挣点钱也不容易，挣钱不多，地位不高，还受人歧视。而女儿读的是省级重点中学，每年高考录取比例挺高。

① 根据 2009 年 4 月 7 日访谈记录整理，编号：W20090407。
② 根据 2009 年 7 月 2 日访谈录音整理，编号：D20090702A。

母亲：是呀，孩子本来中考分数不太好，只上了一个普通高中，可那所普通高中一年考不了几个大学生。她爸认为读了那所高中也没用，我们一商量，最后选择让孩子上县城这所重点高中。光择校费就花了近万元。

访谈者：你们为孩子花这么多的择校费，值得吗？

父亲：这笔择校费确实多呀，要说不心疼，那是假的。可是不交又上不了。如果她上了镇里那所普通高中考不上大学，几年的钱和时间都白费了。要是在这儿能考上大学，这笔花销也值得。就当我外出一两年打工，分文没挣到。

2) 就近入学

就近入学主要体现在义务教育阶段，就近入学既是我国儿童享受义务教育的基本权利，也是国家保障、方便儿童、少年接受义务教育的教育制度设置，并在义务教育法中得到了体现。早在 1986 年，《中华人民共和国义务教育法》第九条规定，地方各级人民政府应当适当设置小学、初级中等学校，使儿童、少年就近入学。2006 年新修订的《中华人民共和国义务教育法》第十二条也规定，地方各级人民政府应当保障适龄儿童、少年在户籍所在地学校就近入学。从调查的 D 村和 W 村来看，就近入学是绝大多数农户对孩子教育的行为选择。调查的 D 村和 W 村孩子小学阶段的就近入学是在所在村的小学上学，而初中则在村所属的镇里上学。

对 D 村和 W 村农户的访谈表明，农户选择小学阶段孩子就近上学一般是基于这样的思考：一方面，因为就近入学不用交借读费、择校费等额外费用；另一方面，也因为就近入学对家庭、孩子来说比较方便，也能享受到户籍所在地的优惠政策（免学费）。此外，户籍的限制也导致农户选择让孩子就近入学。

个案 3-9[①]：D 村住户，家里有两个孩子，大的是女儿，小的是儿子，都在村小上学。收入主要靠农业，间或父亲出去打工挣钱。

父亲：农村孩子嘛，就在村里上学，挺好！离家又近，还享受免费上学的优惠政策。没有必要花费那么多的钱到其他地方上学。况且对我们这样的农村家庭，也没有那么多钱让孩子到其他地方上学。孩子在村里小学上学，农忙时节还可以帮我们干点农活。

母亲：是呀，有村里学校上就行了，何苦花那冤枉钱呢！再说，孩子到其他学校上学成绩也不见得就一定提高，何况到城里上学要花很多钱呢！我们是农村人，还是要量力而行。

----

① 根据 2009 年 4 月 5 日访谈记录整理，编号：D20090405A。

当然，除了以上因素之外，思想观念、对待孩子教育的态度也是农户选择孩子就近入学的一个影响因素。这在调查访谈中能感受到，也是许多农户访谈中所流露出的想法。其中比较典型的是如下一个农户家庭。

个案 3-10[①]：W 村住户。家里有两个孩子，大的为男孩，外出打工；小的是女孩，上小学三年级。经济来源主要靠农业，收入处于全村中等水平。

父亲：我们农村孩子，在哪上都一样，也不会有多大出息的，就近在村里念就行。我们也没想过孩子能考上大学。孩子成绩在班上一般，我们指望她能初中毕业就不错了。

母亲：是呀，让她到别的地方上学那是白费心思。农村人能认识几个字就行了，不用念那么多书。一个女孩子，说句不好听的话，大了就嫁人了，上学花费再大也是白搭。

父亲：何况现在上了大学也没用，学校不分配工作，都是自己找。像我们农村人，没有背景，找工作困难哟！这不，亲戚家的一个孩子，去年大学毕业，到现在还没找到工作呢！父母费了那么大的劲，好不容易供完孩子上大学，欠了一身债，到头来还没工作，唉，白供了。

母亲：就是，孩子混个初中毕业，早点出去打工挣钱还划算。我看找不到工作的大学生打工的也不少，和农民打工收入差不了多少，只不过轻松点而已。不上大学还不用交那么多学费，又能早点挣钱，何苦呢！

通过对农户的访谈，发现有这样想法的家庭并不少见。农村家庭选择孩子就近入学本身并不是一个问题，但在农村义务教育质量与城市义务教育质量差距越来越大的现实面前，就近入学就成为教育公平的一个问题。对就近入学政策的反思也是学界聚焦的一个中心话题。而在教育内卷化的背景下，农户对待子女就近入学的态度和表现出的思想观念，确实值得思考。观念的落后、重男轻女思想的存在和对子女教育重要性的认识不足，实实在在影响了农户对子女的教育投入行为，也是研究农户子女就近入学不可忽视的因素。

对小学升初中，我国政府倡导免试就近入学，中学教育机构的配置也基本上按照这一原则来实施的。在调查所在的 H 市，中学教育机构基本上是一镇一个中学，而有些较为特殊的镇，也存在几所中学的情况。其中一个重要原因是一些大型国有企业拥有自己的子弟校，近年来也向社会招生，并逐步脱离企业而划归地方教育局管辖。就调查的 D 村和 W 村来看，由于 D 村地处偏远，仅镇上有一所中学。而 W 村因是县城的城关镇，县城附近中学较多，但也是按照一镇一中学而设置的。

---

① 根据 2009 年 6 月 20 日访谈录音整理，编号：W20090620。

　　初中的就近入学，一般是学生在户籍所在城区、乡镇的中学上学。虽然政府倡导小学升初中免试，但事实上很多地方仍然实行考试制度。就调查地的 H 市来看，基本实行考试与免试相结合的政策。一方面，学校通过考试，在全市县招收成绩好的优秀学生；另一方面，学校又通过免试招收所在城区、镇的小学毕业生。考试制度的沿用，使得一部分成绩较差的小学毕业生考不上较好中学而选择在就近乡镇中学入学，另一部分学生则是主动选择户籍所在城区、乡镇而就近入学。

　　调查所在的 D 村所属镇有一所中学，该中学的学生基本上都是镇所管辖的各村的孩子。而 W 村地处县城，所属的城关镇中学由于教学质量较好，该校学生除了大部分招收该镇的小学毕业生外，还招收其他乡镇的优秀学生。从调查所在村的情况来看，大多数农户选择让孩子就近上中学。对农户选择孩子就近上初中原因的考察中发现，孩子学习情况、家庭经济条件、家长对教育的认识是选择让孩子就近上初中的重要因素。

　　个案 3-11[①]：D 村住户，该户有两个女儿，大女儿职高毕业参加工作，小女儿上初二，家庭主要以种地为收入来源。

　　父亲：我们家现在收入较以前好，主要是大女儿工作了，经常给家里寄钱。以前供孩子上学经济压力很大，前两年大女儿上班了，压力就小了。小女儿本来报了县城中学，结果成绩达不到要求，所以就在镇里上学了。我们本指望她能考上好的中学上初中，将来上个重点高中，寻思她能考个大学。可是她成绩不行，也只好将就在镇里读初中，现在成绩在班里属于中等水平。

　　母亲：大女儿叫我们送小女儿上城里好的中学，交择校费也行。可是我们去问了县里的学校，说孩子成绩与录取分数差得太多，择校费按所差的分数算下来近万元，太贵了！我们想就在镇里上初中算了，不用交这笔择校费，离家还近一点。

　　父亲：其实，只要孩子肯学，读书认真，在哪里上学都一样。城里好学校也有差学生，况且城里诱惑太多，孩子最容易染上上网的坏毛病。这不，我们村的老王家孩子就是这样，父母为此操心不少。

　　个案 3-12[②]：D 村住户，该户家有一个男孩，在镇里上初中二年级。家庭收入靠种地，农闲时父亲打工。经济收入在村里处于中等水平。

　　母亲：我们家孩子学习成绩较差，对学习兴趣不大，贪玩，小学就经常不及格。我们希望他成绩好，也常叫他看书、做作业，可是他学不进去呀。看会儿书，见我们不在身旁，就溜出去玩了。现在在镇里上初中，住校，我们父母更不在身

---

① 根据 2009 年 7 月 2 日访谈录音整理，编号：D20090702B。
② 根据 2009 年 4 月 6 日访谈记录整理，编号：D20090406。

边，老师反映爱玩，作业经常不做，还找别人代做。上学期考试，数学、英语不及格。

父亲：这孩子现在也不听老师、父母的话，我们对他也失去信心了，看来考大学成才是没希望了，琢磨他初中毕业去上个职业技术学校，学个技术、手艺。这孩子要说上个好学校，我看也是没用的，一来底子差，二来不爱学习，不是读书的料。

母亲：要是他学习好，我们也乐意给他选个好学校，哪怕砸锅卖铁我们也愿意供他，可是现在这样的成绩，花那些冤枉钱找个好学校就不值当了。其实主要还是孩子自己学不学，学校好坏对孩子成绩影响不大。我们表姐家的孩子，现在市里一省级重点中学上高中，以前还不是在农村从小学上到初中，关键是她家孩子爱学习，成绩优秀，初中毕业就考上了好高中。

从上面的访谈中，我们了解到，父母对孩子上初中学校的选择，一方面要看孩子的学习成绩，另一方面还要考虑家庭的经济条件。农户对孩子初中就近入学的选择，是权衡利弊得失后的一种选择。

3）分流

分流，指学生在受完一定阶段（小学、初中、高中）的普通教育后，再继续学习，会存在一个继续接受普通教育，还是接受职业教育的问题，这通常被称为教育分流（王海燕，1997）。1993 年发布的《中国教育改革和发展纲要》明确提出到 20 世纪末，要有计划地实行小学后、初中后、高中后三级分流，逐步建立起初等、中等、高等职业教育与普通教育共同发展、互相衔接、比例合理的教育体系。国家对各级教育阶段的学生分流持积极态度。

在我国现行教育体制下，教育分流主要包括升入高一级学校继续接受教育、接受职业技术教育、直接就业等内容。这里我们把分流作为一种教育选择，意味着分流对家庭而言，也是一种可以主动进行的选择行为，而不是一味地由教育机构和国家政策决定，学生的教育分流可以由家庭和学生主动决定。因为受教育者和家庭是教育选择的主体，他们并不只是教育服务被动的接受者，他们更是自身教育的设计者。教育分流对家庭来说，意味着是否让子女继续接受教育、接受哪种教育的决策。但这种决策是在各种条件的限制下进行的，一方面，受学生成绩的极大影响；另一方面，受教育机构和国家教育政策的影响；此外，还受家庭经济条件、职业教育发展以及社会就业等多方面的影响。

在小学、初中、高中的三级教育阶段，家庭选择孩子继续接受教育，就面临接受普通教育和职业教育的问题，如果选择普通教育，就会出现就近入学和择校的教育投入行为。当家庭在学生分流的决策中选择让孩子放弃继续接受教育，意味着家庭终止孩子的教育投入行为，要么孩子直接就业，要么待业，但不论哪种，都是一种辍学行为。而就近入学、择校，我们在上文给予了详细分析，辍学在后文也将详细探讨。这里我们主要分析和论述农户对子女的职业教育投入和选择问题。

学界一般认为，农村家庭对职业教育不认可，职业教育在农村的发展遇到许多困境，他们认为农民对职业教育的需求少，职业教育在农村的社会认同感较差，由此造成农民对子女的职业教育投入不太积极。那么，在教育内卷化下，农户对职业教育的需要和态度究竟如何呢？对 D 村和 W 村的调查发现，农户选择子女接受职业教育数量并不少。农户对子女的职业教育投入和选择所呈现的状况，到底是无奈之举还是主动而为呢？

个案 3-13①：D 村住户，一个儿子，在 H 市某职业技术学校读二年级，该户以农业为主要收入，农闲时到附近市县打工。经济收入为全村较差者。

访谈者：选择让孩子上职业学校出于哪些考虑？

父亲：孩子学习成绩不好，没考上高中，如果要上，得交上万元的择校费，我们家庭靠种点地、打点零工收入，还没那个能力供他。复读吧，以他那成绩，我看来年还是一样，白白浪费时间。本想让他不读书了，可是您也知道，现在读书少了找工作不容易，况且他年龄还小。

母亲：我们想来想去，和孩子的二叔(县里某酒店工作)商量了一下，认为让他上职业学校还不错，一来可以学点技术，以后打工也能多挣点钱；二来现在职业学校有政策，上学可以获得国家补助，学费花费不多。

个案 3-14②：W 村住户，两个女儿，大女儿在西安某职业学校上一年级，小女儿上小学四年级。做服装生意，年收入 4 万左右，收入水平在村子里处于较高的水平。

访谈者：为什么选择让孩子上职业学校？

母亲：上职业学校学个技术，挺好的。现在大学生就业形势不行，上高中考大学不见得就好。从高中到大学要六七年才大学毕业，浪费时间；加上大学学费高，读完了还指不定能找到工作。我们村子老李家的孩子，大学毕业了到目前还没找到一个正式工作，出去打工了。上个职业学校，将来也能挣钱。代价还不大。

父亲：是呀，不是这几年好多大学生找不到工作吗？与其这样，还不如让孩子学个技术，一技在身，走到哪里都有饭吃。听说现在技术工，特别是技术好的收入比大学生还高呢！

---

① 根据 2009 年 4 月 10 日访谈记录整理，编号：D20090410。
② 根据 2009 年 4 月 15 日访谈记录整理，编号：W20090415。

　　通过对 D 村和 W 村农户的访谈和调查，发现农户选择让子女上职业学校的户数还不少，而仔细分析后发现，农户们谈到选择让孩子上职业学校的考虑，论及最多的是孩子的学习差、大学就业困难以及家庭经济条件较差。可见孩子的学习状况、家庭的经济条件影响了农户对子女的职业教育选择，而当前大学就业形势差，大学投入收益率较低等教育内卷化也进一步影响农户对子女的职业教育投入与选择。农户选择子女的职业教育正是在教育内卷化下，在家庭内部条件和社会结构约束下对生存教育或地位教育的主动选择。作为生存教育取向的职业教育与作为地位教育取向的大学教育（高职除外），事实上长期以来在农民心目中的地位是不一样的，往往是大学教育的地位更高，也是农民对子女教育的首选。这种选择正是农民希望改变自身较低的地位、权力和较差社会声望的表现，也是长期以来职业教育发展的真正障碍。但教育发展的内卷化状况，农民看到大学教育收益率的下降，意识到子女在农村教育质量与城市教育质量差距拉大的过程中自身竞争力的减弱，同时看到教育改变自身地位、权力、社会声誉功能的弱化，在权衡普通教育与职业教育的利弊后，更趋向于选择职业教育。特别是遇到子女学习不太好时，更是首选职业教育。

　　职业教育作为教育分流的归属之一，是农户对子女的一种教育选择行为。而分流的另一种归属，就是农户终止对子女的教育投入行为，即孩子辍学。辍学也是农户对子女教育的一种选择行为。

4）辍学

　　从小学和初中的入学率、辍学率来看，H 市的义务教育发展较好。据统计，2007 年，H 市全市小学和初中适龄儿童入学率分别达到 99.84%和 98.82%，辍学率控制在 0.7%和 1.21%以下（陈晓福 等，2008）。2004 年，D 村和 W 村所在的 L 县小学入学率为 100%、初中入学率为 96%，小学辍学率为 0.8%、初中辍学率为 2.89%（陈晓福 等，2005）。但是，通过对调查村的了解，事实上农村的中小学辍学率比统计数据要高，而且有日益增加的趋势。辍学呈现出明显的城乡差距和随年级递增的趋势，除了显性辍学外，隐性辍学也是一个不容忽视的现象。这种现象在全国其他地方也存在，学者们也都论述到此种现象并进行了研究（袁桂林 等，2004）。而辍学即意味着农户对子女教育投入行为的终止，辍学发生的原因也是综合性的，不是单一因素作用的结果。通过调查，发现辍学既有孩子自身的原因、也有家庭因素，还有学校的因素以及社会环境的因素。是各种因素相互作用的结果，是两个主要的行为主体——学生和家长互动的结果。也即在各种内外因素作用下，学生和家长共同决定了辍学。戴维•格伦斯基（2008）说：“这些选择指涉的是他们在教育体制里的学业过程，包括对退出的选择，这一切可能是他们同其父母一块儿做出的。”从访谈中我们也可以看到这一点。

个案 3-15[①]：D 村住户，一个儿子。家庭收入以农业为主要经济来源，承包了村里一个池塘养鱼。收入在村里处于中等偏上水平，年收入约 1.2 万元。

访谈者：孩子为啥不念书了？

父亲：哎，都快上初三了，孩子说不想念了。他说自己成绩不太好，考不上重点高中，大学更没希望，想早点挣钱。其实他成绩也就是中等水平，不算特别差。在学校也不是那种胡混的孩子，老师反映也不差。

母亲：我们坚决反对他弃学，给他做了很多思想工作，可就是不听。他爸爸想让他吃点苦，感受挣钱的艰辛。几次买鱼苗、卖鱼都叫上他，平时在家也让他干农活，比如和我们一起插秧，收稻谷。可是效果不明显，孩子虽然感觉很累，但很倔强，坚决不去上学。

父亲：是呀，真气人，为此我骂过他、也打过他。可他还是不听，非坚持出去打工挣钱。为此我还找过老师、亲戚，让他们劝劝，可是仍然没用。我们家也不是缺钱，可孩子这样我们也没有办法了，最后只得随他的想法。

个案 3-16[②]：教师，男，D 村所在镇中学的初一(三)的班主任。

访谈者：您带的班上有辍学的学生吗？辍学的原因是什么？

教师：有，去年班里有三个孩子弃学了，今年班里有一个孩子不来上学了。我都去过这些孩子家里了解情况，这既是我的职责，也是学校的要求。去年的三个孩子，一个是本来就经常和社会上的人绞在一起，打架、上网是常事，还受过学校处分，家长也管不了，我劝过他，他说自己对读书没兴趣，想找点事情做，出去挣钱。家长也希望他别这样混，早点工作也好。另一个孩子是因为父母离异，和父亲一起生活，可父亲常年在外打工，家里爷爷奶奶经管(照顾)。平时学习一般，性格内向，喜欢上网。他说自己不想上学了，觉得考不上高中，对前途比较失望。哎，这孩子刚考进来时成绩是前几名，都是家庭环境不好害的。另外一个学生是希望多挣钱，认为读书无用。今年的这学生主要是对学习厌倦，学习差，觉得读书如受罪，所以就不来了。我去这些孩子家里几次，做工作他们也不听。现在孩子不上学了，基本上都是孩子不想上了，家长拿孩子没法，有些孩子在家长的反对下来上学一段时间，最后又不上了。

个案 3-17[③]：D 村住户，家有两个女儿，大女儿辍学外出打工，小女儿上小学四年级。女户主几年前因病去世，经济收入较差，在村里属于贫困家庭，收入主要靠农业。

访谈者：大女儿为何辍学外出打工？

---

① 根据 2009 年 7 月 8 日访谈录音整理，编号：D20090708A。
② 根据 2009 年 7 月 3 日访谈录音整理，编号：D20090703B。
③ 根据 2009 年 7 月 10 日访谈记录整理，编号：D20090710。

男户主：哎！主要是家里没钱供孩子上学呀！前几年孩子她妈生了病，医病花了好些钱，都给亲戚和乡亲借的，现在还欠人家好些钱。孩子她妈走了后，我为了照顾两个孩子，也不能外出打工挣些钱。大女儿本来成绩很好，可是前几年上学还要交学费，两个孩子的学费压力确实大。大女儿很懂事，本来上初中一年级了，为了减轻家里压力，也为了妹妹能上学，主动放弃了上学。辍学那一年，别人一提起上学，大女儿就流泪。哎，要是国家早几年实行免费义务教育，大女儿也能上完初中。

从访谈中也可看出孩子最后辍学，既有孩子的决定，父母也在某种程度上默许了孩子的选择。而辍学的原因，除了孩子因厌倦学习、不想学而选择辍学，家庭环境、经济条件也是影响孩子辍学的一个重要因素。此外，辍学与教育体制、社会就业等社会因素也息息相关。近年来，许多农村孩子放弃高考的行为，也是一种辍学行为。农村学生弃考，正是教育内卷化下农户、学生对是否上学的一种选择行为。而这种大面积辍学不能不引起我们进一步思考农户对子女教育投入行为。

（三）不同教育阶段的教育投入行为差异

前文对不同农户教育投入行为的差异进行了分析。在调查研究中，我们还发现即便是同一农户，对子女教育投入行为也存在差异，这表现在同一农户在子女不同教育阶段的教育投入行为是有区别的，呈现出差异性。而这种差异，可从两条途径来看，一是从不同教育阶段物质投入与非物质投入的差异看，二是从不同教育阶段教育选择行为的差异看。

1. 不同教育阶段的物质投入与非物质投入差异

(1) 从物质投入来看，农户对子女不同教育阶段的物质投入存在差异。在义务教育阶段与非义务教育阶段，甚至在义务教育或者非义务教育阶段内，教育的物质投入是不一样的。首先，从显性的物质投入看，即从不同教育阶段的教育经济支出来看。义务教育与非义务教育阶段有差异，目前中国义务教育实行免费教育，而非义务教育则须交纳学费。而义务教育的小学阶段和初中阶段也有差异，虽然现在国家实行免费义务教育，但由于初中基本上在镇里上，离家相对要远一些，孩子中午需要在学校吃饭，更有较远的学生需要住宿，这比小学在村里上花费要多。非义务教育的高中和高等教育的物质投入差异更是巨大。单从正常升学来看，高中教育和高等教育的学费差距是巨大的。上高中一年只需交一两千元的学费，而上大学却需要交好几千甚至上万元的学费。其次，从隐性的物质投入来看，即从不同教育阶段的机会成本来看。教育的机会成本，是因学生接受教育而放弃的收入损失。这种收入损失，对家庭来说，也是对子女的物质投入，只不过不是显性的，而是隐性的，往往被人们忽视。即使对上中小学的儿童来说，也仍然存在教育的机会成本。因为一方面家长为了孩子教育而牺牲了时间，另一方面存在因孩子上学而不能帮家长做事的损失。不同教育阶段的机会成本是不同的，因为学生的机会成本随年龄的不同而变化。当学生年龄小时，机会成本相对较小；而当学生年龄增加时，机会成本则会增加。因为学生年龄较大时，可以从社会获得较多的工作机会，收入会增加，这就无形中增加了上学的机会成本。正因如此，随教育阶段的提高，学生的教育机会成本增大，家庭对子女的隐性物质投入增加。从小学阶段到大学阶段，农户对子女教育的隐性物质投入是增加的。

（2）从非物质投入来看，不同教育阶段农户对子女的教育投入存在差异。前面我们提到，农户对子女教育的非物质投入，主要指对孩子学习的关心程度、辅导孩子学习的时间和精力投入。对子女教育的非物质投入方面，不同教育阶段的非物质投入是存在差异和分化的。这主要表现为：在较低教育阶段，农户对孩子教育的非物质投入表现为直接的学习辅导和监督；在较高教育阶段，农户对子女教育的非物质投入更多地表现为为子女学习提供各种条件而间接关心孩子学习。比如关心孩子的生活起居、提供有营养的饮食，以及常去学校看望孩子等，还有许多父母为孩子提供和谐的家庭氛围而间接关心孩子的学习。这种现象在农村并不少见，因为随着孩子教育阶段的提高，农民受自身教育文化水平的限制，对子女学习的具体内容所起的帮助作用越来越弱，转而通过关心孩子的生活起居、提供有营养的饮食，以及常去学校看望孩子等途径来体现对子女学习的关心。

2．不同教育阶段的教育选择行为差异

在不同教育阶段，农户对子女的教育选择行为也存在差异。在前面我们论述了从整体看，农户对子女的教育投入有不同的选择行为，存在差异。这里，我们进一步考察在不同教育阶段，农户对子女教育的选择行为存在哪些差异和分化。通过对 D 村和 W 村访谈等调查资料的分析，发现农户对子女教育选择行为在不同教育阶段的差异主要表现为以下三个方面。

（1）从教育选择行为的类别看，不同教育阶段存在差异。从调查资料看，在小学阶段，教育选择行为主要是表现为就近入学与择校。这也表明在小学阶段，农户基本上都能让子女完成小学教育，很少让孩子辍学。在初中和高中阶段，教育选择行为除了就近入学与择校外，还表现为分流与辍学。在高等教育阶段，基本上是考上大学就上，并不存在过多的教育选择行为，即便高等教育学费昂贵，也很少存在放弃现象。即使举债和申请贷款，农户也会让孩子完成高等教育，而不会轻易舍弃这来之不易的受教育机会。

（2）从教育选择行为的内容看，不同教育阶段存在差异。不同教育阶段的教育选择行为，其内容和特征并不完全一致。对就近入学而言，在小学阶段、初中阶段、高中阶段和大学阶段，就近入学的内容并不同。小学阶段的就近入学，学生主要在村里接受教育，或者在几个村子集中所办的小学入学；初中阶段的就近入学，学生就要到镇里或县城上学；高中阶段的就近入学，则需到县里上学；大学阶段的就近入学，往往是到本市或者本省上学。这说明"就近"是相对的，是相对于各级教育机构的配置和分布而言的。对"择校"这种教育选择行为而言，小学阶段、初中阶段和高中阶段是不同的。一是择校的代价不同，义务教育的小学阶段和初中阶段花费相对较小，高中阶段的择校费相对就比较高。二是不同教育阶段农户择校的动机不同。在小学阶段，家长主要基于让孩子接受高质量的教育，为孩子的发展和成长打下好基础的考虑。在初中和高中阶段，家长更多地基于孩子顺利升学，升上更好的高一级学校的考虑。至于"分流"的教育选择行为，一方面，这种选择行为更多地发生在初中和高中阶段，小学阶段很少有这种教育选择行为；另一方面，初中阶段和高中阶段的分流还具有不同特点。在初中阶段，孩子是继续普通教育还是职业教育，抑或辍学，孩子和家长的行为更为主动，具有更多的主动性特征；在高中阶段，孩子的分流虽仍然有主动的特点，但更多地受教育机构和教育制度的限制和约束，是家长和学生适应学校教育规划和升学制度的需要，而不得不做出的一种行为选择，具有更多的被动性和规制性特征。

（3）从教育选择行为的影响因素看，不同教育阶段存在差异。分析农户对子女教育投入的就近入学、择校、分流和辍学等几种选择行为的影响因素，发现主要的影响因素可概括为几个方面。家庭经济条件、学生学习状况、学校的教育质量和社会就业情况。在不同的教育阶段，这些因素对教育选择行为的影响是不一样的。在小学阶段，对孩子教育的选择行为更多受学校的教育质量影响。农户们在这一教育阶段更多地基于学校教育质量而作出选择行为。而在初中阶段，学生学习好坏、学校的教育质量和家庭的经济条件则成为农户对孩子教育方面考虑的因素，综合影响了农户对子女的教育选择行为。与小学阶段相比，孩子学习好坏和家庭经济条件这两个因素增加为农户在孩子教育选择时考虑的因素，教育的成本是这一阶段农户思考的一个重要问题。孩子是否继续接受教育，是接受普通教育还是职业教育，是在一般学校接受普通教育还是在重点学校接受普通教育，成为家长在子女初中阶段不得不面对的一个问题，而教育成本自然是农户考虑的一个方面。在高中阶段，除了前面几个因素外，社会就业情况也成为影响农户对子女教育投入行为的一个重要因素。在这一阶段，农户要继续思考孩子是否继续接受教育，继续接受哪种教育，以及在什么学校接受教育的问题。农户除了考虑孩子的教育成本外，教育收益和回报也是考虑的一个重要方面。在高中阶段，学生教育成本和收益的大小、家庭经济条件能否承受、学生学习情况和学校教育条件能否实现这种收益，成为农户对子女教育投入和选择的综合思考因素，而这一阶段的教育选择行为就是多种因素综合影响的结果。而高等教育阶段，农户基本上思考的是孩子的教育成本和就业，而这种教育选择主要体现在高考填报志愿时对不同院校和专业的选择。农户一般倾向于选择就业前景好、收费相对低的院校和专业。但这种思考也很有限，一方面因为农村孩子填报志愿主要是自己做主，父母往往关注较少；另一方面，因为信息获取渠道少，对社会各行各业的就业状况了解少，农户与子女在填报高考志愿上往往带有盲目性。一旦子女顺利考上大学，如前所述，农户十分珍惜孩子的上大学机会，即使举债、贷款也会支持子女上完大学，此时并不存在多少择校、辍学等教育选择行为。

三、农户对子女教育投入行为的变化性

农户对子女教育投入行为除了表现出差异性外，还表现出变化性。如果说差异性是一种静态描述，那么变化性就是一种动态描述，是从动态上把握农户对子女教育投入行为的现实表征。农户教育投入行为的变化性主要是从农户行为前后的一致性角度而言的。把握农户教育投入行为为何变化，以及变化的规律性，是我们从动态上解读农户教育投入行为的内在要求，也为进一步分析其行为的逻辑提供了条件。

在调查访谈中，我们发现农户对子女教育投入行为的变化表现出两个特点，一是农户教育投入行为变化与特定的环境和情境相关，特别是在子女成绩变化、升学成败、家庭出现意外事件以及其他社会因素等情况下，农户前后的教育投入行为会出现变化。二是农户教育投入行为的变化往往伴随着其教育投入观念、动机和行为选择的变化，即农户教育投入行为的变化是从观念、动机变化为开始，而以行为选择的变化为结果。

(一)农户教育投入行为变化的内容

在调查访谈中，我们发现农户对子女的教育投入行为并不是始终一致的，会出现变化，而农户教育投入行为往往随着孩子的学习状况、升学成败、家庭的各种事件以及其他因素的变化而变化。从农户的话语中，我们可以看到这种变化，也可以看到其行为改变总有一定的原因。这种变化的表现也具有多面性，涉及教育投入的观念、动机和教育选择等内容。

个案 3-18[①]：W 村住户，家有两个孩子。大的为女儿，小的为男孩。大女儿初中毕业后外出打工，小儿子在市里一职业中学上学。

父亲：我们对孩子教育还是挺重视的，也支持孩子学习，希望他们能考上大

---

① 根据 2009 年 7 月 6 日访谈记录整理，编号：W20090706。

学，指望有出息。可是他们的表现让我们当父母的失望。女儿 2003 年初中毕业考上了一所镇上的高中，可孩子不想上学，和村里人到广州那边打工去了。儿子前年中考，上了一所普通高中分数线，我们花钱进了县城的省重点中学，指望孩子能考上大学。

母亲：娃不争气，刚上了一年学，就在学校学坏了。成天和班里不学习的人一起混，打游戏、电玩。老师反映没去上课，孩子又没回家。同村上学的孩子说在混社会。真是气人！加上长期旷课，学校、老师多次管教不过来，学校干脆让孩子退学了。虽然有点可惜，可我们也没办法。

父亲：考虑到孩子还小，考大学这条路是走不通了。我们合计让孩子学点技术，到外面打工还能多挣点钱。改变命运不行，学门技术改善生活还是可以的。我们就把孩子送到市里一职业中学去了。

个案 3-19[①]：D 村住户，家有一男孩，几年前初中毕业后就外出打工。

母亲：我们孩子上小学时成绩不错，那时我们想着以后他能考大学，盼他有出息。上初中后，我们也重视他的学习，还经常督促他好好学习。哪想到读初二后，孩子成绩直线下滑，听孩子说，班上学习风气不好，爱学习的人不多。受这些影响，加上我们这儿的教学质量差，一些老师也不太负责，孩子学习就越来越跟不上了。结果没考上高中。和孩子父亲商量后，考虑到孩子成绩也不是太好，我们就没让孩子上学了。

个案 3-20[②]：W 村住户，家有两个孩子，大女儿上大学一年级，小女儿上初三。

父亲：我们对孩子教育，并没有太多想法，只要孩子能识字，有能力养活自己就行。女孩子嘛，读那么多书也没用，早晚都得嫁人。"嫁出去的女，泼出去的水"。大女儿上高中时，我曾反对她上学。认为一个女孩子，初中毕业就行了。孩子考上高中后，在亲戚的劝说下，我们才让孩子上学。当时我们想着，孩子上高中，要是考不上大学，几年的时间和钱就白花了，我们村也有以前读高中没考上大学的，还不是和没读的人没啥区别。即便考上大学，现在工作都是自己找，国家也不包分配。找不到工作还不是和不读书一样。大女儿考上大学完全出乎我们的预料。

母亲：虽然我们不情愿供她上高中，但在亲戚的劝说下，考虑到孩子的想法，还是让她读了。其实孩子上高中后，成绩并不是特别突出，不过孩子珍惜学习机会，自己比较刻苦。孩子读高中，她的学习我们过问不多，毕竟我们也弄不懂孩子的书，不过还是对孩子比较关心，也经常宽孩子的心，劝她别学习太辛苦，压

---

① 根据 2009 年 4 月 23 日访谈记录整理，编号：D20090423。
② 根据 2009 年 6 月 25 日访谈记录整理，编号：W20090625。

力不要大。孩子考上大学，确实是我们想不到的，虽然现在学费很贵，我们也为此借了些债，但还是要把孩子大学供完。

在访谈中，我们发现农户对子女教育投入行为变化的个案还比较多，以上几个访谈仅是其中较有代表的个案。从农户的话语表述中，我们捕捉到农户教育投入行为的变化主要表现为观念、动机和教育选择等方面的变化。首先，农户对子女教育投入的观念变化。农户对子女教育投入观念直接影响其行为投入和选择。农户教育投入观念一般来说，相对稳定，但也受社会、文化和家庭等因素影响，特别是与子女的学习状况、家庭的经济条件和社会关系联系密切。从上述访谈个案中，我们看到农户的教育投入观念一方面受文化影响，既存在对子女教育的重视，希望孩子能出人头地，也带有传统的小农意识，对子女教育投入存在性别上的区别。如访谈个案 3-20，其父母最初反对大女儿上高中，认为女孩读太多的书意义不大。但另一方面，农户教育投入观念也受孩子学习成绩好坏与升学成败的影响。如果孩子成绩不好，没有升学的希望，农户往往很无奈地改变对子女教育的观念。如果孩子成绩不错，又升上了高一级学校，农户也往往会根据情况积极对子女教育的投入，适时改变自己的观念，如个案3-20 中的农户，因为孩子考上了大学，该户现在积极支持孩子上大学，即便举债也愿意把孩子大学供完。其次，农户对子女教育投入的动机变化。从前面对农户教育投入动机的分析，可以看到农户对子女教育动机存在差异，表现出改变命运、追求荣誉、多挣钱、满足生存等多方面的区别。事实上，对同一农户来说，对子女的教育投入动机也表现出这些方面变化，可能由追求改变命运变为追求经济收入，也可能由满足生存转为改变命运。从我们的访谈个案中，也能清晰地看到这一点，如访谈个案 3-18 中的农户由最初希望孩子考大学以改变命运到最后追求多挣钱以改善生活，3-20 中的农户由最初满足孩子的生存教育到最后支持孩子上大学，都是这种变化的表现。农户教育投入动机的变化，既是教育投入行为变化的内容，也进一步影响行为的变化。再次，农户教育选择行为的变化。在农户对子女教育投入行为的变化中，也包含对子女教育选择行为的变化。教育选择的变化是农户在教育投入观念和动机变化后，反映在行为上的结果，这些选择行为包含积极投入或者放弃投入、择校、选择普通教育或者职业教育等。从前文我们已经看到，同一农户对子女的教育选择在孩子的不同教育阶段存在差异，这已经表明教育选择是变化的。此外，在不同的情境下，农户对子女的教育选择也会发生变化。如个案 3-18 的农户，当孩子考上一所镇上的高中后，花钱择校让孩子进了县里的一所省级重点中学。可是当孩子上了一年高中后，受学校处分辍学了，这时该户又选择让孩子进职业学校学习技术。这些教育选择的变化，正反映了农户对子女教育投入行为的变化。

（二）农户教育投入行为变化的特征

从上面的访谈中，我们看到了农户对子女教育投入行为变化的内容，同时也可以从农户的话语中捕捉到其教育投入行为变化的特征。这些特征主要有以下三点。

（1）农户教育投入行为变化与特定情境相关。从访谈中可以看到，农户教育投入行为变化总是有一定原因，与特定情境相关，而这些情境涉及孩子、家庭、社会、文化等多方面的内容。相比而言，影响最大的因素是孩子和家庭。孩子学习成绩的好坏、学习的意愿和升学的成败，往往对农户教育投入行为改变起决定作用，而家庭的突然变故或者意外事件也常常在影响孩子的教育方面起重要作用。孩子学习成绩的好坏，往往影响农户的教育投入动机，对孩子是否接受教育，或者选择哪种教育影响很大。毕竟受教育的是孩子，家庭的教育投入要体现在孩子教育的效果上。农户教育投入观念一旦形成，一般情况下不易变化，但随着孩子的学习和升学状况的变化，也会发生改变。而特定情境下孩子受教育的效果，刺激农户重新思考和变化其教育投入观念。总之，农户教育投入行为并非无缘无故地变化，而是在特定情境下，受一些因素的影响而发生变化。

（2）农户教育投入行为的变化是一个持续的过程。在农户对子女教育投入的整个过程中，投入行为的变化是持续的过程，并不是间断的，或者是偶发的。这实际上也是行为内在本质的体现，前文也提到过，吉登斯认为人的行为是一种绵延的过程，是一种持续的行为流。虽然农户的前一投入行为和后一投入行为可能存在时间差，具有时间间隔，但作为一种实践行为，农户对子女的教育投入行为随时都可能受各种因素的影响而发生变化，变化的情境和时间并不固定。除非农户中止对子女教育投入行为，这也意味着农户教育投入行为的退场，投入行为本身就不会再继续存在下去，那就无所谓变化。认识到农户对子女教育投入行为变化的持续性，也就看到了这种变化的普遍性和常态性，也意味着看到了实践中农户教育投入行为的本质特征。

（3）农户教育投入行为变化既体现了农户的主体性，也反映了社会结构因素的约束。农户教育投入行为的变化包含着主体性和结构约束性，是二者的统一。农户在各种具体情境下，改变和调整对子女教育的投入观念、动机和行为选择，本身就体现了农户是有意识有目的的行动者，会根据情况和环境调整自己的行为。各种变化都离不开情境，都是在情境下做出的，这些情境就是一种结构约束，这些约束因素涉及孩子、家庭、社会、文化等多个方面。从上文的访谈中，我们也看到了农户对子女的教育投入行为变化中所体现的主体选择与结构约束。

第四章　农户教育投入行为的理性逻辑：从生存理性到社会理性

从第三章我们看到农户对子女教育投入行为表现出差异性与变化性，也对这些差异和变化的具体方面有了大体的把握。要深入剖析农户对子女教育投入行为，必须分析其现实表征背后到底蕴含了农户哪些行为逻辑？农户教育投入行为背后的隐性机理到底是什么？本章的分析就是试图初步揭示农户教育投入行为背后的逻辑。

从表面上看，农户教育投入行为似乎不具有理性，表现出差异和变化，呈现出多样性，不可捉摸。事实上，农民行为具有目的性，是理性的，具有生存理性、经济理性和社会理性。农户对子女教育投入行为是农民理性选择的结果，是农户权衡各种因素后做出的理性选择，并表现出生存理性、经济理性和社会理性的差异与变化。

一、农民的生存理性、经济理性和社会理性

理性一直是社会科学的重要概念。在整个社会科学中，几乎都多少预示着社会行动者是理性的或是非理性的假设。对理性概念的理解，哲学、经济学、心理学、社会学等不同学科的理解各有侧重，而不同的学者又基于自己的知识、学科背景和理解提出了自己的看法。书中的理性概念主要基于社会学对理性的把握和认识，具体而言，是借用科尔曼对理性的认识，他认为理性是人的一种有目的、有意图的行动原则，是人选择与调节自我行为的能力，包括对目的、动机的选择和确认。

社会学运用理性概念来研究人的社会行为和社会秩序。社会学在假定社会行动者都有自己的理性、存在自己偏好的前提下，研究社会行动如何形成，以及社会秩序如何在人的社会行动中形成。科尔曼在运用理性概念方面做出了重要成就。他把经济学的理性概念运用到社会学领域，并发展了理性概念。科尔曼对理性的理解，主要是强调一种目的性的、有意图的行动原则。

理性是人的一种有目的、有意图的行动原则，是人类选择与调节自我行为的能力，包括对目的的选择和确认。理性是人类超出动物而独具的一种认识和思维

能力，正是这种能力的存在，不仅使我们能够调整达到目的的手段，而且使我们能够建立起价值标准，对目的本身做出判断和取舍（文军，2001）。也正因为人具有理性，才体现了在社会、制度、文化等各种结构性的限制中人的主体性和创造性。社会学理解的理性并不局限于经济学的纯粹经济理性和完全理性，而是认为理性具有限制，理性人所追求的内容也不限于经济范围，还包括地位、权力、声望、情感等社会内容。这种理性是一种社会理性，行动者在社会各种结构性因素的影响和制约下，有目的、有意图地不断调适自己的行为，并追求经济、政治、文化、情感等多方面的利益和效益的满足与最大化。

理性的类型很多，从不同角度出发，按照不同的划分标准，可以分成不同类型。从人们理性追求的目的划分，理性可分为生存理性、经济理性和社会理性[①]。这种划分，是从人们行为的追求目标来看的，分类的视角是从经济学、人类学、社会学出发的，较少具有哲学的痕迹。

（一）农民的生存理性

生存理性就是人们追求生存第一，以追求生存需要的满足为目的。这种理性首先考虑的是安全第一的生存原则，而不是追求效益的合理化和利益的最大化。追求生存的满足是人作为一个生物人生存于世的最基本要求。马斯洛把生理需要作为人的基本需要，而生理需要就是吃、穿、住、用、行等人类最基本的生存所必需的内容。毋庸置疑，这些生理需要在所有需要中占绝对优势。具体说，假如一个人在生活中所有需要都没有得到满足，那么生理需要最有可能成为他的主要动机，一个同时缺乏食物、安全、爱和尊重的人，对于食物的需要可能最为强烈（A. H. 马斯洛，1987）。马克思把物质资料的生产作为人类生存的基础，把人类的物质需要看作是人自身、人类社会存在和发展的条件。在人们满足生存需要而获取物资资料的过程中，人们必然要思考、比较选择，并运用自己的智慧来行动，这种种行为都具有理性。事实上，不管是恰亚诺夫（1996）所论述的俄国小农追求家庭生计满足为目标的行为逻辑，还是詹姆斯·C. 斯科特（2001）所论述的东南亚农民的"安全第一"的生存原则和生存伦理，都是生存理性的表现。

农民常常以生存为追求的核心目标，生存第一、安全第一是其行为的通常原则。正因如此，许多学者才认为农民是"传统的"非理性人。韦伯、恰亚诺夫、斯科特等认为农民追求生存最大化行为是非理性的，农民往往为了生计而规避、拒绝能获利更多的风险举措，或者为了家庭生存的满足而投入更多的劳动，而一

---

① 文军在研究农民外出就业动因问题时，探讨了农民的生存理性、经济理性和社会理性的差异和联系（文军，2001）；黄平曾在研究农民向外迁移时提到农民的生存理性（黄平，1997）。

旦满足就表现出懒惰、拒绝追求更多的利益。他们得出这一结论主要基于农民行为表现出传统的追求生计的特点。事实上，"传统性"与"非理性"并不能画等号，传统并不等于非理性。农民追求生存第一、安全第一也不能说明农民是非理性人。相反，农民追求生存第一、安全第一、拒绝更多获利但风险很大的行为正是其"生存理性"的表现。正如林南所认为的，理性人行动的原则是损失最小化和收益最大化，而损失最小化这种保护与维持资源行为是行动的首要动机，收益最大化是第二重要的动机。"保护与维持资源是行动的首要动机，因此，行动的第一原则是使（资源）损失最小化……获得与扩展资源是第二重要的行动动机。因此，行动的第二个原则是使（资源）收益最大化（林南，2005）。如果损失最小化与收益最大化两个动机发生冲突，人们会优先考虑损失最小化。如果有机会，行动者会在采取行动的同时实现这两个目的。但是当必须做一个选择的时候，行动者偏向于维持资源，更优先考虑的是使损失最小化。追求安全第一，规避获利更大的风险行为，正是农民保护与维持资源的动机，符合林南所述的理性人行动原则。黄平（1997）在研究农民外出迁移的原因时指出，中国农民具有生存理性，农民一方面首先考虑的是安全第一的生存原则而不是追求利益最大化，另一方面也在一分一厘地算计得失利弊，故称为生存理性而不是生存伦理。张兆曙（2004）对农民经济行为的研究表明，支配农民行为的不是生存伦理，而是生存理性。他以后乐村农民 50 年的经济实践为基本素材，对斯科特生存伦理的经典论题进行了检验，认为农民在经济实践中，不管是否存在生存危机，农民的行为都具有理性精神，是一种生存理性。张兆曙发现，从新中国成立 50 多年来的情况看，后乐村的农民在不同时期的经济行为选择存在差异："草鞋交易""鸡毛换糖""小百货交易"和"家庭小商品生产"等众多差异行为。农民行为表现出不同场合中的生存理性：乡村集市上的生存理性、流动交易中的生存理性和地下市场上的生存理性，这些生存理性策略都是外向型的行为策略，农民通过这些不同场合下的行为来避免没有指望的农业生产，甚至不惜以身试法、不惜冒钱物尽失的风险，而获取更多的生存收益。故此，我们可认为农民追求"生存第一、安全第一"的行为具有生存理性。

（二）农民的经济理性

经济理性，就是以最小的代价追求最大化的经济利益（效益）为目的。经济学就是建立在人是经济理性人假设的基础上的。经济理性人指具有稳定偏好、完备的信息和具有进行充分计算能力的人，这些人在经过深思熟虑后会选择能更好地满足自己偏好的行为（约翰·伊特韦尔，1996）。从亚当·斯密的古典经济学发展至今，经济理性内涵经过了从完全理性到有限理性的转向，并从经济学向其他学科领域渗透。但不管如何发展，核心的三个方面并未改变：一是人具有求利的动机；

二是人具有偏好；三是人对各种利益进行权衡，并追求最大利益且代价最小。

1. 有关农民经济理性的争论

长期以来，学术界对农民是否具有理性的争论，就是针对农民是否具有经济理性而言的。

早在20世纪初，马克斯·韦伯（1987）就对农民的行为进行了论述。为了说明新教伦理引致的资本主义精神，韦伯对农民的传统主义行为方式进行了论述，认为农民的传统主义行为是非理性的。在农业收获季节，雇主为了加快收获速度，避免因天气变化无常引起的重大损失，通过提高劳动者计价工资来刺激农工提高劳动效率，为农工挣取更多工资提供机会。但是雇主这一措施却遇到困难：农民在同一时间内做完的活儿不是多了，而是少了，因为劳动者对工价提高的反应不是增多而是减少其工作量。马克斯·韦伯认为，农民的这种行为是传统主义的，是非理性的，其行动的目的是追求代价最小化，而不是利益最大化。而唯有用新教伦理抵制这种传统主义，资本主义经济才能正常发展。Boeke（1953）通过对荷属爪哇（今印度尼西亚）农村的研究，也认为农民行为是非理性的，遵循够用、代价最小。他指出，在传统农业社会中，由于农民缺乏求利欲望与积累动机，只以"够用"为满足，因而也表现出了"非理性"行为。恰亚诺夫（1996）以俄国小农为研究对象，对俄国小农行为进行了研究，认为农户行为，特别是其经济行为具有家庭劳动农场性质，遵循的是不同于资本主义企业的行为逻辑，具体说就是追求家庭生计的满足。恰亚诺夫认为，资本主义经济单元——企业的"有利"概念同家庭农场的"有利"概念是不同的，"农民经济活动的动机不同于企业主"。资本主义企业的计算利润方法也不适用于小农的家庭农场。因为农民的生产动机不是为了追求利润最大化，其生产的动力在于满足家庭成员消费需求的必要性，农民劳动也仅在于满足整个家庭其全年家计的平衡，这不同于资本主义企业主通过投资追求利润最大化。农民的一切经济行为都以"生存"为目的。詹姆斯·C. 斯科特在《农民的道义经济学：东南亚的反叛与生存》一书中对东南亚农民的生存和行为进行研究后，认为农民把生存作为第一要义，在规避经济灾难时表现出不愿冒险追逐经济效益最大化，而是表现为"安全第一"，农民的生存准则是"道义经济"，其行为是非理性的。"假使社会现实确有大多数农民耕作者的生存危机水准，那么，他们遵循罗马塞特所说的'安全第一'原则……在选择种子和耕作技术时，这一原则就意味着耕作者宁愿尽量减少灾害的可能性也不去尽量增加平均利润。这一策略一般要排除带有任何危及生存的巨大风险的选择方案，尽管它们有可能产生较高的平均净利润……回避风险原则也被援引来解释农民对维持生存的农作物而不是对专供销售的农作物的偏好（詹姆斯·C. 斯科特，2001）。"农民的安全生存目标体现在生产过程中所面对的极其大量的选择中，在农业生产活动中农民常采取这样的行为：选择种植食用作物而不是销售作物，为了分散风险而乐于使用不同类型的种子，偏爱那些产量一般但稳定的作物品种。越是接近生存边缘线——只要处于生存线之上——的家庭，对风险的耐受性越小，"安全第一"准则的合理性和约束力就越大（詹姆斯·C. 斯科特，2001）。当然，詹姆斯·C. 斯科特认为，这种"安全第一"的生存伦理对那些处于普遍的生存困境中的耕作者很适用，特别对那些收益很低、土地很少、人口较多、产量变化大且无其他工作机会的农民来说，生存第一的模式是非常适用的。因此，许多学者认为追求利益最大化的"经济理性人"假设不适用于研究传统社会和文化中的农民，农民追求代价最小化，生存第一的行为是"非理性"的。有鉴于此，斯科特提出了农民的"道义经济"，其他学者提出"爱与怕的经济"（Boulding，1973）。

与此相反，一些学者批评、反驳上述认为农民行为是"非理性"的观点。他们通过自己的研究和理解，认为农民行为是理性的，农民是理性人。索尔·塔克斯在《一个便士的资本主义》中，通过田野调查的人类学方法，证明了危地马拉等地的印第安农民具有经济理性。他们和企业家、商人一样，竭力寻求哪怕能赚到一个便士的途径，对自己的农业生产和家庭开支精打细算，农民家庭的经济活动和资本家的经济、商业活动类似，"都可以作为在一个非常发达的、倾向于完全竞争的市场条件下，由一个既是消费单位又是生产单位的居民所组成的货币经济的特征"（西奥多·C. 舒尔茨，1999）。西奥多·C. 舒尔茨在其代表性著作《改造传统农业》中，认为小农是一个在传统农业范围内有进取精神并追求最大化利益的人，能对经济刺激做出正确反应，其行为具有理性。在研究"如何把弱小的传统农业改造成为一个高生产率的经济部门"这个中心问题时，他驳斥了认为传统农业中生产要素配置效率低下的观点（西奥多·C. 舒尔茨，1999）。而此种观点一个重要的假设就是：认为传统农业社会中的农民愚昧、落后，对经济刺激不能做出正常反应，行为缺乏理性，这使得生产要素配置的效率低下。舒尔茨通过事实否定了此种假设，他利用对危地马拉的印第安人社会和印度的调查资料证明了传统农民并不愚昧和缺乏理性，而能对市场价格的变动做出迅速、正确的反应，经常为了多赚一个便士而斤斤计较，是理性的经济人，追求利润最大化是其目的。Popkin（1979）在 20 世纪 70 年代末的著作《理性的农民》中，通过对越南农民的研究，认为越南农民是理性的个人主义者，各农户在松散而开放的村庄中相互竞争、自谋其利并追求利益最大化。为此，他提出中心假设——农民是理性的个人或家庭福利的最大化者，批驳了斯科特关于东南亚农民是生存第一的"道义经济"的观点。

总之，关于农民是不是理性行动者的争论，主要是从经济学角度展开的，其争论的实质是围绕农民是否具有经济理性，关键点在于农民对待市场的反映和行动。这种分歧反映了"传统主义"与"市场经济的资本主义"的对立。"传统主义"和"市场经济的资本主义"果真是不可融合、相互对立的吗？农民的传统行为真是非理性的吗？事实并不如此，正是争论双方存在的误识、自身难以克服的片面性造成了分歧。古典经济学对人的经济理性假定为以最小的代价换取最大化的利益，这本身就包含有"追求代价最小化"与"追求利益最大化"，二者是统一的，都是人"经济理性"的体现。故此，绝不能仅凭"追求代价最小化"而判断传统农民行为是非理性的（文军，2001）。事实上，基于其信念、偏好和战略机会，当明白了他们的福祉是什么的时候，所有的行动者往往都会去追求他们自己的福祉最大化（格林·沙皮罗，2004），农民也不例外。

2．中国农民的经济理性

从国外众多学者，比如塔克斯、舒尔茨、波普金等的研究中，我们已经看到了农民行为具有经济理性。其实从中国的情况来看，中国农民历来不缺少经济理性。先秦时期的《管子》曾记载了农民对市场上谷物价格的反应，而统治者依靠这种反应来刺激农业的生产与发展。"故杀正商贾之利而益农夫之事，则请重粟之价釜三百，若是，则田野大辟，而农夫劝其事矣"[①]"以币准谷而受禄，故国谷斯在上，谷贾什倍。农夫夜寝早起，不特见使，五谷什倍……农夫夜寝早起，力作而无止。"[②] 可见，农民对谷物的价格有积极反应，如果市场上谷物价格上涨，农户会夜寝早起，加倍努力劳作以生产更多谷物。《韩非子》一书曰："夫卖庸而播耕者，主人费家而美食，调布而求易钱者，非爱庸客也，曰：如是，耕者且深、耨者熟耘也。庸客致力而疾耘耕者，尽巧而正畦陌畦畤者，非爱主人也，曰：如是，羹且美、钱布且易云也。"[③] 这说明，主人的工钱越多，越能刺激庸客"疾耕耘"、精耕细作，庸客越是这样，越能获得"羹且美、钱布且易"，充分说明农民具有经济理性，农民行为是追求利益最大化。中国历次王朝更迭之后对农业生产的刺激和恢复，主要通过减免农业税收来刺激农户增加农业种植和生产，实行农业的休养生息政策来刺激社会经济的发展。历史经验表明，这些政策措施效果很好，而这些政策与措施的建立基础就是农民追求利益的动机，以及其行为是理性的。中华人民共和国成立后，国家实行计划经济体制，取消市场，实行商品供给制，取消自由贸易。在当时，农民追求利润的动机被认为是"小资产阶级意识"而受到打压，对发家致富而超越其他社会群体的农户也实行政策打击，农民的利益动机受到强有力的阻碍。在农村，实行"工分制"就是为了实现土地共同拥有，共同劳动，集体分配，克服商品经济的求利欲望，阻碍农民追求经济利益。即便如此，农民追求利益的理性也没有完全消失。在工分制下农民为了获得更多的收入，维持家庭的开支，挣更多的工分成了各家户努力的目标（张江华，2004）。为此，农户投入更多的劳动以挣取更多的工分。一方面，主要劳力努力劳动挣取更多工分，另一方面

---

① 《管子·轻重篇乙》。
② 《管子·山至数篇》。
③ 《韩非子·外储说左上》。

家户内的一些次要劳力也被动员参加集体劳动而挣工分(张江华，2007)。农户追求更多工分的目的就是获得更多的收入，其挣更多工分的行为是理性的。"劳动者追加劳动的策略都是理性的。换句话说，在工分制的制度约束下，个体或家户以各种方式获取更多的工分(挣工分)成为一种优势选择行为"(张江华，2007)。中国农民在计划经济体制下依然表现出追求利益的理性特征。"我国在计划经济体制下用了几十年时间与农民接受市场竞争的心理作斗争，结果证明也是失败的……当时一旦计划价格接近于市场价格的程度，稍有提高，便会很快引起正相关的供给反应(秦晖，2003)"。计划经济也没有完全消灭中国农民的经济理性，其行为依然表现出追求利益的理性特征。

(三)农民的社会理性

社会理性是基于社会学对经济理性的修正和发展而提出的，强调人是追求自我的满足和效益最大化，并按照增加满足的方式行动。对于行动者而言，不同的行动会产生不同的效益，而行动者的行动原则就是为了最大限度地获取效益(Coleman，1990)。他们都是享乐主义者，各种事件的后果以及取得或消费各种资源，都使他们在不同程度上感到满足。期待着此种满足感使每个行动者按照增加满足感的方式行动(詹姆斯·S. 科尔曼，2008)。社会理性与经济理性相比，具有三个特点。一是扩展了经济理性的利益概念，经济理性人追求的利益仅仅是单纯的经济利益，而社会理性中的利益(效益)除了经济利益外，还包括政治权力、社会地位、声望、文化、情感等多方面的利益，而且这些利益是相互交织的。比如，士兵冒着某种死亡的危险，去营救别人，可以看作是拿生命换取崇高的声望和社会认可，为自己披上英勇无畏的外衣。同样，殉教者使最好的回报机会最大化，在天堂中获得永生(马尔科姆·沃特斯，2000)，都是这社会理性的表现。二是修正了经济学的完全理性假设，承认人的行为有非理性的一面，同时，人的理性行为要受到社会结构、文化、人自身的限制。三是注重文化、社会结构与个人理性行为之间的互动和相互影响。总之，社会理性其最基本特点就是在追求效益最大化的过程中寻求满足，寻求一个令人满意的或足够好的行动程序，而不是经济理性中寻求利益的最优。社会理性是在经济理性的基础上更深层次的理性表现，是理性选择的更高级表现形式(文军，2001)。

科尔曼的理性概念，就是一种社会理性概念，而不是经济理性概念。首先，科尔曼的理性人是一种"社会理性人"，是处于社会互动、社会关系中的能动选择的主体。获取最大利益和满足是他们的目的。其次，科尔曼的社会"理性"有三个方面特点。一是修正了经济学传统的完全理性假设。科尔曼说：本书理论假设基本行动者智力正常，但并非绝顶聪明，无论如何，思维能力都有局限性。特别是在有两种行动可能性的复杂形势下，本书理论假设理性的发挥受到限制(文军，2001)。二是看到人的行为也有非理性的一面。三是注重制度、社会结构、文化等对行动者理性的影响，即个人偏好和目的受到各种结构性因素的影响。科尔曼认为"理性"行动者的追求目标具有社会性。"理性人"假设的基本内涵是指对于行动者而言，不同的行动会产生不同的效益，而行动者的行动原则就是为了最大限度地获取效益(Coleman，1990)。这一行动者应用的行动原则十分简单：最大限度地获取效益或提高满意程度(詹姆斯·S.科尔曼，2008)。而这种"效益或满意"并不只局限于狭窄的经济领域，它还包括政治权力、社会地位、声誉、文化、情感等内容，行动者这种多领域的追求，使得其所追求的目标具有社会性。文军(2001)在分析当代中国农民外出务工的动因时，认为农民具有理性，是社会理性人。他从宏观与微观两个层面来分析，认为当代中国农民外出就业的动因，主要是"生存压力"和"理性选择"共同作用的结果，当代中国农民外出务工行为是一种社会理性选择的表现。

二、农户理性教育投入行为差异与变化

(一)从生存理性到社会理性

　　农户对子女教育投入呈现差异性与变化性，在这种差异与变化的背后是农户行为的理性逻辑。农户教育投入行为的差异与变化源于其投入观念和动机的差异与变化，且表现出生存理性、经济理性、社会理性的差异与变化。

　　农户教育投入行为是理性的，而农户这种理性行为表现为三种类型：生存理性、经济理性与社会理性。如上文对理性类型的阐述中提到，这三种类型是依据行为所追求的目标而划分的。农户对子女的教育投入，事实上从追求目标看，可以归为追求生存最大化、经济最大化和满足(效益)最大化。对D村和W村农户的调查中，我们可以看到农户对子女教育投入所追求的目标表现如表4-1所示。

　　从表4-1的数据，可看到农户送子女上学的目的呈现很大差异，在这些所追求的目标中，比例最大的是农户希望子女能走出农村，实现身份和地位的改变，即能改变命运。而在众多的目标中，对生存、经济利益、社会地位、权力和社会声望的追求都有所体现。依据前文对理性的分类，可以把农户对子女教育投入行为分为生存理性、经济理性和社会理性。农户以子女生存最大化为目的的教育投入行为，称为生存理性的农户教育投入行为，如表4-1中农户以让孩子具有适应社会所需基本的识字算术能力为目标的教育投入，就是此类。经济理性的农户教育投入行为，即是农户希望子女受教育后拥有知识和一种专门技艺，在社会上能找一份不错的工作，获得较高的经济报酬。社会理性的农户教育投入行为，就是

农户对子女教育投入以追求社会性目标为动机，具体而言，就是农户希望子女受教育后能改变自身命运，提高家庭社会声誉，实现农民身份和地位的转换，以此作为追求目标的对子女教育投入行为。如表 4-1 中的"希望子女离开农村改变命运""为家庭争光""希望孩子将来能当官"等就是社会理性的教育投入行为。

表 4-1　农户送子女上学的目的

农户送子女上学的目的	户数/户	比例/%
希望子女离开农村，改变命运	126	48.84
为家庭争光	22	8.53
希望孩子将来能挣更多的钱	35	13.57
尽父母责任，让孩子多学知识	21	8.14
让孩子具有适应社会所需基本的识字算术能力	34	13.18
希望孩子将来能当官(有权力)	12	4.65
无明确目标	8	3.10
总计	258	100

注：数据根据对 D 村和 W 村调查问卷整理计算获得。

　　农户教育投入的理性呈现从生存理性到经济理性，再到社会理性的变化。首先，在生存压力下，农户主要考虑的是生存，表现为生存第一，而农户对子女教育投入也主要表现为追求教育的生存功能，教育投入也围绕生存的满足。农户教育投入的生存理性表现为两个方面，一方面表现为追求教育的生存功能，以孩子能识字适应社会，满足基本生存需要为接受教育的目标。如表 4-1 中农户以让孩子具有适应社会所需基本的识字算术能力为目标的教育投入，就是此类。另一方面，在生存压力下，农户对子女教育投入受生存压力的影响，生存理性决定了一切以生存为核心。这正是为何在旧社会，读书往往是富人和地主阶级专利的根源，而农民首先得解决生存的压力。候建新对冀中 11 个村子农民解放前受教育程度的研究证实了这个论断，"受教育程度与家庭经济富裕程度成正比。如清苑统计资料的三个时点上(1930年、1936 年、1946 年)，数量极少的高中以上学历者全部来自中农以上家庭，其中富农以上家庭又占主体。贫农及其以下家庭一般最好的教育程度是高小，只有极个别人(大约 1‰)读到初中。这些数据证明，贫穷是农民接受教育的最大障碍(候建新，2002)。由于贫穷，多数学龄儿童不能入学。一是家里温饱问题尚未解决，没有经济力量供子女上学？二是由于劳动生产率低，家庭要尽量和尽早缩小非生产人口比重，所以，孩子很小就参加劳动，以维持家庭生产和生活。事实上，许多学者研究中所提到的农民劳动投入和农业生产内卷化，正是农民为了缓解生存压力，在劳动边际生产率为零时，为获得生存所需的食物而表现出的一种生存理性行为。其次，随着中国改革开放，经济、社会的发展以及教育的经济价值日益提升，在市场经济下，农民的经济意识日益增强，当农民基本生存获得满足，就对经济和社会利益的需求有所追求，也有能力为子女提供教育所需的物质条件，农民对利益的追求会不断发展。而教育的经济价值也刺激农民追求教育的经济利益，呈现经济理性的追求。正如詹姆斯•S. 科尔曼(2008)所说："满足生存需求的条件很低，随着时间的发展，事件过程与行动创造了完整的位于上层结构的利益……只要这些利益可以使最重要的需求得到满足，对于这些利益的追求便会自发出现。"再次，农民阶层社会地位与声望的低下，加之户籍等制度歧视，催生了农户对改变子女命运、社会地位与声望的社会理性追求。改革开放前，农民与其他社会阶层的社会地位、社会声望差距并不太大，加上城市知识青年"上山下乡"，使农户对知识改变命运的认识并不深刻。但改革开放后，随着社会体制转轨与社会转型，农村与城市差距日益加大，加上户籍制度的歧视，城市居民与农民享受的社会福利、社会公共资源差距明显。而阶层分化导致的农民社会地位与声望的低下，让农民深刻意识到社会不公正与歧视的存在，改变的突破口就是农村户口和农民身份的转换。伴随教育体制改革，教育的社会流动功能让农民看到了希望，刺激了农户追求改变子女身份与命运的教育投入行为，催生了农民教育投入的社会理性追求。由此可见，农户对子女教育投入行为表现出从生存理性到经济理性，再到社会理性的变化。而这种变化反映了生存理性、经济理性和社会理性具有层次上的区别与联系，"'社会理性'是在'经济理性'的基础上更深层次的'理性'表现，是'理性选择'的更高级表现形式……生存理性是最基础的层次，只有在生存理性得到充分表现和发挥的基础上，才能进一步产生和做出经济理性和社会理性的选择"(文军，2001)。

　　农户对子女教育投入行为的理性虽然表现为生存理性、经济理性和社会理性的差异与变化，但这三种理性并不是相互独立、互不相干的，而是相互联系、相互转化的。首先，对农户教育投入行为的目标进行区分是便于研究，事实上，并不能完全清晰地作单一划分，因为农户对子女教育追求的目标是复合的，往往在某一时段呈现出既追求生存目标、又追求经济利益，还追求社会效益等。只能分辨出在某一时段农户主要追求哪一种目标，以此作为划分的标准。其次，农户对子女教育目标的追求也是不断变化的，在孩子不同的教育阶段、不同的学习状况下，在家庭经济条件、社会经济发展状况、社会就业形势、教育制度和不同教育质量等情况下，农户会综合考虑这些条件和约束因素，改变对子女教育的目标追求，即农户对子女教育投入行为会在生存理性、经济理性和社会理性之间变化。再次，从生存理性、经济理性和社会理性之间的关系看，生存理性、经济理性和社会理性有层次上的区别和联系。一方面，生存与物质条件密不可分，要以物质条件为基础，而生存条件好坏、生存质量高低与社会地位、权力、社会声望等也相关，可见，它们之间具有内在联系；另一方面，生存理性是经济理性和社会理性的基础，而经济理性、社会理性是生存理性的深层次与高级表现形式。

(二)理性变化中的生存教育与地位教育取向

　　从教育取向上看，农户对子女教育投入行为的生存理性、经济理性和社会理性选择又体现了追求生存教育与地位教育两种不同的取向。教育存在两种基本类型，一种是生存教育，一种是地位教育。生存教育就是一个人为适应某一社会的基本生存而必须接受的教育。相应地，地位教育即指超出基本生存所必需的、以获取更好的社会职业地位为指向的教育类型(刘精明，2005)。生存教育为人们获得一定的生产技能和劳动技术提供条件，满足了人们生存所需的基本技能。生存教育最初是生产劳动、生活经验的传递与培养，并不具有制度化的形式，随着社会的发展，教育开始制度化，生活经验、生存技能和劳动技术成为教育的重要内容。特别是现代工业社会的出现，更强化了生存教育的重要性。教育的技术功能论认为，工业发展、科技进步对劳动者的职业技能提出了更高要求，而这也对教育满足人们学习技术提出了新要求。因此，教育既训练特殊技能，也训练一般技能，而这些都符合高技能工作的需要。地位教育是人们寻求社会地位、身份、政治权力的教育。地位教育历史上就长期存在，它作为贵族、统治阶层的特权被垄断和独占，地位教育为统治阶级建立等级地位、形成等级生活方式提供条件和基础，也为统治阶级培养接班人。在农户对子女受教育目标的追求中，期望子女具有适应社会的基本知识和能力、能挣更多的钱以及多学知识，这些目标都是一种生存教育取向；而期望提高家庭的社会声誉、离开农村以改变孩子命运，以及能获得从政的机会等目标则是一种地位教育取向。这种教育取向上的差别既是农户教育投入行为的偏好表现，也进一步引起农户教育投入行为的差异与变化。从 D村和 W 村的访谈中，在农户对子女教育投入的生存理性、经济理性和社会理性的追求中，可看到教育生存取向或地位取向的差异。

　　综上，我们可以看到，农户对子女教育投入行为的差异与变化，其背后的逻辑是农户教育投入具有生存理性、经济理性和社会理性的差异，表现出从生存理性到经济理性、再到社会理性的变化。而这种变化，又体现出生存教育或地位教育的行为偏好与差异。

第五章 农户理性教育投入行为的张力：家庭、社会与文化约束

农户对子女教育投入行为是农民权衡各种利弊后的理性选择结果，表现为生存理性、经济理性和社会理性的差异和变化。农民的理性存在着差异，那理性差异背后的原因又是什么呢？在访谈中，我们认识到农民理性并不是完全的纯粹理性，而是受到多种因素的约束；也不是纯粹的经济理性，而是一种社会理性；并不是一种理想类型，而是一种现实表现。

从现象上看，农户教育投入行为似乎存在许多有悖理性的现象，呈现许多非理性的特征，而这种表象正是农户理性教育投入行为所呈现的一种张力。为此，我们需要深入认识农户理性教育投入行为的影响因素。唯有如此，我们方能理解和解释农户教育投入行为的差异与变化，农民理性的多样性与变动性。概言之，农户理性教育投入行为的影响因素主要有家庭、社会和文化三个层面。这三个层面的影响因素制约着农户教育投入行为和理性思考，是农户对子女教育投入不得不考虑和权衡的因素。

一、农户教育投入行为的微观约束：家庭

农户对子女的教育进行投资，作为家庭的一件重要事情，必然与家庭的各方面行为相互影响。而家庭内部能影响农户对子女教育投入行为的因素主要有：①家庭子女结构，这包括子女的数量、年龄、性别等结构；②家庭经济资本，即家庭的收入和经济状况；③家庭的文化资本；④家庭的社会资本。这四个主要因素既有区别和差异，也相互联系，密不可分，是家庭对子女教育投入不可忽视的因素，也是农户理性教育投入行为张力形成的家庭内部因素。

（一）家庭子女结构与农户教育投入行为

家庭子女结构，指子女在数量、质量、年龄和性别方面的差异和比例。它包含四个方面内容：家庭子女的数量结构，家庭子女在质量方面的差异、子女在年

龄上的差距和性别上的结构。家庭子女结构是农户对子女教育投入的一个影响因素，这已被许多学者的研究所证实。西奥多•W. 舒尔茨(1990)认为，低收入国家的家庭通过节育减少孩子的数量，越来越重视孩子的质量，他们这种做法特别有利于对孩子的教育投资。加里•S. 贝克尔(1987)也认为，家庭孩子数量的减少有利于增加对每个孩子的教育投资，一对夫妇所生孩子数目的减少能够增加他们子女在下一代的代表性，因为这一点能使这对夫妇在每个孩子的教育上、训练上和'吸引力上' 给充足的投资。这说明子女的数量影响家庭对孩子的教育投资行为。而对家庭子女性别结构影响教育投入行为，贝克尔也有过研究。贝克尔通过有关国家 25～34 岁男女按学年数计算的受教育程度估计后认为，贫穷家庭中对男孩的教育投资多于女孩。此外，加里•S. 贝克尔(1987)还认为，多子女的贫穷家庭中，对能力较强孩子的教育投资会更多一些。"较贫困家庭在平等和效率之间有一种斗争，并且仅仅因为效率超过了平等，所以把更多人力资本投资于能力较强的孩子身上……然后，所做推论是较贫困的家庭也在能力较强的孩子身上投入更多的人力资本。"这些研究都说明家庭子女的数量、性别、质量等结构影响对孩子的教育投入行为。

在对 D 村和 W 村的调查研究中，我们也发现了这种现象，进一步证实了家庭子女结构影响农户教育投入行为。这些具体影响可从下面三个方面来看。

(1)家庭子女结构对农户教育观念的影响。在教育观念上，子女数量、性别结构不同，农户对子女的教育观念也存在差异。在对 D 村和 W 村的访谈中，以及对农户的调查问卷中，反映出来的现象都表明，子女结构对农户教育观念存在影响。子女数量较少的家庭，对子女的教育重视程度比子女数量多的家庭高，对子女的教育更多地持积极态度；而农户家中男孩、女孩性别结构不同，对子女教育观念也存在差异，这主要表现为在男孩女孩谁接受教育，以及谁接受教育多或少等程度上的差异；此外，家庭中孩子质量上的差异(主要表现为学习成绩的好坏，以及是否具有读书的品质)也影响农户对子女的教育投入，一般来说，孩子学习成绩好、能认真学习，农户还是乐意让孩子上学，相反，如果孩子学习成绩差，加之对上学不感兴趣，家长对孩子的教育往往持消极态度。家庭子女结构对农户教育观念的这些影响，集中表现为教育态度上存在以下三种差异：①不论男孩女孩都应平等受到教育，应该多读书，多学知识；②认为农村男孩可以多读点书，女孩子不需要多读书；③农村孩子(男、女孩)不需要多读书，能认识两个字就行，男孩应该早点出去打工挣钱，女孩应该早点参加家庭劳动，找一个好婆家。这些认识差异容易导致出现两种对教育的态度误区，一种是"教育万能论"，认为读书能改变子女的命运、地位，读了书子女就能找到一分不错的工作；另一种是"教育无用论"，认为读书无用，接受教育是浪费时间，教育费用对家庭是一笔大的支出，对农村孩子而言，读了书也用处不大。农户这两种教育的态度误区容易出现两个极端，要么对孩子教育特别积极，要么对孩子的教育漠不关心。我们需要防止当农户子女受教育效果不佳，未能实现父母的教育期望时出现从"教育万能论"滑向"教育无用论"。客观地看待和认识教育的功能，防止两个方向极端的教育态度是农村教育正常发展的基础。因此，农户两种教育的态度误区是我们应该关注并设法消除的。

（2）家庭子女结构对农户教育投资期望与目标的影响。农户对子女的教育期望是指在现行制度化的学校教育体制下，希望孩子接受的教育程度，即在义务教育、中等教育和高等教育这三级教育中期望孩子能接受到的教育层次。具体表现为农户希望子女受到小学、初中、高中、大学、研究生等几个教育阶段中哪个层次的教育。从对 D 村和 W 村的调查问卷中，可看到不同家庭子女结构对教育投入的期望，如表 5-1 所示[①]。

表 5-1　农户子女结构与教育投入期望　　　　（单位：户）

教育期望	子女结构							
	男孩		女孩		一男一女	一男多女	一女多男	多子多女	总计
	独子	多子	独女	多女					
小学	3	5	2	7	2	4		1	24
初中	2	8	4	13	9	11	3	2	52
高中	3	7	6	19	13	17	5		70
大学	20	9	14	11	16	16	2	4	92
研究生	7		2		6	5			20
总计	35	29	28	50	46	53	10	7	258

从表 5-1 中，我们看到农户期望子女接受各阶段教育的比例：小学 9.3%、初中 20.2%、高中 27.1%、大学 35.7%、研究生 7.7%。从表 5-1 中也可以看到农户对子女教育期望很高，期望能上大学（包括研究生）的比例占 43.4%。从表 5-1 我们还可以得出，子女少的家庭更期望孩子能接受高等教育。在期望孩子上大学的户数中，有 37% 的户是一个孩子（独子或独女）；在期望子女能上研究生的户数中，有 45% 的户是一个孩子（独子或独女）；而在整个有效调查问卷的 258 户中，只有一个孩子的户数所占比例仅为 24.4%，这充分说明子女少的家庭更期望孩子接受较高层次教育。在性别结构方面，家庭中仅有男孩的农户期望孩子上大学（不包括研究生）的比例是 31.5%，仅有女孩的农户期望孩子上大学（不包括研究生）的比例是 27.2%；而仅有男孩的户数在整个 258 户中所占比例是 24.8%，仅有女孩的户数在调查的 258 户数中占 30.2%，这表明农户在期望子女上大学方面，期望男孩上大学的农户比例要高于期望女孩上大学的农户比例。当然，这里比较的是只有男孩

---

① 本表数据来源于对 D 村和 W 村的调查问卷。

的农户与只有女孩的农户之间的教育期望的差异，可能存在不同农户之间因其他因素而造成的教育期望差异，也可能存在调查样本因素导致的差异。可是对农户的访谈也发现同样的现象，即便在一个家庭内部，农户也更趋向于对男孩进行教育投资，期望男孩能接受更高层次的教育。这种现象也许是受传统重男轻女思想影响而表现出在教育投资方面的性别差异。

农户对子女的教育目标，不同家庭存在差异。概括起来表现为以下六个方面：一是以改变孩子命运为主的目标；二是利己型的以晚年能享福为主的目标；三是利他型的以尽父母责任，让子女多学知识为主的目标；四是以孩子能多挣钱为追求的目标；五是满足于孩子能识字，掌握适应社会所需基本知识的目标；六是追求政治权力、社会地位为追求的目标。这些目标追求可归为生存理性、经济理性和社会理性三种类型。在对这些目标的理性追求上，家庭子女结构对这些目标的追求是有影响的，也往往是农户改变、调整目标追求的不可忽视因素。在家庭子女结构中，孩子学习成绩好坏、子女的质量结构是家庭调整对孩子教育目标的一个重要因素。在访谈中，可以看到家庭子女结构对农户改变、调整教育目标追求的大量个案。

个案 5-1[①]：D 村住户，家有一子一女，都在县城重点中学上高中。

访谈者：是什么原因选择孩子上学？

父亲：就是想让他们多认识几个字，将来到社会上也不吃亏。别像我们，斗大的字不识，在社会上经常吃亏。

访谈者：对孩子教育一直都是这个目标吗？

母亲：那倒不是，最开始就是想让孩子多学点知识。哪想到孩子学习不错，顺利地考上重点高中。现在我们想，要是两个孩子能考上大学，跳出这个穷沟沟，成为城里人该多好！只要孩子能考上大学，再苦再累我们也觉得心里甜，砸锅卖铁也要把他们供出来。

个案 5-2[②]：W 村住户，家有一子一女，女孩已经辍学，男孩上初一。

访谈者：你们让孩子上学的目的是什么？

母亲：就是想让孩子能上大学，离开农村。

访谈者：你们女儿为啥不上学了？

父亲：唉，别提了，说来就让人憋气。女子已经都上高二了，还在县城重点中学读呢。我们对她期望比较大，希望她能考上大学，别再做农民，为家庭争光。可是谁想她上高中后，喜欢到网吧上网，还迷上了游戏。成绩本来挺好，这样一

---

① 根据 2009 年 4 月 12 日访谈记录整理，编号：D20090412。

② 根据 2009 年 7 月 7 日访谈录音整理，编号：W20090707。

来，在班上倒数几名。我们劝过、打过，就是不听话。班主任多次叫我们去学校，最后看实在没法了，我们也对她失去了耐心。

母亲：我们看教育不过来，心想只要她能高中毕业，将来上个职业学校学个技术也行。可是没想到，今年过完年，她说不去上学了。再怎么说都不去，亲朋好友也劝过，没用。实在没法，我们也就由她吧，只要我们尽心了，尽到当父母的责任，她以后也怪不着我们。

　　这是两个典型的因孩子学习成绩而调整、改变对孩子的教育目标的访谈个案。对 D 村和 W 村的调查中，这样的例子还比较多，这也反映了农民理性并不是固守某一行为准则，而是基于特定情境的理性思考。

　　(3) 家庭子女结构对农户教育选择的影响。家庭子女数量多少、性别结构和年龄大小在农户对子女教育选择方面也有影响。通过对 D 村和 W 村的调查，发现这些影响主要表现在以下三个方面。①对孩子择校的影响。在为孩子选择质量较好学校时，子女数量少的家庭更积极主动。这与经济负担有一定联系，因为子女较多的家庭，在孩子吃、穿、用方面的花费本身就较大，加上择校需要交择校费，对一般的农户来说，家庭收入并不是太多，且没有稳定的收入来源。此外，子女性别对择校的影响，表现为农户更愿意为男孩择校。②对孩子上学的影响。当家庭面临严重困难和突发事件，只能选择一个孩子继续上学时，子女学习成绩、年龄、性别都会影响家庭的决定。特别是如果一个农户家有几个孩子，而孩子之间智力水平、学习成绩有差别，当家庭面临供孩子上学有困难时，往往让智力水平高、学习成绩好的子女继续留在学校。龚继红等认为，在多子女的三类家庭中，都有超过 80% 的家庭选择让成绩好的继续念书。二子女家庭高达 91%，三子女家庭为 81.2%，四子女家庭为 84.8%。另外，值得人们注意的是三子女家庭比其他各类家庭存在更为严重的性别偏向和年龄偏向，有 6.9% 的三子女家庭选择男孩，二子女家庭选择男孩的为 3.0%；4.0% 的三子女家庭选择年纪大的，二子女家庭选择年纪大的为 0.6%；6.9% 的三子女家庭选择年纪小的，二子女家庭选择年纪小的为 4.2%(龚继江 等，2006)。当子女学习成绩都好时，性别、年龄往往成为决定谁能上学优先考虑的因素。③对孩子教育分流的影响。当孩子面临教育分流时，是选择孩子上普通教育还是职业教育，子女结构对其存在影响。通过访谈，了解到当孩子不得不分流时，多子女家庭更愿意选择孩子上职业教育，以期孩子能早日工作挣钱，减轻家庭经济压力。在孩子未能升上高一级学校时，在决定孩子是否上学问题上，子女结构也存在一定影响。此外，当面对孩子不愿上学时，农户对子女上学的态度和行为选择也受到子女数量、性别、学习成绩的影响。表 5-2 显示了不同子女结构的农户在面对子女辍学时的态度[①]。

───────────────

① 根据对 D 村和 W 村的调查问卷整理而得。

表 5-2   子女辍学时农户的态度   (单位：户)

农户态度	子女结构								总计
	男孩		女孩		一男一女	一男多女	一女多男	多子多女	
	独子	多子	独女	多女					
坚决反对孩子辍学，坚持孩子继续上学	13	7	10	6	9	5		1	51
做思想工作，说服孩子继续上学	32	19	17	9	6	4	2	3	92
随孩子想法，不上就算了	11	16	12	15	10	9	8	6	87
乐意孩子不上学	2	3	3	5	5	4	3	3	28
总计	58	45	42	35	30	22	13	13	258

从表 5-2 中，我们可以看出农户对孩子辍学总体上持反对态度，超过一半以上持反对意见(包括坚决反对和做孩子思想工作)，比例达 55.4%，说明大多数农户在孩子主动辍学时选择继续让孩子上学。在反对孩子辍学的农户中，不同子女结构的农户选择孩子继续上学的比例存在差异，家有一个子女(男或女)的农户有高达 50.3%的家庭在子女主动辍学时，选择继续送孩子上学。在反对孩子辍学的户数中，独子户占了反对户数的 31.5%，独女户占了反对户数的 18.2%。独子户家庭比独女户家庭反对孩子辍学的比例更高，说明在农户对孩子辍学的态度上也存在性别差异与偏好。

(二)家庭经济资本与农户教育投入行为

经济资本主要指家庭的经济实力和收入水平。衡量经济资本的主要指标就是家庭在一段时期的收入，通常以家庭一年的收入来作为衡量指标。农户经济收入为子女受教育提供了物质、生活、环境、健康等多方面的保障，是制约对子女教育投资的一个重要因素。国内外大量的相关研究已经表明，农户的经济收入在一定条件下会成为影响子女教育投入的主要因素。加里·S. 贝克尔(1987)曾详细分析过家庭收入与人力资本(教育)投入的关系，他指出，美国的经验证据构成了这样一些含义：当非人力资本不被继承与它被继承时相比，孩子的教育更加依赖于父母的收入。他甚至认为"富裕"家庭可以按他们是否在人力资本和非人力资本上投资来下定义。西奥多·S. 舒尔茨(1991)也指出，农民家庭太穷是农村教育投资不足的重要原因。"即使假定教育的数量和质量能得到保证，农民也简直负担不起——他们缺资金，因为他们要受资本配给的限制。埃弗里特·M. 罗吉斯等(1988)曾谈到农民的贫困与教育投入、受教育机会的关系问题，贫民的教育水平低，受教育机会少。美国一般的农民都完成了九年制教育，但农村贫民受教育时间平均为 5 年。教育水平低具有延续性，教育水平低的家庭中的孩子，所受教育也很少……下层阶级家庭不重视教育，他们的孩子在很小时就退学了。这说明经济收入状况对农民自身教育和子女教育影响是较大的。国内关于农户经济条件对子女教育的影响，研究成果更是相当多，有的从理论层面给予探讨，有的从经验材料入手，来验证二者的相关程度。不管研究的视角和出发点有何差异，都有一个共识：农民家庭的经济状况与农户子女的教育有密切关系，经济条件的好坏影响子女的受教育状况。

如果家庭拥有较多的经济资本，表明家庭有较强的经济实力和支付能力，能为子女教育投入更多的资金，也能为子女接受充足优质的教育提供物质条件，并能在各级教育机会的竞争中抢占先机。家庭经济资本对农户教育投入的影响主要表现为教育观念的影响、受教育机会（教育获得）的影响和受教育质量的影响。

（1）家庭经济资本对农户教育观念的影响。经济条件对人的观念影响是巨大的，特别是人如果长期处于贫困状况，会形成一种"贫困文化"（Lewis，1959）。Lewis 提出的贫困文化论认为，长期的贫困会形成人们独特的生活方式与行为方式。因长期的贫困使他们形成了有别于社会主流文化的亚文化和独特的社会心理，而强烈的宿命感、无助感和自卑感是他们主要的心理写照。就农民而言，总体上收入并不高，特别在偏远的山区和自然环境恶劣地方的农民，长期处于贫困或仅能糊口的生存状况。对他们来说，做事谨小慎微，规避各种影响生存的风险行为，常会安于现状、听天由命，还会因物质的贫困而产生无助和自卑感。事实上，这些行为和表现正是贫困促使他们一切以生存为中心，是生存理性的反映。"面对贫困，农民把它归结为无法抗拒的、自然的、命定的结局。因此形成了被动、忍耐、保守、自足、低欲望，害怕变动、听天由命、不求'趋利'、只求'避害'的生存理性和人格特征……当农民不得不忍耐贫困时，便发展出适应贫困生活的耐受力和价值观。"（黄平，1997）这种贫困生存状况也影响农户对子女的教育投入观念，使他们对子女的教育重视不够，对教育改变自身贫困的功能认识不足。观念影响行为，一方面，贫困常常限制、约束了农户对子女的教育投入，转而期望子女早日为家庭减轻经济上的压力和负担；另一方面，农户的"贫困文化"和心理导致对子女教育不够重视，也影响农户对子女的教育投入行为。此外，无助、自卑和宿命的贫困文化和心理常常影响农户对孩子的家庭教育，进而影响子女的心理和行为，这往往也使子女感到自卑，影响学习能力和效果，导致学习成绩较差，使得他们在学校的各种竞争中常处于劣势地位。

在对 D 村和 W 村的访谈中，我们也注意到这种贫困文化现象，从个案中我们可以对家庭经济资本影响子女教育投入有一个直观的认识。

个案 5-3[①]：D 村住户，是村里贫困户。家有三个孩子，老大和老二都是男孩，

---

① 根据 2009 年 4 月 26 日访谈记录整理，编号：D20090426。

最小的为女孩。因两个男孩是残障人，虽然都已有 20 岁左右，可是不能站立走路，只能在房间里爬，智力也仅与四五岁孩子相当。女孩发育健康、正常，14 岁，辍学务农。这户给人留下的印象极为深刻。

访谈者：你们家经济状况怎样？

男户主：比较困难。家庭收入主要靠庄稼和我农闲外出打工挣得，家里两个孩子前些年治病花了不少钱，欠了别人好多，至今还没还清。家里两个孩子要人照顾，孩子他妈没时间出去挣钱，就连农活有时都没法干。

访谈者：小女儿上到几年级辍学的？

女户主：上到小学四年级就没去了，主要是我们家庭条件不好呀，孩子本来成绩还好，还能多读点书。可是，前些年，为了给他两个哥哥治病，一来没时间管她，二来欠了好几万外债，没能力让她上了。哎！都是我们没能力呀，我们命苦，孩子也跟着我们受罪。

在访谈中，男女户主的话并不太多，但总能感到他们内心的忧愁和苦闷。他们不时地叹气，话语中也多次表露出他们没能力，既治不好孩子的病，也没法供女儿上学，更不用说提供好的生活。他们也时常认为运气不好、命不好，是祖上的坟场和家里修房的风水不好。为此他们也花钱动迁了祖上的坟场，并重新选址修建了房屋，但一切依旧。他们现在依然希望奇迹能出现，两个孩子的病能治好，对两个孩子，他们从未放弃。

个案 5-4[①]：D 村住户，是村里的贫困户。夫妻离异，男户主好赌且对家庭不管不问，经济收入少。男户主现带着两个孩子一起生活。大的为女孩，15 岁，辍学在家；小的为男孩，10 岁，上小学四年级。

访谈者：请问孩子为何辍学在家？是她成绩不好而放弃了吗？

男户主：不是。主要是家庭条件不好，孩子上学没钱。大的孩子本来都上初二了，成绩中等，可是家里条件太差，没法让她继续上学。加上我和她妈离婚了，对孩子也有影响，初二第二学期就没去了。

访谈者：请问您平时的经济来源主要有哪些渠道？

男户主：主要是种地，收入不高。也有时在县城、市里打点零工，可是没手艺，挣钱不多。哎，想想自己真无用，活得真窝囊。老婆走了，家庭搞得这样，我的命咋这么苦！

像这样在村子里比大多数家庭经济状况差，且长期处于贫困状况的农户，在村里的地位也比较低，在多种事务上很少有发言权，自己也觉得低人一等，在村

---

① 根据 2009 年 4 月 19 日访谈记录整理，编号：D20090419。

子里的大小事上常易遭到排挤，有时还会受其他家庭的欺辱。此种生存状况常引致贫困农户心理的焦虑，而无助、自卑、宿命感是他们心理的主要特征。

(2)家庭经济资本对子女教育机会获得的影响。家庭经济资本除了对农户教育观念有影响外，对子女接受教育、获取教育机会也有影响。Techerman 曾运用对美国高中调查的一组数据，研究了家庭经济状况对子女高中教育的影响。结果表明，家庭的收入水平对子女的高中教育机会，以及高中阶段的学习成绩都有重要的影响(Jay, 1987)。正如上文所引述的美国学者罗吉斯曾谈到的农民贫困影响其受教育机会，贫穷农民的教育水平低，受教育机会少，贫穷农民家庭的孩子因此所受教育也很少，他们在很小时就退学。国内学者的研究也表明，家庭经济资本对农村人口的个人教育获得影响较大。李春玲(2003)认为，20 世纪 40 年代到 21世纪初的 60 年间，在前 30 年，家庭经济资本对个人教育获得的影响微弱，但对某些特殊人群(如农村和女性人口)有显著影响，在后 20 年，家庭经济资本对个人教育获得的影响逐渐增强。国内外无数学者的研究已经表明，家庭经济资本影响子女教育机会的获得。

在对 D 村和 W 村的调查中也发现这种影响的存在。通过分析发现，农户家庭经济资本对子女教育机会的影响表现为三个方面的特征。首先，表现在不同教育阶段的教育机会获得影响是不同的，存在差异。主要表现在对义务教育阶段的影响较弱，对非义务教育阶段的影响较强。这种现象的出现，与社会经济发展和国家政策分不开。一方面，随着社会经济的发展，农民生活水平总体上提高了，收入也增加了，加上国家对农业和农民的各种税费的减免，减轻了农民的负担，也间接增加了农民收入，这使得农户对子女义务教育阶段的教育投资能力增强了。另一方面，国家对义务教育阶段实行免费教育，而对非义务教育阶段实行收费制，特别是高等教育阶段，学费数额巨大。这种教育制度、政策的差异使得农户对义务教育的投资能力增强，而对非义务教育的投资能力有所减弱，表现出不同教育阶段投入能力的差异。这正是农户家庭经济资本对子女不同教育阶段教育机会获得的影响存在差异的根本所在。其次，农户家庭经济资本影响子女在择校上的机会。家庭经济条件好的农户可以选择孩子上贵族学校、质量好的学校，而经济条件差的农户子女在择校方面要受到限制，有机会上学已经很不易了，至于选择更好的学校，则已经超出了家庭的经济能力。再次，农户家庭经济资本影响子女在教育分流上的机会。当孩子面临教育分流时，在选择孩子是否上学，是继续普通教育还是职业教育方面，经济条件影响子女教育分流的机会。在访谈中，了解到经济条件相对较差的家庭，往往更希望子女能早日挣钱或劳动以减轻家庭经济压力；而对一些眼光相对长远的农户来说，会忍受暂时的家庭经济困难而选择孩子上职业教育。只有很少的经济贫穷家庭会忍受长期的经济困境，花费巨额的经济成本选择让子女上高等教育，特别在社会转型期教育内卷化下，当高校毕业生就业受影响，高等教育收益呈下降趋势时，放弃高等教育是绝大多数农户的选择，更不用说贫困农户了，对他们来说，选择让子女上大学往往会认为是一种"愚蠢"的做法，这也远远超过了他们的能力。除非孩子学习成绩特别好，且受到社会的关注与支持，否则，这样的"未来的人才"往往会被环境扼杀。

（3）家庭经济资本对子女教育质量的影响。家庭经济资本对子女教育质量的影响主要指对子女获得高质量教育的影响。孩子学习的场域，包括学校、家庭和社会。即学习场域包括在学校的正规化、体制化学习过程，在家庭和日常生活中的学习，在文化消费品、课外书籍和读物中对社会的学习，这些方面的学习过程构成了孩子的整个学习过程和领域。这三个方面的学习过程，可归纳为两条路经对孩子教育质量的影响：一是从子女获得高质量的学校教育来看；二是从家庭日常的教育和对子女学习、文化精神消费投资来看。

首先，从子女获得高质量的学校教育来看。家庭经济条件好坏，体现在家庭是否有能力为子女选择教学质量好的学校，以及是否有能力为子女接受高层次的教育提供物质条件。在对 D 村和 W 村的调查中，发现农户家庭经济条件对子女获得高质量学校教育的影响主要表现在择校和分流上。在前文谈家庭经济资本对子女受教育机会影响时，已经提到过对择校和分流的影响。事实上，在子女择校和分流上，家庭经济资本既影响到孩子的教育机会，也影响到孩子接受教育质量的好坏，两方面相互联系，有了受教育机会，才能进一步涉及教育质量。如果没有受教育的机会，无从谈教育质量的好坏。教育机会是前提，教育机会包含教育质量。同时，高质量教育又是进一步接受教育的基础，即教育质量是进一步受教育的基础，教育质量影响教育机会。农户在子女择校问题上，家庭经济条件是能否选择让子女上教学质量好的学校的一个重要因素。在教育分流上，家庭经济条件是农户在子女的生存教育和地位教育取向上进行选择的一个重要影响因素。从我们的访谈中可以看到家庭经济条件对子女择校和教育取向（分流）上的影响。

个案 5-5[①]：D 村住户。家有两个孩子，都是女孩。大女儿在西安一民办大学上学，二女儿在县城一重点中学上高一。该户是村里公认的有钱户，男户主是包工头，常年在附近县市承包工程。该户已在县城买房。

访谈者：在孩子择校上，你们有哪些考虑？请具体谈谈子女上学择校问题。

父亲：现在这社会，发展快、变化快。我们农村人，在各方面都走在城里人后面。所幸我在外面有了一点发展，也希望子女今后能发展好一点。我们有供儿女读书的经济能力，就要为他们创造条件多接受教育、接受好教育。大女儿前年高考落榜，我就给她选了西安这所民办大学的好专业，这大学就业好，管得严，在国内还很有名气呢！小女儿上的是县里的好学校，教学质量好。现在基础打牢了，将来的发展好，和别人竞争也有实力。重点学校和普通学校比就是好，今年

---

① 根据 2009 年 7 月 5 日访谈记录整理，D20090705B。

回村里去，和小女儿同一年级的在镇里上高中的孩子比她差，差距还不小呢！

在访谈中，还了解到大女儿一年的学费就一万多，小女儿的择校费就花了近两万。此外，该户还经常在假期给孩子请家教，平时周末还让小女儿上剑桥英语辅导班。可见在孩子接受高质量教育方面，该农户给予的投入是相当大的。

个案 5-6[①]：W 村住户。家有两个女孩，大女儿辍学在家，小女儿在村小上小学三年级。经济来源主要靠种地，男户主农闲时在附近城镇打零工。女户主长期患病，需常年吃药。且家有一瘫痪的老母亲。经济条件在村里较差。

访谈者：大孩子为何辍学？

父亲：家庭条件差，供不起了。孩子她妈长期有病，一年药费不少，孩子奶奶瘫痪在床，也要人照顾。这家子都靠我一人来支撑，现在粮食也不值钱，化肥种子也贵，种地一年收入不多。农村人又没手艺，农闲出去卖活，能挣一点，也差不多花在她妈的药费上。我希望孩子早点出去打工挣点钱，再说孩子能小学毕业就行了，认识几个字，会算点账就行。像我们这样的家庭，也供不起孩子上大学，能生活差不多就行。

其次，从家庭日常教育和对子女学习、文化精神消费投资来看，家庭经济条件对子女教育质量获得有影响。一般来说，经济条件好的家庭，有能力为子女购买文化消费品、课外资料和读物，且对子女学习的物质投入能力也较强。而贫穷的家庭，对子女文化消费品、课外书籍的购买能力弱，对子女学习的物质投入能力也较弱。这样一来，经济条件好的家庭，子女在学习资源的占有上具有优势。在访谈中，了解到经济条件差的家庭，很少购买课外书或辅导资料等。虽然家长对孩子教育的重视程度也影响是否对子女购买课外读物和资料，但不可否认的是，经济条件也是影响因素之一。

（三）家庭文化资本与农户教育投入行为

文化资本的概念可追溯到皮埃尔·布迪厄。皮埃尔·布迪厄对教育系统的研究过程中，为了解释不同社会阶级出身的孩子在学业上存在的差异而提出了文化资本的范畴和理论假设。文化资本的概念，最早是在研究过程中作为一种理论假定呈现的，这种假定能够通过联系学术上的成功，来解释出身于不同社会阶级的孩子取得不同的学术成就的原因，即出身于不同阶级和阶级小团体的孩子在学术市场中所能获得的特殊利润，是如何对应于阶级与阶级小团体之间的文化资本的

---

① 根据 2009 年 7 月 12 日访谈录音整理，编号：W20090712A。

分布状况的(包亚明，1997)。布迪厄看到，在现代社会，文化日益成为一种权力资源，投资者在文化市场中谋求利润，文化日益成为一种资本，成为形塑和复制社会分层结构的关键因素。布迪厄认为文化资本存在三种状态，一是身体化的状态(the bodied state)，表现为心智和肉体的相对稳定的性情倾向，这种文化资本通常是在耳濡目染中完成；二是客体化的状态(the objectified state)，表现为文化商品，是理论的印迹，通过物质媒介传递；三是制度化的状态，表现为社会对资格的认可，特别是教育文凭系统所提供的学术资历和资格(皮埃尔•布迪厄，2005)。教育文凭系统提供的学术资格作用巨大，它能给其拥有者带来一种文化的、约定俗成和得到合法保障的价值。

　　本书依循布迪厄的文化资本范畴，认为文化资本意指教育系统所提供的一种文化、学术资格，并因此而给其拥有者所带来的一系列价值，以及对人们生活机遇的影响。家庭文化资本指的是家庭成员拥有的文化程度，主要以接受的学校教育水平为衡量指标。我们需要意识到家庭文化资本主要指父母所拥有的文化程度，但我们也要看到父母的兄弟姊妹以及祖父辈的爷爷、奶奶的文化程度对整个家庭的文化资本有影响，故此，在这里也把其归入家庭文化资本考察的范围。传统的家庭文化资本研究主要以父母的文化程度为研究对象，因此，常常把家庭文化资本仅理解为父母的受教育水平，而本书的家庭文化资本除了包括父母的文化程度外，还包括整个父辈和祖父辈的文化程度。

　　就家庭文化资本与子女教育之间的关系而论，国内外学者通过研究都证实家庭文化资本对子女教育存在影响。Lareau(1987)曾指出："研究表明，运用文化资本的概念来解释儿童学校生涯当中的阶级差异是卓有成效的……分析文化资本在构建家庭－学校关系中的重要性，为研究微观层次的分析与宏观层次的分析之间的联系提供了丰富的背景。保罗•迪马乔和约翰•摩尔对文化资本、父亲受教育程度与子女的入学率、阶级差异等进行了实证研究，他们的研究表明，文化资本对子女的学习成绩、大学和研究生的入学率都存在显著相关性(薛晓源 等,2004)。加里•S. 贝克尔(1987)也指出，"许多回归表明，孩子的教育和母亲的教育之间的一种正相关关系"，因为受过教育的妇女对孩子数量的需求较少，数量与质量的相互影响意味着她们更愿意在孩子教育方面有更多的投资。国内许多学者的研究也表明家庭中父母的文化资本对子女教育存在影响。董云川等(2006)认为，家庭文化资本与子女高等教育入学机会、所在学校类型存在显著相关性。

　　但本书在此并不想赘述家庭文化资本对子女教育影响有多大，而是想通过访谈的资料，解读农户家庭文化资本对子女教育投入理性行为的影响，从农户的话语建构中探索这种影响。对 D 村和 W 村的研究发现，家庭文化资本对农户教育投入行为的影响表现为以下三个特征。

　　(1)通过教育观念而影响农户对子女教育投入的理性思考。一般来说，拥有较多文化资本的家庭，父母受教育程度相对较高，对教育的功用和价值也认识得比较深刻。他们往往期望子女能接受更多更好的教育，重视子女教育，对孩子教育投入也积极主动。家庭文化资本形塑了这种积极的教育观念，进而影响农户对子女的教育投入行为。

（2）家庭文化资本对农户教育行为的影响主要表现在教育选择方面，即体现在择校、就近入学、教育分流、生存教育或地位教育取向等方面。拥有较多文化资本的农户，往往更愿意对子女各阶段的教育进行投入，比文化资本拥有量少的农户更愿意投入物质、精力和时间。文化资本拥有量多的农户对子女教育的性质认识更深刻，并不像一些农户所认为的，孩子教育纯粹是消费，是家庭的巨大负担，对子女的教育投入是没有收益与回报的行为。相反，文化资本较多的农户把教育看作有利可图的投资行为，认为教育是一朝投入、终生获益的事，他们的眼光更长远、视野更宽阔。

（3）农户文化资本对子女教育取向的影响。拥有较多文化资本的农户往往希望孩子能接受高等教育，考大学以改变农民身份与地位，对子女上大学的愿望更强烈。在教育取向上，常常选择普通教育而不愿让孩子上职业学校，趋向于选择地位教育而不是生存教育。这种影响在孩子未能顺利升学时，表现得更为明显。当孩子升学失败，拥有较多文化资本的农户往往继续选择送孩子上学，而文化资本较少的农户中大多数会顺理成章地选择让孩子回家务农或外出打工挣钱，只有少部分有眼光的农户会让子女继续上学，但也往往趋向于选择生存取向的职业教育。

事实上，虽然普通教育与职业教育并无高低贵贱之分，但对文化资本较多的农户来说，它们的分量并不一样，职业教育是相对于普通教育的次要选择，不到万不得已，他们并不太愿意让子女选择职业教育，这也是调查访谈中遇到的普遍事实。我们可以从访谈中充分感受到家庭文化资本对农户教育投入行为的无形影响力。

个案 5-7[①]：D 村住户，男户主高中学历，女户主初中文化程度。家有两个女儿，大女儿在县城一所重点高中上高一，小女儿上初一。家庭年总收入一万左右，经济状况在村里处于中等偏上水平。收入主要来源于种地和男户主在周边县市打工所得。

父亲：我们对孩子学习投入不少，除了经济方面，还舍得对孩子的学习花时间。两个孩子从小学到现在，我们基本上坚持督促和辅导孩子学习，现在大孩子课程太复杂了，我们有点吃不消，只有经常督促、多给她讲讲学习的重要性。为了让孩子多一点学习时间，放学后很少叫她们干农活、家务。孩子想买辅导资料或课外书，我们也舍得。说实在话，我们希望孩子能上大学，离开这山沟沟。虽

---

① 根据 2009 年 6 月 28 日访谈记录整理，编号：D20090628。

说现在大学毕业生找工作难，甚至有人还找不到，那毕竟是少数。读书还是有用的。要离开农村、改变农民身份，唯有读书。

母亲：为了两个孩子上学，我们也铁了心，只要孩子能上到哪，我们就供到哪。村子里也有些人对我们这做法想不通。说我们这么做不值当，辛辛苦苦供孩子上学，孩子到年龄一出嫁，到时候哪能享受到啥，花这么大精力还不如多存点钱。可我们不这么想。

个案 5-8[①]：W 村住户。父母文化程度都是小学。在县城某医院附近开了一个小餐厅，生意不错，收入颇丰，年收入近四万。家有一儿子，上初一。

父亲：娃上学我们管得不多，生意忙了也顾不上他。孩子学习顺其自然，能上了就上，不能上回来可以帮我打点一下餐厅的事。我们不会像有些家长，千方百计让孩子上重点学校，指望着孩子能上大学。话说回来，现在读了大学也无用，大学生太多了，收入也不高。医生该是好职业吧？可县城医院的医生比我们还辛苦，一年还挣不了几个钱。依我看，这书读了也不划算呀！

母亲：那是，我们村子里老王家的儿子不是到现在还没找到正式工作吗？老王辛辛苦苦，省吃俭用，好不容易把孩子供出来，弄成这样，何必当初呢！早点做点其他事，没准儿过得还好呢。

个案 5-9[②]：M 老师，D 村小学教师。从教三十年。对农户文化资本与子女教育投入的关系有自己的看法。

M 老师：农村人文化程度普遍较城里人低，留在农村且读过高中的人很少。你也知道，上过大学或中专的人都到城市发展。对农村孩子来说，上学主要靠两方面：一是学校老师，二是孩子自己的天赋，也就是到底是不是读书的料。至于父母，对孩子学习过问得并不太多，能经常辅导孩子学习的人也少，这也有客观的限制，忙农活、忙生计(生存)。城里孩子就不一样了，父母文化程度高，有时间辅导孩子作业和学习。当然，在农村，也有很重视孩子教育的父母，这些人书念得多一些，或者眼光比较长远，他们还时不时向我们老师问孩子学习的情况，上课是否认真。可农村也有些家长，不要说关心孩子学习，向我们老师过问孩子学习状况，就连开家长会都不来。我们了解到，一些家长受"读书无用论"思想影响，对孩子受教育总抱"混"的态度。只要孩子把小学或初中"混"毕业就行，以便早早打工挣钱，这些家长哪里尽到当父母的责任？可以想象孩子又怎能安心读书？

---

① 根据 2009 年 7 月 4 日访谈录音整理，编号：W20090704B。
② 根据 2009 年 7 月 9 日访谈记录整理，编号：D20090709。

通过访谈，我们看到家庭文化资本更多地影响农户的教育观念，进而影响对子女教育的投入行为。就子女不同教育阶段而言，文化资本对子女非义务教育阶段教育投入的影响要大一些，而在义务教育阶段，并不太明显。就影响的具体内容而言，更多地表现在子女择校，以及平时农户对子女的精力、时间等非物质投入方面。

（四）家庭社会资本与农户教育投入行为

1. 农户社会资本

20 世纪 80 年代，当布迪厄、科尔曼、林南等社会学家详细地探究社会资本的概念时，引起了学术界的关注，并产生较大的影响。发展至今，社会资本概念渗透到多个学科和领域，对个体、社会、文化等诸多事物和现象具有较强解释力。

布迪厄把资本分为经济资本、文化资本和社会资本，认为社会资本"是实际的或潜在的资源集合，这些资源是与对一个相互熟识和认可的、或多或少具有制度化关系的持久网络的拥有联系在一起的，即与一个群体的成员身份联系在一起的资源。而这种群体身份为成员提供集体共有的资本，成员可把这些资本用于信贷（Bourdieu，1986）。"进一步，布迪厄认为社会资本是经济资本的一种形式，经济资本是社会资本的基础，因此，布迪厄认为社会资本是由社会网络或某一群体所有成员所拥有的资源的集合。

大多数学者都认为，社会资本是嵌入在社会关系中的资源，当行动者希望达成目的性行动时，可以动用社会资本。社会资本是对社会关系的投资，行动者通过社会关系可以使用和获取其他行动者的资源。故此，社会资本可以定义为行动者在行动中获取和使用的嵌入在社会网络中的资源。这个概念有两个重要的组成部分：①它代表着嵌入在社会关系中而不是个人中的资源；②这些资源的获取和使用取决于行动者（林南，2005）。社会资本是目标达成的重要途径和手段。社会资本是生产性的，是否拥有社会资本，决定了人们是否可能实现某些既定目标（詹姆斯•S. 科尔曼）。社会资本为人们实现特定目标提供了便利，如果没有社会资本，目标的实现或许将付出较高的代价和更多的努力。

社会资本的测量一般以家庭为分析单位，而测量指标通常包括三个：达高性、异质性和广泛性。达高性指自我通过社会关系所能在等级制结构中触及到的最顶端位置的资源；异质性指通过社会关系，可触及到的资源的幅度；广泛性指通过社会关系可触及的位置的数量（林南，2005）。

农民家庭的社会资本主要是基于农户各种社会关系而构成的资源。这种关系资源，从构成内容上看，主要包括财富、权力和声誉；从数量上看，包括关系网络的规模大小，网络拥有的资本容量的多少；从现实来看，农户的社会关系基本上是基于熟人、亲属关系而建立起来的，是一种以亲缘、地缘为依附的社会资本。农户这种以亲缘、地缘为依附的社会资本具有如下特点：①人际关系以土地为媒介，由于人与土地相对固定的对应关系，形成了封闭而稳定的地缘性社会资本；②以亲缘关系为主要形式，在需要通过人力的增加和群聚才得以发展的农业经济条件下，个人必须依附于以血缘为纽带的家庭、家族共同体以及亲属共同体；③以习惯、习俗、传统道德和宗法礼仪为重要规范；④社会资本呈现闭合状态，即人际交往内容大多局限在生产和生活领域的狭小空间中（孙英，2007）。农户这种以熟人、亲属关系建立的社会关系网络相对持久和单纯，但其规模和资本容量扩展也受到影响。

2. 农户社会资本对教育投入的影响

国内外许多研究表明，家庭社会资本与子女教育存在密切关系。这种密切关系主要集中在家庭社会资本对子女教育成就和教育机会的影响上。家庭拥有社会资本的质量和数量在子女受教育机会、专业和职业选择等方面具有重要的影响（Kristiansen，2006）。Anne 等（2003）归纳了美国有关社会资本对教育影响的相关研究，这些研究涉及社会资本对学生的学业成就、辍学、受教育机会的影响等方面，研究结果表明，家庭社会资本或多或少，或显性或隐性地影响子女的教育。严文蕃（2003）的研究显示，家庭内部及家庭与学校之间的社会关系和社会网络所产生的资源，对美国少数民族学生高等教育入学机会产生显著影响。

家庭社会资本对教育投入也存在影响。农户社会资本对教育投入行为的影响，主要指农户社会资本在对子女教育投入的观念定位、动机选择、目标追求、教育选择决策与行为上所起的各种作用。从调查的 D 村和 W 村看，农户社会资本对教育投入的影响主要表现在三个方面：一是对农户教育投入动机的影响；二是对农户教育选择的影响；三是对农户子女教育升学失败后继续教育的影响。

（1）社会资本对农户教育投入动机的影响，既体现在教育投入的观念上，也体现在教育投入的目标上。在访谈中，我们发现家庭社会资本影响农户对子女教育投入的观念和目标，这也是农户教育投入观念和目标出现差异与分化的一个原因。其中，家庭社会资本对农户教育投入观念既有积极的影响，也存在消极的影响。积极的影响表现在家庭社会资本多、关系网络多，刺激农户对子女教育投入，期望子女能获取高质量和高学历的教育。相反，消极影响则指这种丰富的社会关系网络反而催生了农户"教育无用"的观念，对子女的教育消极投入，家长和子女都期望通过丰富的社会网络资本而早日走上社会工作、挣钱。而农民家庭社会资本对教育投入目标的影响，主要体现在拥有不同内容的社会资本对子女教育目标追求上的差异。从访谈中我们可以看出农户社会资本对教育观念和目标的影响，以及这种影响的性质（积极或消极影响）。

个案 5-10[①]：W 村住户，该户以种地为主要收入。男户主的弟弟在陕西一所县城政府机关工作，处级干部，其妹妹为某私人企业主。该户拥有较多的社会资本。家有两个女儿，大女儿在西安某高校上学（自考生），小女儿在陕西某职业技术学院上学。

父亲：我们对孩子的教育比较重视，希望孩子们长大能有出息，多读点书，受教育程度高些。孩子的二爸和姑姑经常给我们说，要让孩子多读点书，现在社会发展迅速，对年轻人的要求越来越高，孩子今后要有出息，必须多读书。虽然我们家庭经济收入一般，孩子学习成绩也不太理想，都没考上大学，但我们做父母的有责任、有义务为孩子接受教育提供条件。现在让孩子上学，就是给她们存钱，也是为我们自己存钱，这种投资绝不会是无收益的。

个案 5-11[②]：D 村住户，收入主要靠种地。该户的社会资本较少，亲朋好友都为农民，没有在政府机关、事业单位工作的亲戚，也没有担任领导或管理职位的朋友。在村子里虽和其他家庭相处融洽，但交往并不深。家有两个孩子，大的为男孩，初中未毕业就外出打工，小的为女孩，现读初中一年级。

母亲：农村人读书再多也用处不大。农村条件艰苦，教育质量差，孩子很难读书出头。要是家里遇到啥困难，孩子上学学费都交不起。现在这社会，啥都靠关系，孩子即使考上重点高中，没关系还读不成，更别说考大学。农村人没关系，又没钱送礼，考上大学走不成的也有。再说了，现在大学毕业生如果没家庭背景，读了也找不到好工作，只有打工，还不如不读。像我们这样的家庭，要经济没经济，要关系没关系。孩子要想读书出头，难！我们也只希望孩子能识几个字，早点出去打工挣点钱。

从上面的访谈中，我们可以看到不同家庭社会资本的多少，对家长的教育观念和教育目标是存在影响的。而从大多数农户的话语中，也感到家庭社会关系、社会资本和网络是一笔无形而巨大的财富。在无形中形塑和建构了农民对子女的教育观念和教育目标追求。当然，家庭社会资本并不总是积极地影响农户对子女的教育观念，它有时还具有负面影响，消极影响农户对子女的教育观念和动机，形成"读书无用"的教育观念。从下面的访谈我们可以看出这种负面的影响。

个案 5-12[③]：D 村住户，该男户主为建筑承包商。该户主拥有广泛的社会关系和网络，其社会网络延伸到政府、企业及事业单位等多个行业部门，有交往或

---

① 根据 2009 年 7 月 4 日访谈记录整理，编号：W20090704A。
② 根据 2009 年 7 月 5 日访谈记录整理，编号：D20090705A。
③ 根据 2009 年 7 月 8 日访谈记录整理，编号：D20090708B。

熟识的人涉及多个行业的领导和重要职位。同时，其两个弟弟事业都有所成就，一个是县城某医院的医生，一个是某中学教师。总之，该户拥有较多的社会资本。该户有一个儿子，现读初中二年级。

父亲：孩子受教育应该适可而止，书读多了并不会带来好处，相反还有害。现在社会很复杂，没有关系，没有钱，事情不好办，做事成功难。书读多了，成了书呆子，做事拘泥于条条框框，办事不灵活、死板。读书也不会带来丰厚的经济收入，你看看现在社会，一般的工作人员收入高的有几个？好不容易大学毕业，找份工作，一个月两三千还算高的，即使这样，手头还显得不宽裕，买房子也成困难。你看我的两个弟弟，工作单位都不错，也有名气，可工作收入并不多，到现在，最小的弟弟连房子都没买。这个社会有钱就挺好。我打算让孩子初中毕业后就跟着我搞工程，在社会中锻炼成才。

(2) 社会资本对农户教育选择的影响。农户子女教育选择主要表现在就近入学、自然升学、择校与分流等方面。而其中最能体现农户对子女教育主动性的就是择校。农民家庭社会资本对其教育选择的影响也集中体现在对其择校行为的影响。"择校"实际上是家庭社会资本与学校规则的协商。这种协商，是家庭拥有的关系网络的资本与学校所拥有的资本的签约。"这里与学校规则签约的不是家长的个体行为，而是他们所代表的'集体拥有的资本'，是拥有这种集体资本的社会场域与学校场域的一种特定形式的签约"（马维娜，2003）。在这种签约协商中，社会资本容量和规模起着重要作用。在择校激烈的今天，除了家庭经济实力的考量外，还与家庭的社会关系紧密相联。一方面，社会资本影响教育选择中的信息获取。社会资本能够借助社会关系，有效地降低信息收集的成本。因此，不同家庭的社会资本拥有量会导致对信息获取的差异和不对称，这将导致家庭对子女教育机会的选择和把握。这种现象主要发生在非义务教育阶段子女的择校上。另一方面，社会资本还在相当大程度上影响择校的成功与否。在中国这样的人情社会，很多事情的解决需要"关系"，教育择校也不例外。虽然经济资本为择校提供了物质条件，但不拥有社会资本也往往会造成择校的失败。

(3) 社会资本对农户子女升学失败后继续教育的影响。农户子女在正常升学失败后，面临是否继续接受教育以及接受何种性质教育的问题。在调查中发现，辍学、复读、择校、上职业学校是农户常见的几种选择，而社会资本对农户的这些选择存在影响。首先，在是否继续让子女接受教育的问题上，家庭社会资本往往会影响农户的决策。已有的研究表明，家庭社会资本影响学生辍学率，社会资本多的家庭的子女较社会资本贫乏的家庭的子女更少辍学。詹姆斯·S. 科尔曼（2008）曾说，在美国，与一般的私立学校和公立学校相比，教会所属的私立学校辍学率很低。其原因在于，教会学校拥有一般学校所没有的社会资本，这种社会资本部分依赖于学校和家长之间的社会结构联系。在农村，家庭社会资本多的农户，在子女升学失败时，会动用各种社会关系和网络来决策孩子是否继续接受教育。他们会首选通过非正常途径实现孩子的成功升学，即利用社会资本来实现孩子的政策外升学。当这种选择不能实现时，他们会参照亲朋好友各方的意见，并依靠丰富的社会关系，权衡孩子继续上学的好处，并比较辍学的各种危害和出路，以做出一种次优的选择。即使选择让孩子辍学，因为拥有较多的社会关系网络，也会为孩子提供多方面的选择和较宽的出路。相比而言，家庭社会资本贫乏的农户，基本上没有政策外升学的希望，而是接受孩子升学失败的事实，然后依靠自己的想法来决策孩子是否继续接受教育。由于缺乏社会资本，在决策孩子是否上学时，依靠社会关系获得帮助的机会较少，获得有用建议的数量少、程度浅。加之社会关系少，孩子辍学后的出路也较窄。其次，在接受何种性质教育的选择上，社会资本影响农户的选择行为。当农户决定继续让孩子上学时，是选择孩子复读，继续普通教育以满足地位的升迁和命运的改变，还是让孩子上职业教育以满足生存需要，也是农户不得不面临的选择。家庭社会资本丰富的农户，常常选择让孩子继续普通教育，以实现孩子的进一步学习和深造。家庭社会资本贫乏的农户，往往会基于生存现状和就业状况，选择让孩子上职业学校，以学得一门技术方便打工挣钱。当然，这种选择模式并不固定，也不绝对。正如上文所述，社会资本对教育的影响并不总是积极的，还存在消极影响，自然也存在拥有较多社会资本的农户，当孩子升学失败后，放弃对孩子教育的继续投入，或者选择让孩子上以生存教育为主的职业学校。

3. 农户社会资本对教育投入影响的作用机制——就业

家庭社会资本对农户教育投入存在影响，这只是一种表现结果，而这种影响的深层机理和作用机制则是我们需要揭示的。在 D 村和 W 村的调查访谈中，对农户话语表述的把握中，我们发现，当谈到家庭社会关系多、社会网络丰富对子女教育投入的影响时，农户常用的话语有："孩子毕业找份正式工作容易""家里有关系让孩子有机会进政府机关""工作好找、收入高""能找到轻松、舒服的工作"等；而谈到家庭社会关系少对子女教育投入的影响时，农户常用的话语有："办事难""工作不好安排""只有打工""大学白读了"等。由此可见，社会资本对农户教育投入影响背后的深层逻辑是家庭社会资本影响子女的就业前景，因就业前景的好坏而作用于农户对子女的教育投入。这种影响的过程如图 5-1 所示。

中国是一个以关系为本位的社会，在竞争激烈且信息不完全的就业市场条件下，社会资本对就业产生重要的影响。就农户而言，对子女教育投入行为要受子女教育后就业前景的影响，而社会资本将影响农户对子女教育的就业预期。这种影响可从两个方面来看。

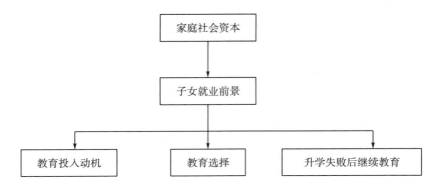

图 5-1　家庭社会资本影响农户教育投入行为过程图

　　首先，社会资本影响农户对子女就业前景的预期。一般来说，社会关系丰富，社会资本量较大的家庭，在子女就业方面占有优势，特别是在竞争激烈的环境下，会动用各种社会关系，在体制内和体制外达成就业成功的目标。这种优势必然影响人们对就业的预期。姜继红通过实证研究发现，就业者拥有的社会资本丰富程度不同，他们对就业前景的看法明显不同：拥有较多量社会资本的人常常持乐观态度，而拥有较少量社会资本的人对就业前景持不乐观或消极态度（姜继红 等，2007）。拥有较多社会关系和资本的农户，对子女将来的就业往往持乐观积极的看法，心理上有一种安全感，这种心理状态，进一步作用于农户对子女教育投入的态度和行为，他们就会重视子女教育，并积极投入。相反，社会资本贫乏的农户，因对子女就业预期不乐观，会产生对子女就业不确定和不安全感，他们要么更加重视子女的教育，让子女以优异成绩来弥补就业中社会资本的缺失，要么消极对待子女教育，中止对子女教育的投入以降低风险。

　　其次，社会资本影响农户对子女就业资源获取与利用的预期。如果说第一点是从农户子女就业的前景方面影响农户的心理，进而影响其教育投入行为，那么这一点就是从农户子女就业成功的可能性上来影响农户的心理，进而影响其教育投入行为。社会关系和网络对就业的成功主要从三个方面来体现。一是社会资本有利于获取就业信息。在中国不完全信息就业环境下，获取就业市场上准确、及时、有效的就业信息相当重要，有时直接影响就业的成功。而社会资本对获取这些信息相当有利，丰富的社会关系和网络编织了一张可靠的就业信息网，就业者可从知情者、亲朋好友处直接、快速地获取这些信息，降低了获取信息、甄别信息的成本。二是社会资本有利于求职成功。社会资本是通过关系获取的资源，包含其他个体的资源，通过直接或间接的社会关系，个体行动者可获取这些资源。这些资源具有很大的"符号效用"，让别人知道自己的社会资本或动用这些社会资源，可以更好地改善自己的社会地位，获得求职的成功。特别是当与拥有较多资源和较高社会位置的人建立了亲密的社会关系，对求职成功的可能性更大。因为在社会中拥有更高的社会位置，不仅控制和操纵更多的资源，而且对其他位置拥有较大的控制权。借助于社会关系建立的资本，运用他人的资源和影响，有助于求职成功。詹姆斯•S. 科尔曼(2008)提到：林恩以格兰诺维特的著作为基础，说明人们在实现各自的目标时，如何利用社会资源，在获取职业上的成就时尤其如此，林恩指出，人们利用社会联系获得的职业流动，超出根据结构因素对其进行的预测。在中国，"打个招呼""说句话"，往往会让事情更好办，更易成功。社会资本有利于求职成功已为众多学者的研究所证实。三是社会资本有利于获取重要工作职位或更好的工作岗位。通过社会关系，在获取求职信息方面，可能获得较好工作职位的招聘信息；另外，借助于亲朋好友的关系或丰富的社会关系网络，可以直接或间接接触到拥有重要位置和更多资源的人，借助于他的权力或资源，可帮助自我找到好的岗位或占据一个"吃香"的位置。正如林南(2005)所说，社会关系可以通过提供关于其他结构位置的信息，或者通过帮助自我与结构中的另一行动者建立联系，这另一个行动者处于其所在结构中的优势位置，他可以利用其权威帮助自我找到资源或占据一个"吃香"的位置。

就农户而言，家庭拥有社会关系的多少势必影响子女就业资源获取与利用的状况，也进而影响子女接受教育后求职的成功。特别是在当前高等教育收费制下，高昂的学费对农户而言，是一笔不小的投资，子女接受高等教育后就业前景和预期，也是农户不得不面对的问题，这既涉及农户对子女教育期望和目标的实现，也涉及对子女教育投资的回报问题。但是对大多数农户来说，社会关系是有限的，主要限于以血缘为基础的亲戚，以地缘为基础的本村、本乡农民，甚或进城务工的同身份务工者，故此，农户社会资本的容量很小。这种现状，加上当前教育内卷化过程中的教育收益减少，大学毕业生找工作难，近年来发生的农村大量学子"放弃高考现象"就不难理解了。

二、农户教育投入行为的宏观约束：社会结构

(一)行为的结构性限制

社会学有关社会结构的理论研究中，结构与行为关系的研究一直是其主要内容。这些理论研究中，长期以来有一个观点就是，结构与行为存在张力，即学界通常提到的结构与行为的二元对立。围绕这种张力，社会结构理论形成了三大研究范式：结构主义、功能主义、建构主义(马尔科姆•沃特斯，2000)。不管哪种研究范式，都认识到结构对行为的限制，只是不同范式对这种限制程度的论述不同罢了。

　　结构主义的代表阿尔都塞十分强调结构对行为的限制与制约性，他吸取马克思的社会结构思想，并发展了自己的结构主义思想。他认为，结构是一种真实存在，对行动者的思想和行为起着限制作用。他运用"多元决定"概念来分析、阐释马克思的思想，并提出了"多元决定的矛盾"来强调结构的决定性和普遍性，认为各种不同的实践形成了所有社会形态中的结构性安排。"我提出的'多元决定的矛盾'的说法到了这里才明朗化了，这不仅因为我们有了多元决定的存在事实，而且因为我们已基本上使它同它的根据联系了起来……把话说到底，我们还必须指出：矛盾的多元决定并非由于出现了似乎是离奇古怪的历史形势（例如在德国）才出现，它具有普遍性"（路易•阿尔都塞，1984）。可认为阿尔都塞对社会结构的限制作用做了最为彻底的表述。

　　结构功能主义的帕森斯论述了"社会行动的结构"，对行为、社会系统、社会结构进行了阐述。帕森斯在对行动情境的论述中，认为行动情境具有模式，由一系列变量在可供选择的过程中模式化。这些变量包括情感性与中立性、具体性与扩散性、普遍主义与特殊主义等。事实上，在这种选择过程中，隐含着结构性限制。一方面，行动者的选择变量受到限制，可供选择的只有两种可能；另一方面，行动者的选择向度受到限制，只能从单向上来选择。帕森斯前期有关社会结构的论点仍是一种软式的结构主义，结构只是限制行动者进行选择的方式，但不决定他们本身选择什么。当帕森斯结识贝尔斯后，其理论就转向了一种"硬"式结构主义（马尔科姆•沃特斯，2000）。他把行动空间的纬度与模式变量整合起来，认为行动空间纬度限制了与此相关的个体行动者的行为。

　　舒尔茨以日常生活世界为主体。他指出，生活世界是结构性的，是人们互动所形成的一种模式化联系。为此，舒尔茨把社会世界分成了四个领域：直接经验的世界、同时代人的世界、前人的世界和后人的世界。在这些领域，他分析了人们的行为和情境，从而形成了他的现象学结构主义思想。舒尔茨的观点表面上好像不太重视社会结构对行为的限制，事实上他仍然强调限制。特纳的评论一语中的：舒尔茨的观点强调约束。规范、价值、信仰和角色是个人对情境含蓄（或明确，如果需要的话）解释的相当重要的部分，它们"规定"行为的经验和路线（乔纳森•特纳，2001）。

　　吉登斯对社会结构进行了分析，并提出了"结构的二重性"，其结构观带有建构主义的特点，是一种建构主义结构观，正如马尔科姆•沃特斯（2000）所说，建构主义以吉登斯对结构化理论为代表。虽然吉登斯的结构化理论重视行为者的主体性、能动作用，强调结构和行为的内在互构性，但也不可否认，行动者的行为在建构结构的同时，结构也在建构行为，对行为具有约束性。吉登斯自己就说，结构化理论绝不是要贬低结构的制约性方面的重要性（安东尼•吉登斯，1998）。相对于个体行动者而言，社会系统的所有结构性特征都具有类似的"客观性"。这些特征在多大程度上构成制约性特征，取决于任一既定行动序列或互动过程的具体情境与实质内涵(安东尼·吉登斯，1998)。虽然吉登斯重视行动者的主体性、能动性和创造性，但也看到了结构的约束性，尽管吉登斯认为结构内在于行动者，但他同时也想表明，结构是客观的，即相对于行动者它是独立和具有约束性的(马尔科姆·沃特斯，2000)。

对社会结构理论的回顾让我们看到了结构对行为的约束与制约，既然结构对行为的约束性具有普遍性和客观性，我们在论述行为时，就不能不考虑社会结构对行为的影响和制约。按此逻辑，对农户教育投入行为的分析，也不能不看到社会结构因素对行为的影响与约束，即便农户的教育投入行为具有理性，这种理性也是在社会结构因素的影响下形成的，受社会结构制约。在社会转型期，特别是社会、文化、体制变迁对农民的理性行为具有不可忽视的影响。郑风田(1999)曾提到在不同制度下农民的行为所表现出的理性并不一致，认为制度变迁是农民理性行为变化的主因。农民在半自给自足经济制度下理性供给行为既不同于单为自家生计而生产的自然经济制度下的小农，也不同于完全追求利润最大化的完全商品经济下的农场主，它兼有二者的特征。制度的变迁是农民理性供给行为发生改变的主要原因。就农户教育投入行为而言，其社会结构约束因素归纳起来，主要有城乡结构、户籍制度、教育体制和就业市场等。这些结构因素影响和制约了农户对子女的教育投入行为。

(二)城乡结构

在中国，城乡结构是社会结构的独特特征之一，也是其重要的组成部分。城乡结构在社会结构中具有核心的地位和影响，城乡结构的调整会带动其他社会结构的深刻变化，而城乡结构的固化会延缓甚至阻碍其他社会结构的变迁(王春光，2007)。中国的城乡结构，既具有二元经济的特征，也是一种不平等的地位体系。当前，我国城乡结构二元对立的现状依然存在，这反映在农村和城市居民的教育、收入、权利、声望、生活方式等方面的差异和区别。故此，城乡的二元对立是城乡教育差距存在的结构性因素，农户对子女的教育投入势必受城乡结构的影响。

城乡差距的衡量有多方面的指标，可以用发展的水平和质量来衡量，也可以用收入水平来衡量，还可以用"人类发展指数"来衡量[①]。此外，还可以运用"城乡二元结构系数"指标来衡量城乡二元结构的程度和大小，这也是反映城乡差距的指标之一。在《中国城市发展报告》中，通过对中国各地城乡数据统计计算，所得结果表明，中国城乡二元结构的差异率，截至 2003 年平均为 3.15，而最高的

---

① 人类发展指数事实上是一个指标体系，它是对人预期寿命、受教育程度和收入三个指标的结合，通过对比城乡在这几个方面的差异来衡量城乡的差距，综合反映一国的发展水平和程度(联合国开发计划署，2001)。

城乡之间的对比，其差异率高达 21.23[①]。无论运用哪个标准，都可以看到中国农村与城市的差距相当大，还有进一步拉大的趋势。

(1) 从收入看，中国城乡收入差距在过去 30 年中扩大得相当快，这在世界上也是首屈一指的。国家统计局的统计资料显示，1978 年城乡收入差距为 2.57：1，2004 年扩大到 3.21：1，城乡消费支出差别更大，达到 3.29：1。中国社会科学院经济研究所的最近调查表明，中国城乡收入差距在 6：1 之上（王春光，2007）。从全国自 1978 年到 2006 年历年城乡居民家庭人均收入和消费支出的统计数据中，我们可以看到城乡收入的差距，如表 5-3 所示（中国社会科学院人口与劳动经济研究所，2007）。

表 5-3　全国历年城乡居民家庭人均收入和消费支出

年份/年	城镇居民家庭			农村居民家庭		
	城镇居民人均可支配收入/元	人均生活消费支出/元	恩格尔系数/%	农民人均纯收入/元	人均生活消费支出/元	恩格尔系数/%
1978	343	311	57.5	134	116	67.7
1979	—	—	—	161	135	64.0
1980	478	412	56.9	191	162	61.8
1981	458	457	56.7	223	191	59.8
1982	495	471	58.6	270	220	60.6
1983	526	506	59.2	310	248	59.4
1984	608	559	58.0	355	274	59.3
1985	739	673	52.2	398	317	57.8
1986	900	799	52.4	424	357	56.5
1987	1002	884	53.5	463	398	55.8
1988	1181	1104	51.4	545	477	54.0
1989	1376	1211	54.5	602	535	54.8
1990	1510	1279	54.2	686	585	58.8
1991	1701	1454	53.8	709	620	57.6
1992	2027	1672	53.0	784	659	57.6
1993	2577	2111	50.3	922	770	58.1
1994	3496	2851	50.0	1221	1017	58.9
1995	4283	3538	51.0	1578	1310	58.6
1996	4839	3919	48.8	1926	1572	56.3
1997	5160	4186	46.6	2090	1617	55.1

---

① 所谓城乡二元结构系数，就是通过一些指标的选择（包括城乡全员劳动生产率之比、城乡人均收入之比、城乡人均 GDP（Gross Demestic Product，国内生产总值）之比、城市非农人口与总人口之比等），去度量城乡之间的非均衡程度，这种非均衡程度从城市的形成、发展、壮大到成熟，二元结构系数也将经历从不断加大直到最大的临界点，其后又趋于相对和缓的一条"非对称型倒 U 型曲线"的历程（中国城市发展报告编辑委员会，2004）。

续表

年份/年	城镇居民家庭			农村居民家庭		
	城镇居民人均可支配收入/元	人均生活消费支出/元	恩格尔系数/%	农民人均纯收入/元	人均生活消费支出/元	恩格尔系数/%
1998	5425	4332	44.7	2162	1590	53.4
1999	5854	4616	42.1	2210	1577	52.6
2000	6280	4998	39.4	2253	1670	49.1
2001	6860	5309	38.2	2366	1741	47.7
2002	7703	6030	37.7	2476	1834	46.2
2003	8472	6511	37.1	2622	1943	45.6
2004	9422	7182	37.7	2936	2185	47.2
2005	10493	7943	36.7	3255	2555	45.5
2006	11759	8697	35.8	3587	2829	43.0

　　表5-3反映了中国改革开放近30年来城乡居民的收入、支出的变化，同时也反映出城乡居民收入的巨大差距，收入的巨大差异反映了城市和乡村在享受财富的生活质量方面的差异。对农村居民来说，收入限制了对子女的教育投资，在当前的非义务教育阶段，农村居民对子女的教育投入显然没法与城市居民比。高昂的学费成为农户的巨大负担，特别是实行高等教育全面收费制后，到2002年，学费占农村居民人均纯收入水平的比例由1996年的68.6%飙升到177.6%（李文利，2004）。农户对子女高等教育的学费支出，占了收入的绝大部分，甚至远超出收入，许多农户往往只能举债供子女上学。此外，经济收入也限制了农户对子女教育的选择，特别是在希望子女能接受高质量教育方面，没有雄厚的经济实力是无法实现的。教育支付能力的欠缺，影响农户对子女受教育机会的选择空间，往往只能利用较差较少的教育资源。

　　（2）从教育水平和质量看，城乡的教育差距也是明显的。城乡教育的差距可从四个方面来看。一是受教育机会的城乡差距。受教育机会的城乡差距，一方面体现在城乡学生入学率和升学率的差异，另一方面也体现在城乡人均受教育年限的差异上。张玉林等（2005）曾详细分析过自小学到大学阶段城乡之间入学率和升学率的差距，对城乡之间教育机会的不平等状况做了量化的描述。事实上，目前城乡学生的入学率和升学率的差异还是比较大的。从人均受教育情况看，城乡居民受教育存在差距，城市居民受教育年限高于农村居民受教育年限。2002年我国农村的小学与初中文化程度的人口在总人口中占75.04%，高中文化程度的占5.46%，大专以上比例仅为0.66%，乡村的文盲率达11.5%（国家统计局人口和社会科技统计局，2002）。到2007年，虽然受教育人口占总人口的比例继续增加，但城乡居民受教育差距依然很大。乡村人口出文盲率高达9.48%，城镇仅为4.30%，乡村文盲率是城镇地区的2.2倍。城镇各种受教育程度人口占总人口的比例分别是：大学以上占 12.53%，高中占 19.21%，初中占 36.69%，小学占 21.72%，与乡村相比，大学以上和高中分别高 11.52 和 11.97 百分点，乡村大学及以上所占比例仅为 1.01%，也就是说乡村每 100 人中仅有一个大学生，而城镇地区每 8 人中就有一个大学生(国家统计局人口和社会科技统计局，2007)。可见，城乡人口文化程度差异明显。二是从城乡教育投资看，国家对城市和农村的教育资金投入存在差异。据统计，2002 年农村初中、小学在校生分别占全国的 47.33%、66.97%，分别为城市学生的 2.82 倍和 4.73 倍，但全国教育经费的投入情况并没有体现这一现实，农村中、小学的投入只分别占到总投入的 34.82%、61.48%(教育部财政局，国家统计局人口和社会科技统计局，2004)。三是城乡教育资源分布存在差距。在城市，教育资源丰富，各级各类教育机构都广泛地分布在城市，特别是高等院校，无一例外地分布在省市级城市。相比而言，农村的教育资源少得可怜，不但没有高中、大学，甚至连已有的小学、初中等教育资源也可能丧失。在整合农村教育资源、强调规模办学的今天，许多乡村的小学、初中已经被撤销或合并。在一些上学不方便的边远贫困山区和落后的少数民族地区，因学校撤并可能影响农村孩子的受教育机会、增加农户教育负担，导致农村孩子辍学以及引起少数民族学生的文化隔离等。总之，不公平的教育资源分配，加剧了城乡教育的差距。四是从城乡教育质量看，城乡教育差距也很明显。这种差距既体现在教育的硬件——教学设施上，也体现在教学的软件——师资力量和水平上。从教学设施上看，农村很多学校仍是老、旧、破；从教学的手段看，基本上是一块黑板一支粉笔的传统教学手段，现代的多媒体教学、电化教室基本上不存在。从调查的 D 村和 W 村来看，没有这样的现代教学手段和设备，即使地处城镇边的 W 村也没有这样的条件。2004 年，全国小学生人均教学仪器设备值，农村是 167 元，城乡之比为 2.9∶1；初中生人均教学仪器设备值，农村为 269 元，城乡之比为 1.4∶1(国家教育督导团，2006)。从农村教师队伍看，与城市无法比，教师学历偏低，甚至一些贫穷地方因师资缺乏，还存在"代课"教师，这些教师很少经过正规师范学历教育。农村教师队伍仍是全国教育最薄弱的一部分，急需加强，它是提高农村教育质量的关键。据统计，2004 年全国小学具有专科以上学历教师的比例，农村为 47.49%，比城市低 31 百分点；全国初中具有本科以上学历教师的比例，农村是 24.34%，比城市低 38 百分点；全国农村小学高级教师的比例为 35.9%，农村初中一级以上职称教师的比例为 32.3%，分别比城市低 8.9 和 14.5 百分点。种种现状，使得农村教育质量长期在低水平徘徊，与城市的教育质量差距越来越大。过大的城乡教育差距，从多方面限制、束缚农户对子女的教育投入和教育资源利用，使农村居民与城镇居民在教育资源的享受方面存在差异，也是城乡居民教育机会不平等的表现。

(3)从社会资源配置看，城乡的差距也很大。从社会公共资源来看，城乡的差距很大。比如上文所说的教育资源，农村的各级各类学校远远少于城市，这影响农村孩子的上学和升学机会；在图书馆和图书资料方面，城乡也存在巨大差异，这也限制了农村孩子接受各类知识的机会；农村道路和通信的落后，增加了农村孩子上学的成本，影响其对信息知识的利用。总之，社会公共资源的城乡差异，势必对农村孩子接受教育存在影响，影响农户对子女的教育投入。

(三)教育体制

教育体制作为教育机构与教育规范的结合体，由教育的机构体系与教育的规范体系所组成。教育体制也是一种社会制度设置，与政治、经济、文化、宗教、家庭等制度设置并存于社会结构之中，并作为社会结构的一部分。教育体制包括教育管理制度、办学制度、教育经费投入制度。作为一种正式制度设置，教育体制具有强制性和约束性。教育体制对农户教育投入也具有影响与约束。这些影响和约束可以从几条路经来分析。

(1)教育体制对农户教育投入观念的影响。教育体制中的教育经费投入制度对农户的教育投入观念影响比较大。我国目前实行非义务教育的成本分担与补偿制度、免费义务教育制度。在这种教育投入制度下，农户对子女的义务教育投入，更多地出于对子女的责任和亲情的考虑，主要表现为利他的心理。而对子女的非义务阶段的中高等教育，虽然不排除责任感和利他心理，但更多思考的是教育的成本、风险与收益，特别是在当前高等教育实行全面收费制下，高昂的学费往往让普通农户望而生畏，并因此给家庭带来沉重的经济压力，甚至引起农户的大量借贷行为，教育投入风险与收益自然成为农户思考的首要问题。当然，农户思考的教育收益不仅仅限于经济收入，孩子接受高等教育后命运的改变、身份的转换和地位的升迁都在这种收益范围内。

(2)教育体制对农户教育投入方式的影响。教育管理制度、办学制度、教育经费投入制度对农户教育投入行为方式也存在影响与约束。在教育管理制度方面，我国教育基本形成了中央和省级两级办学，以省级政府统筹为主的高等教育管理体制，以及以地方负责、分级管理、以县为主的基础教育管理体制。在办学制度方面，国家积极探索适合市场经济体制以及满足社会各界对教育需求的办学体制：一是积极探索公办学校转制；二是鼓励民办教育；三是积极实行中外合作办学。这使得办学主体向多元化方向发展。在教育经费投入制度方面，加大对农村基础教育的投入，农村实行免费义务教育，多途径、多渠道筹措教育经费。这些教育体制的改革和变化，改变了农户对子女教育的投入方式。首先，改变了农户对子女教育的经费投入。农村的税费体制改革和免费义务教育制度，减轻了农民的经济负担，取消了农民以各种教育附加费形式对社会教育的投入，有利于增加农户对子女教育的直接投入。因为原有的各种教育附加费主要是农民对农村基础教育的集资行为，实际上是农民对社会教育的投入，过多的教育附加费以及各种教育集资行为成了农民的沉重负担，影响了农户对子女的教育经费投入。其次，改变了农户对子女的教育融资渠道。在中国不断完善的教育资助制度下，农户对子女的教育融资渠道也进一步扩展。当前非义务教育阶段实行教育成本分担与补偿制度，全面的教育收费制度使家庭承担的教育费用持续增加。贫困家庭子女上大学往往成为问题，经济困难的农户会通过各种渠道筹集孩子的学费。向亲朋好友借钱、向银行贷款、申请减免学费都是可选的渠道，特别是随着国家助学贷款制度日趋完善，申请国家助学贷款成为贫困农户主要的筹资渠道，改变了 20 世纪八九十年代农户往往选择向亲戚朋友借款的单一筹资方式，扩展了农户对子女学费的筹集渠道，也有利于避免在"借贷无门"情况下，农户放弃子女受教育机会的现象。

(3) 教育体制对农户教育选择的影响。教育体制对农户教育选择的影响主要体现在以下两个方面。首先，改变了农户对子女教育的选择空间。随着我国办学体制向多元化方向发展，教育资助制度不断完善，农户对子女接受教育的选择空间也进一步拓展。一方面，可以依据自己的偏好和孩子的学习情况，选择不同性质的学校(公办、私立或中外合作办学)；另一方面，避免了升学失败后单一的选择路径，在办学主体单一的体制下，升学失败后要么辍学，要么继续复读。可是在办学主体多元化情况下，这种选择机会和渠道就比较多了，特别在当前民办大学、职业教育快速发展的情况下，选择更为主动。其次，影响农户对子女教育的选择行为。一方面，教育选择空间的拓展，势必进一步表现在农户对子女教育的选择行为上，即表现出就近入学、择校、生存教育、地位教育等教育行为选择的差异；另一方面，随着高等教育学费持续增加，表现出对子女是否接受教育、接受哪种类型教育以及接受多高程度教育的选择差异。农民是现实的，在教育成本不同、教育风险不同的时候，其对子女教育选择行为也是不同的，表现出基于生存、经济收入和社会收益等不同的选择偏好和行为。

在当前社会转型加速期，中国教育体制改革进入了一个新的发展阶段。教育体制改革与变迁过程中表现的教育内卷化，也影响农户对子女的教育投入行为。这种影响通过就业、教育收益和教育质量等多路经来呈现，这些影响在上文和下文都有涉及，此处不予详述。此外，在教育体制改革过程中，农村教育成为教育改革和发展的战略重点，提高质量、追求教育的均衡和公平成为教育政策的核心，这些都必将进一步影响农户对子女的教育投入行为。

(四)就业市场

就业市场是社会结构的一部分，对社会阶层分化、社会流动和社会秩序的形成具有重要作用。当前，我国劳动力市场的特点是既存在分割现象，也存在歧视现象。我国劳动力市场主要是体制性分割，是中国特殊的制度变迁过程的产物，比西方国家的劳动力市场分割更为复杂。Doeringer 等（1971）提出了劳动力市场分割理论，把劳动力市场分为主要劳动力市场和次要劳动力市场。主要劳动力市场具有收入高、工作稳定、工作条件好、培训和晋升机会多等特点，而次要劳动力市场则收入低、工作不稳定、工作环境和条件差、培训机会少，晋升难。中国当前劳动力市场的分割主要有城乡劳动力市场分割、主次劳动力市场分割、行业劳动力市场分割和地区劳动力市场分割。主要表现为城市劳动者和农村进城民工之间、本地劳动者与外地劳动者、不同区域以及不同行业劳动者之间的劳动条件和收入的差距。

　　劳动力市场的分割对农户教育投入的影响主要表现在两个方面。

　　（1）通过排斥农民子女进入主要劳动力市场而间接影响农户教育投入。劳动力市场的分割，是不同阶层利益对抗的结果，穷人很难进入主要劳动力市场，遭到排斥，使得穷人长期贫困（Michael，1973）。来自下层的学生即使接受了较高层次的教育，也很难进入主要劳动力市场（杜育恒，2000）。激进的劳动力市场分割理论代表鲍尔斯（Bowles）和金蒂斯（Gintis）从历史和政治框架出发，认为劳动者工作所属的劳动力市场与其家庭背景有密切关系，劳动者在进入劳动力市场之前，其家庭背景已经决定了他能进入主要或者次要劳动力市场（Bowles et al.，1976）。吉登斯的"阶级结构化"理论认为，在社会流动通路被封闭的地方，阶级就被"结构化"，教育有助于阶层流动性越来越难（Giddens，1973）。中国分割的劳动力市场，不利于农民子女进入主要劳动力市场，也不利于向上的社会流动。即使接受了高等教育，农民子女也因为家庭背景、缺少社会资本而受到主要劳动力市场的歧视和排挤。郭丛斌等人的研究表明，父母从事主要或次要劳动力市场的工作，其子女从事相同劳动力市场工作的可能性比较大；而从事不同劳动力市场工作的可能性则相对较小。代际，从次要劳动力市场流向主要劳动力市场的难度要大于由主要劳动力市场流向次要劳动力市场的难度（郭丛斌 等，2004）。在我们的访谈中，农户提到较多的话语就是"没有背景""没有关系""孩子即使上了大学也很难找到好工作"。这种状况，影响了农户对子女教育投入的积极性。加之农村一些家庭子女上大学后没找到好工作的现实事例，被聚焦放大，将进一步强化农户对子女教育的消极投入行为。

　　（2）影响农户对子女教育选择行为。主要劳动力市场对农村人的歧视和排斥影响农户对子女教育的消极投入，这只是问题的一面，劳动力市场的分割与歧视也可能会激励农民对子女的教育投入，促使农户对子女教育投入更多，提供质量更好的教育，这在我们的访谈和调查中已有大量的事例。农户通过择校为子女提供高质量的教育，通过买辅导书、请家教、上辅导班增加孩子教育直接投入，花费更多精力和时间照顾孩子上学而增加对孩子教育的间接投入。在农户对子女的地位教育与生存教育选择方面，一部分农户选择子女接受职业教育，也可看作是对劳动力市场分割和歧视现象的积极适应。

（五）户籍制度

中国的户籍制度是中国社会结构的一个重要组成部分，是与中国计划经济体制相适应的一种制度设置。对计划经济条件下的社会分配、社会治安、人口统计起了社会作用。但是，作为一种城乡区别对待的户籍制度，在改革开放的今天，其弊病日渐显露，其负面效应越来越明显，甚至成为众多人批评的一项制度。中国的户籍，既是一种制度设置，也是一种身份、地位象征，还是一种利益区隔制度。具有强烈的地域性、等级性、世袭性、封闭性特征（胡星斗，2009）。户籍制度的这些特点，对人的行为和思维具有约束性。对农民而言，户籍制度的影响是多方面的，从居住和迁徙、受教育、就业、福利、社会保障等各方面影响农民的机会、权利和地位。在教育方面，户籍制度对农村孩子教育的影响也是一种结构性约束，从多方面影响和制约农户对子女的教育投入。

（1）户籍制度对农村孩子受教育机会的限制。《中华人民共和国义务教育法》[①]第十二条规定地方各级人民政府应当保障适龄儿童、少年在户籍所在地学校就近入学。这条规定虽然保障了儿童、少年的受教育权，可是也从法律上规定了按照户籍就近入学。农村的儿童、少年只能在户籍地上学。农村教学资源、教师、教育质量都比城市落后，这样的规定，无疑因户籍而限制了农村孩子接受高质量教育的机会，从法律上造成了不公平。虽然该条规定又接着规定父母或者其他法定监护人在非户籍所在地工作或者居住的适龄儿童、少年，在其父母或者其他法定监护人工作或者居住地接受义务教育的，当地人民政府应当为其提供平等接受义务教育的条件。可是具体执行要按照省、自治区、直辖市规定。事实上，进城农民工的子女要在打工地的城市上学则相当困难，基本不可能，面临无学可上的困境。"这些不具有当地户口也就不具有在当地受教育权利的儿童只能议价入学，以高昂的借读费来换取受教育的资格……许多小学由于担心影响城市居民子女的学业而拒收外来民工的子女"（俞德鹏，2002）。为了让孩子上学，农民工自发兴办"农民工子弟学校"，可是，还会遭受城市教育管理机构以"非法办学"的名义取缔。学者们的研究表明，户籍身份对个人教育获得的影响在（20世纪）80年代和90年代有明显增长（李春玲，2005）。在21世纪的今天，这种影响依然没有减弱。户籍制度对农村孩子受教育机会的限制，影响了农户对子女教育的投入行为，要么选择子女接受低质量的农村教育，要么在城市缴纳高额的借读费以供子女上学，要么干脆放弃对子女的教育投入。

（2）户籍对农村学生升学的影响。中国的中考、高考资格也有户籍限制，教育

---

① 参见《中华人民共和国义务教育法》，北京：法律出版社，2008年版。

部公布的历年"普通高等学校招生工作"都规定,申请报考高等学校的所有考生,须在其户口所在省、自治区、直辖市招生委员会指定的地点报名,且在户口所在省的高中就读一定学习年限。各地的中考也都有户籍方面的规定和限制。这样的规定,使很多出生、成长在城市、父母长年在城市务工的农民的孩子,被迫回原籍上学、参加中高考,成为"留守儿童""留守少年",这给孩子及其家庭带来了烦恼。如果不能满足这项规定,孩子就可能失去报考资格。《中国经济时报》2007 年 4 月 4 日第 2 版报道了一则新闻,因户籍限制,中学生王铭被迫放弃高考而留学的事。因王铭无北京户口,虽然在北京出生的她,却无法参加高考,因她的户籍在海南,不能在北京参加高考;可因为她不能达到海南省规定的必须在海南高中就读一定年限的要求,海南也不接受她参加高考,虽经其父母多方努力,仍失去高考报名资格,不得已被迫选择留学。用孩子母亲的话说,留学"这是没有办法的办法了,而且这是不幸中的万幸了,就是我们还有能力供她出国读书"(杨婷,2007)。如果换作农民,孩子只能失去升学机会。由于户籍限制,农民子女只能在户口所在地就近入学,而农村教育的落后,在升学上,农村的学生面临不公平竞争,城乡学生并未站在同一起跑线上。一个直接后果就是农村学生升学率低,特别在中考和高考阶段,能考上重点高中或重点大学的农村孩子很少。"与城市孩子相比,农村孩子想要升入中高等教育需要克服更多的障碍"(李春玲,2005)。在我们的访谈中了解到,农村初中能升上重点高中的学生数量很少,占不了一个班的 1/5。D 村和 W 村所在县的非重点高中的升学率也很低,能考上大学的人数不多,考上者大多数上了二本,或者专科、高职,一年能考上重点大学的学生人数少得可怜。国内外研究也表明,强势社会阶层的子女在升入优质高等学校的机会上占有优势,而弱势社会阶层的子女主要进入较低层次的高校(James,2000)。在中国,农村出身的学生升入国家重点大学的比例呈下降趋势,研究表明:清华大学 2000 年农村学生比例仅为 17.6%,比 1990 年下降 4.1 百分点;北京大学 1999 年农村学生比例是 16.3%,比 1991 年下降 2.1 百分点;北京师范大学 2002 年农村学生比例仅为 22.3%,比 1990 年减少 5.7 百分点(张玉林 等,2006)。农村学生这种升学现状,对农民的教育投入观念影响较大。他们往往会认为在农村学校读书无用,对孩子的投入是浪费。这种观念也导致一些农户对孩子教育消极投入,甚至因看不到孩子升学的希望而放弃对孩子的教育投入。

(3)户籍对农户教育选择的影响。户籍对农村孩子教育机会、升学的约束和影响,一方面易形成农户消极的教育投入观念,被动接受现实,并消极选择对孩子的教育投入行为。如就近选择户籍所在乡(村)低教学质量的中小学,升学无望(失败)时选择让孩子上职业学校,甚至放弃教育投入等。另一方面,也促使农户在这种限制和约束条件下,萌发主动的理性选择想法和行为,为孩子接受好的教育创造各种条件。最典型的就是择校,这是农户在结构性约束下主动积极的教育选择行为,充分反映了农户的主体选择性。农户的这种择校行为,反映出户籍制度的约束性，以及对农户教育选择的影响。

三、农户教育投入行为的隐性约束：文化

　　人们的行为、生活方式和习俗都承载着一定的文化印痕。文化是一种隐性约束，它对人们的约束是无意识的，但具有持久的生命力。人们的价值观念、道德规范、风俗习惯等正是文化约束的体现。诺斯把制度分为正规约束和非正规约束。其中，正规约束是人们有意识建立起来并以正式方式加以确定的各种制度安排和限制，包括法律、政治规则等；非正规约束则是人们在长期无意识交往中逐步形成的习惯习俗、伦理道德、文化传统、价值观念、意识形态等对人们行为产生的非正式约束。人们生活中的非正规约束具有普遍性，与正规约束同样重要。道格拉斯·C. 诺斯(1994)认为，非正规约束主要来源于信息与文化，而文化是主要来源。"非正规约束来自何方？它们来源于社会所流传下来的信息以及我们称之为文化的部分遗产……文化可以定义为'一代一代的遗产，或者通过对知识、价值和其他要素的教诲与模仿来影响行为'。文化提供了一个以语言为基础的概念框架，用以破译与解释呈现到大脑中去的信息。"詹姆斯·M. 布坎南(1989)曾认为，文化约束不同于制度、法律等正式约束，它是我们难以理解并在结构上难以构造的，但它始终是我们行动的有约束力的规则，不管你是否能感受到它的存在。

　　事实上，文化内化于我们的思想意识之中，并通过行为、心理、思维而表现出来。其中，道德、思维、语言等是文化中的重要内容。费孝通(1998)说，道德观念是在社会里生活的人应当自觉遵守社会行为规范的信念。它包含着行为规范、行为者的信念和社会的制裁。它的内容是人和人关系的行为规范，是依着该社会的格局而决定的。从社会观点说，道德是社会对个人行为的制裁力，使他们合于规定下的形式行事，用以维持该社会的生存和绵续(费孝通，1998)。弗洛伊德认为，无意识心智对知觉和行为具有影响，这实际上表明了文化对行为的强制和影响。马尔科姆·沃特斯(1986)认为，弗洛伊德的关键性发现在于无意识心智对知觉和行为的影响。Foucault(2000)运用结构主义分析方法，对知识与话语进行了分析，他认为在任何社会，话语的生产都是根据一定的步骤被控制、组织、选择和传播的，认为知识和话语是权力的产物。主体只能是作为权力和话语的主体，并体现文化的约束。Foucault 的思想表现了行动与结构的对立，特别是文化对人行为的约束。

　　中国农民在独特的生存空间中，在农耕的劳作过程中，形成了独特的生活、行为方式以及道德、风俗习惯。中国农民以家庭为单位，在自己狭小的土地上投入劳动，既建构了独特的文化，反过来，其行为、思维和心理也深受文化影响。

就农户对子女的教育投入行为而言也受到文化影响，具体表现如下。

（一）地域文化对农户教育投入的影响

在特定的地域、地理、生存环境下，会形成特定的文化，这一特定文化反映了特定地域人们的生产、生活，形成了独特的语言、风俗、宗教、生活方式和生产方式等。农民在各种自然和社会环境下，在耕耘土地过程中，创造、形成了独特的农耕和地域文化。地域文化对人们的行为具有约束和影响，通过人们的语言、思维、观念、生活方式和行为等表现出来。这种文化制约是集传统、习俗、观念、心理于一体的综合体，它们既外在于个体又内化于农户的行动之中。

调查研究的 H 市，地处陕西、甘肃和四川的交界处，夹于秦岭与巴山两大山脉中间带上，也处于关中文化与巴蜀文化两大文化体系中。这种独特的地域空间，使得当地居民的语言、思维、行为、生活方式具有自己的特点。当地农民一方面受 H 市生存条件的影响，加上巴蜀文化中浓厚的道家思想影响，具有悠闲、闲散、易满足现状、不思进取的特点。因当地气候适宜、农作物产量丰富，且历史上无兵荒马乱和洪涝等灾祸，人们生活相对安稳自足。另一方面，巴蜀文化中自强不息、细腻、柔美的特点和关中文化的阳刚、气势恢宏及进取等特点相互交织。这些共同铸造了 H 市农民复合的文化特质和性格特征，既具有悠闲、易满足现状的特点，也具有自强不息、细腻与阳刚等特点，是辩证的矛盾统一体。农户对子女教育投入所做的抉择都是从特定社会文化背景出发的，受这种地域文化影响和制约。H 市 D 村和 W 村的农户对子女的教育投入，从观念到行为都多少受这种地域文化的影响。访谈过程中发现，当地农户既存在满足于孩子能识字，生存自足的教育观念和动机，趋向于以生存教育为取向的投入行为，也存在跳出农门，"学而优则仕"，到外面开阔眼界和发展的教育观念和动机，并选取地位教育作为投入的行为取向。此外，受关中文化重视教育、看重读书人的传统影响，"万般皆下品，唯有读书高"的教育观念也存在于农户的思想中，甚至在一些农户中还有"半耕半读"的思想，把读书看作一种娱乐和消遣的理想追求。事实上，这些教育投入观念和行为，受农户地域文化这支无形之手的影响和约束，只不过地域文化外在于个体又内化于农户的行动之中罢了。

（二）"命""福"观念对农户教育投入的影响

"命"是中国文化中的一个关键性概念。"'命'既指个体生命的延续，像寿命、命短等等，又指生存的状况，如苦命、好命、命运多舛等等"（张江华，2004）。对普通中国人来说，"好命"的意义通常与现实的幸福、"福"联系在一起。"福"的概念与"好命"表明中国人从个人生存到文化领域的各方面都强调幸福的重要性。而"福"的实现是靠"命"和努力来成就的，这些也正表明了其潜在含义所重复强调的获得幸福的两种方式：前生命定和后天实现的辩证统一（王铭铭，1997）。

对中国农民而言，期望子女能生活幸福，也希望自己能有"福"，特别是晚年能享"福"。这样一种文化逻辑反映到对子女的教育投入上，就是以自己和子女"命"的好坏，来衡量和评判孩子读书能否有出息，甚至孩子成绩的好坏、升学的成功与否都与"命"紧密相联。一方面，父母期待孩子和自己"命"好，有"福"，孩子读书能出人头地、能金榜题名。在农村，找算命先生为子女算命是常有的事，如果算命的结果说子女"命好"，长大有出息，家长对孩子的教育就会主动积极，正好如果孩子学习成绩好，会进一步刺激农户对子女的教育投入。此外，在孩子升学之前，特别是中考或高考之前，为孩子算命或求菩萨保佑孩子能顺利升学，也是农村一些人的做法。要是哪家出了个大学生，农民们常认为这家人"祖上积德或祖坟开缝"，让孩子能跳出农村，改变农民身份。把菩萨和祖先的保佑与个人努力有机地结合起来，是农户对幸福实现的诠释。正如王铭铭（1997）在论述闽台乡村时认为，"这样一种'保佑'和'努力'的辩证法是当地人对幸福的定义中最核心的内容。"这种现象在访谈的 D 村和 W 村都多少存在。在笔者的家乡四川，农村人也常有这些做法和想法。另一方面，农户常把孩子成绩不好或者升学失败归于"命"，这正体现了幸福的实现是前生命定和后天努力的辩证统一。当孩子升学失败，农户往往认为孩子命不好、运气差。在访谈中，了解到 D 村一农户的孩子刚高考失败。这户人认为主要是孩子运气不好，命中注定今年高考失败，因为平时孩子成绩很好，父亲在孩子高考前去算了一卦，算命先生说孩子今年高考无望。考试结果应验了算命先生的话。该农户打算让孩子复读一年，因算命先生说，孩子今年命有一劫，但明年会有文殊菩萨保佑，功成名就。"命""福"观念对农户教育投入的影响，正是文化对农户教育投入影响的表现。

（三）父母的角色规范、利他观念与农户教育投入行为

社会角色是社会文化中的一部分。个体在社会中，学习其独特文化中的各种期望，并扮演期待的角色。角色是与人们的某种社会地位、社会身份相一致的一整套权利、义务规范与行为模式，作为社会成员，都会承担一定的社会角色，并按角色位置上的各种规范和要求去扮演。正如布朗所说，人们的行动总是被假设依从于风俗习惯，或义务，或做当然该做的事，或正确而适当的事，或公平正义的事（Granovetter，1985）。一个社会人，需要按照角色要求的规范去行事，去扮演角色。角色扮演的好坏，直接涉及角色的成功与失败。作为父母，其角色要求在家庭中负有教育子女的义务和责任，需要对子女教育投入时间、精力和物质。

这种义务和责任是一种文化的规范要求，目的是维系社会文化的传承与连续，维系人类的生存与繁衍。社会角色规范是一种文化强制的表现，这种规范对父母教育子女的义务感和责任感的形成有重要意义，影响父母对子女的教育投入观念和行为。

如果说父母角色规范是一种外在强制性的规范，对父母教育子女是一种外在的约束，那么父母的利他心理，对子女的爱则是一种内在的约束，是父母内化了文化中的角色规范，并以一种无意识的自然行为表现出来。事实上，利他心理和行为在家庭中较为普遍。亚当·斯密(2003)就注意到家庭中的利他行为，他自己的家庭的成员，那些通常和他住在同一所房子里的人，他的父母、他的孩子、他的兄弟姐妹，自然是他那最热烈的感情所关心的仅次于他自己的对象。加里·S. 贝克尔(1987)也说：我认为，利他主义在市场交换中不是共同的，而在家庭里却是更为普遍的，因为利他主义在市场是没有多少"效率的"，而在家里，却是更为有效的。父母的利他心理和行为影响对子女的教育投入。对中国父母而言，利他心理较为普遍，许多父母对子女的教育，纯粹出于一种利他心理。中国父母望子成龙之心很强，为了子女的幸福和教育他们愿意付出自己的全部。"可怜天下父母心"是对中国父母的真实写照。对中国农民而言，为了孩子教育，借钱、贷款、砸锅卖铁都要供孩子上学是普遍的做法。为了子女的学费而省吃俭用，千辛万苦而不计较，都充分反映了农户利他心理对子女教育投入的影响。在第四章中论述的农户教育投入的"义务型"动机中，我们可以看到农户对子女教育的利他心理与观念。

第六章　农户教育投入行为的实践逻辑：理性行为的社会建构

作为生活中的实践行为，农户对子女的教育投入行为在现实中受到各种结构性因素的约束和影响。但是农户具有目的和动机，其教育投入行为表现为对生存、经济、权力、社会地位、声望等多方面的追求，是一种具有主动性和选择性的行为。

为此，我们既要看到农户行为的各种结构性约束与限制，认识到农户理性的约束性，也要看到其行为的主体性，不能忽视任何一面而失之偏颇。这正是农户教育投入行为在实践中表现出的结构约束性和主体选择性。在结构约束下农户如何选择教育投入行为？教育投入行为对结构性因素又会产生哪些影响？农户教育投入行为与结构制约因素是如何互动与相互形塑、建构的？这些问题正是本章要探讨的内容。把握农户教育投入行为的实践逻辑，是深入理解其行为差异和变化的根源，也是把握农户教育投入行为逻辑的根本所在。

一、结构约束与主体选择

(一)结构与行动的互动

1. 结构与行动：对立抑或融合

结构与行动的关系，一直是社会学研究的主题，长期以来，对二者关系的研究，基本上形成了三种代表性研究范式，即结构范式、行动范式和社会建构论范式。这三种研究范式，事实上对结构和行动关系的解读包含一个逻辑前提，即到底结构和行动的关系是对立的，还是二者具有统一性，能超越这种对立。结构范式和行动范式，表明了结构和行动的关系是二元对立的，要么用结构解释行动，要么用行动解释结构。只不过结构范式侧重于结构对行为的决定性和制约性，行动范式侧重于行动对结构生成的作用。社会建构论范式则从结构与行动的互动和相互作用出发，既用结构解释行动，也用行动解释结构，从而超越二者的对立和分裂。

(1)结构范式。结构范式认为结构具有客观性，对行动有约束和限制作用，其逻辑在于结构对行动的决定性和优先性。从社会结构和社会事实出发，来解释和分析个人的行动，关注社会的整合和秩序，注重个体行为对社会事实的依赖。社会对个人具有强制力，这种强制力辐射到物质、精神、道德等多领域多方面的内容，社会作用于个人的这种优越力量不仅是物质的，而且是精神的和道德的。社会结构和社会生活是一个整体，优先于个人，埃米尔•迪尔凯姆(1988)说，我一方面赞成社会生活是使个人服从于社会的看法，另一方面又承认社会强制是出自人类自然的本性。把两种极不相同的学说结合在一起，表面上看起来是矛盾的，其实我所认为的社会生活是一种超越于个人的整体(埃米尔•迪尔凯姆，1988)。结构范式对结构和行动关系的论述，本质上讨论了文化符号的体系、群体形成以及结构互赖的模式、仪式表演和认知分类系统等是如何整合为各种各样的社会结构的(乔纳森•特纳，2001)。

(2)行动范式。此研究范式认为结构是行动的结果，人具有主观能动性，能依据动机和目标主动、积极地行动，强调个人是社会的构成要素，在解释社会的构成和变迁时，应该到人的具体行为、理性、动机和信念之中去寻求原因(宋林飞，1999)。行动范式就结构与行动关系而言，强调主体赋予行动的意义、行动的动机与原因，社会世界如何在主体间借以确立，以及确立的方式是什么。总之，“社会被看作是人的建构，随着主体的知觉和动机投入而持续不断地发生转换和变化……个体的行动如何能够生发出集体性的安排”(马尔科姆•沃特斯，2000)。行动范式具有四个主要特征，一是强调了人类的主体意识，认为人类具有理解力和创造性，控制着社会生活的条件；二是重视人类行为的动机和目标，并赋予行动以意义；三是通常从个体的角度来看问题，关注行动对社会结构的生成，特别是人类互动中产生的结构性模式；四是认为结构不能脱离行动而独立存在，而是依赖行动者的互动。

行动范式过于强调人的行动对社会结构的生成与建构，往往主张社会是人类意图的产物，带有主观建构的色彩，显得过于片面和偏激。正如马尔科姆•沃特斯(2000)所评论的：行动理论在现代的每一步发展都构成了行动理论的一种激进形式，认为大规模的社会安排(比如社会结构)毫无力量可言，因此将其‘置括’而不予分析。

结构范式和行动范式虽然观点有异，但实质上都强调结构与行为的二元对立。从思维方式上看，二者都属于现代主义哲学理念下的思维方式[①]。这种思维方式具有分析、还原、一元(单向)的特点，这样就形成了许多的分裂和二元对立。我们

---

① 我国学者安维复曾把“现代主义”“后现代主义”和“社会建构主义”并列为三大哲学理念和思潮，并对各自特点作了区别(安维复，2003，2005)。

常见的有：唯物主义与唯心主义；绝对主义与相对主义；结构主义与解构主义；主客二分与"自我—他者—事物"；普适主义与"地方性知识"等分裂和二元对立。事实上，结构范式和行动范式对结构和行动二者关系的分析都带有片面和偏激之处，对结构与行动的二元对立解释，引致了许多其他学者的批评，并进一步促使学者们从新的视角来分析和阐释结构与行动的关系。

　　2．社会建构论：结构与行动的互动与互构

　　20世纪最后几十年，许多社会学家试图对结构范式与行动范式进行综合，以消解行动和结构的二元对立。社会建构论思想就嵌入到这种研究中来，形成了结构与行动关系研究的社会建构论范式。社会建构论范式认为，一方面结构限制、约束行动，另一方面行动也反作用结构，形塑和建构结构，结构和行动相互作用，在互动中相互建构。社会建构论认为，结构是人类有意或无意创造出来的。它被视为一种作为人类行动后果的突生规律性；思维着、行动着的主体被看成结构安排及其内在约束的创造者(马尔科姆•沃特斯，2000)。这样，个体通过思想、信念、知识、动机等主观过程而建构出的互为主体性的常识世界，这个建构的社会实在既具有客观实在的结构性，也包含由信仰体系加以合法化的各种制度等主观过程。所以，包括习俗、规范、权力、知识和科学等都有其社会学起源，从这个意义上说上述的一切，都是社会建构的(苏国勋，2002)。法国布迪厄的社会实践理论和英国吉登斯的结构化理论，就是结构与行动关系的社会建构论范式的表现，消解了结构和行动的二元对立，使结构与行动发生了有效融合。

　　针对结构和行动的二元对立，为了解决长久以来备受关注的结构与行动的张力问题，吉登斯提出了著名的结构二重性，认为不断纳入结构的社会系统包含了人类行动者在具体情境中的实践活动，这些实践活动被跨时空再生产出来。行动者和结构二者的构成过程并不是彼此独立的两个既定现象系列，即某种二元论，而是体现着一种二重性，在结构二重性观点看来，社会系统的结构性特征对于它们反复组织起来的实践来说，既是后者的中介，又是它的结果(安东尼•吉登斯，1998)，对行动而言，结构并不是"外在之物"，而是体现在社会实践活动中，"内在于"人的行动。结构同时具有制约性和使动性。结构既是媒介也是结果，随着行动者依凭结构来指导其行动，行动者就再生产了结构。与此同时，安东尼•吉登斯(1998)认为，行动在其生产的一刻，也就同时在社会生活日常展开的具体情境中被再生产出来(安东尼•吉登斯，1998)。在社会实践过程中，我们既要反对扼杀或贬低行动者的理性，也要避免陷入视社会为任人类主体随意而为的创造物的倾向。吉登斯的"结构二重性"理论综合了行动者的能动性与社会结构的制约性，是一种结构与行动的社会建构论研究范式。

　　皮埃尔•布迪厄也是结构和行动关系研究的社会建构论范式的集大成者，皮埃尔•布迪厄将其著作的特征概括为建构性结构主义或结构主义的建构论(乔纳森•特纳，1999）。皮埃尔·布迪厄始终把消除结构与行动的二元对立作为自己理论的任务之一。他通过系统地发展一种社会学方法，引入"实践"这一概念，力图克服结构和行动的二元对立。布迪厄自始至终都强调从"实践"这一中介出发来发展他的理论，并在逻辑层面和经验层面重新建构社会行动与结构的关系。他认为，对于只愿意认识自明的意识行为或被规定为外在世界的事物的二元论观点，应该用行为的实践逻辑反对之（乔纳森·特纳，2001）。此外，布迪厄用来超越结构和行动二元对立的主要概念工具还有"惯习""场域"和"资本"。惯习和场域的概念使布迪厄得以摒弃个人的自发性和社会约束、自由和必然、选择和责任之类的虚假问题，从而避免了在个人与结构、微观分析[布鲁默、科尔曼（Coleman）]与宏观分析[布劳（Blau）、斯考克波尔（Skocpol）]之间进行人们所熟知的那种抉择，这些抉择会促成某种极端对立的二元性社会本体论（皮埃尔·布迪厄，1998）。布迪厄一方面批判结构主义，认为结构主义忽略了个体行动情境的非决定性与行动者的实践本性，认为行动者不是在情境中的规则的机械服从者，而是运用"实践意识"适应各种客观结构限制下的偶发情境。另一方面，他也批判忽视结构的行动理论，比如互动论和现象学。布迪厄认为，互动论的行动理论忽视了互动中的结构。事实上，行动者的互动总是在情境中的互动，而现实中重要的情境就是社会阶层的分化，互动是结构下的互动，结构限制着互动的情境。此外，布迪厄认为文化也体现了结构和行为的相互建构，文化外在于我们，约束着我们的行为，但文化也是人类个体行动的建构的集体产物。总之，布迪厄认为客观的位置（阶级、阶级中的集团和社会出身）创造了利益和结构性强制，它们反过来又允许不同的社会建构。这样的建构也许包括对"正式规则"的利用，以建构可以分化和组织处于这个世界中的"事物""符号"和"人"的文化法则（乔纳森·特纳，1999）。

　　社会建构论本质上是一种建设性的辩证法，具有建构性、社会性和互动性特点[1]。由于社会建构论试图超越行动和结构的二元对立，从哲学视界上区分了社会建构者（行动者）和社会建构物。首先，建构性特点，就是从发生机制的角度来研究社会行动者与社会建构物之间的相互建构关系，认为行动者与社会结构之间的关系是建构性的：行动者是结构的社会建构者；结构是人的社会建构；社会结构也建构着人自身。其次，建构的社会性特点则从社会性的角度来理解人、理解人的生活世界以及人与生活世界之间的相互创造关系。马克思（1985）说："正像社会本身生产作为人的人一样，社会也是由人生产的。"这说明，人是社会的人，社会是人的社会。人的实践行为既被社会结构所形塑，又建构着社会结构。具体来说，建构的社会性特点指涉三个方面，一是行动者是社会性的；二是建构过程是一个社会过程，包括合作、沟通、协商、争论、妥协、折中、共识等；三是建

---

① 我国学者安维复曾指出社会建构主义具有"建构性""建构的社会性"和"社会建构的互动性"特点，从本质上说是《建设性的辩证法》。本书这里参考了安维复教授的说法（安维复，2003）。

构的结果包含着不同建构者的不同角度的观察，不同利益的折射，不同目的的追求等。再次，社会建构的互动性特点是指：人"社会地建构"了社会结构，使得社会结构体现了人的主体性和社会性；社会结构也在"社会地建构"人本身，使得人具有社会结构的本性。我们可以把这个过程概括为："社会结构的人化"和"人的社会结构化"，也是马克思所说的"人的物化"和"物的人化"。

　　从上述分析我们看到，结构与行动关系的社会建构论范式主张，结构深深地根植于行动中，其形成、发展、变迁都离不开行动；而行动往往又根植于人的共有观念、共有知识和共享意义，这些因素又是形成结构的重要来源，它来自人对上述结构性因素的内化（翟岩，2008）。我们也看到，行动与结构的相互建构过程中，是在一定情境中通过理性为中介完成的。理性既是行动、结构互动过程的要素，也是二者相互建构的桥梁。因为行动者有目的、有意图且具有反思性，行动者在结构约束下发挥能动性而理性地行动，表明行动受意识的支配。而人的行动受人类共同意愿的支配，这种共同意愿具有结构性特点，这表明意识受结构的建构。这样就出现了结构、行动以理性为中介的相互建构，这种互构的过程可用图 6-1 表示。

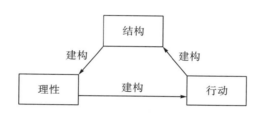

图 6-1　行动与结构互构图

　　在结构与行动互为建构的运动过程中，理性充当了二者建构的中介，理性是结构与行动互动中不可缺少的要素。因此，我们既要看到结构对行动的约束和限制，以及结构对行动的形塑和建构作用，又要看到行动者的主体性，以及行动对结构的能动建构作用，还要看到理性在二者的相互建构中所起的重要作用。基于此种思考，本书从社会建构论范式出发，从互动的角度来看待结构与行动的关系，以理性为中介，把握特定情境中结构对行动的限制和行动对结构的建构，来探寻农户对子女教育投入行为及其逻辑。

（二）结构约束下农户的理性选择

　　在社会建构论看来，结构约束下的行动者具有主体性，有目的、有动机且能有意识地行动。结构和行动的互动和建构离不开理性，行动者在结构约束下具有选择的主动性和理性。吉登斯曾指出，人的行动具有反思性监控、理性化及动机激发等过程，行动的理性化在互动情境中，成为他人评价行动者"资格能力"的主要依据。他认为，行动的理性化是指行动者对自身活动的根据始终保持"理论性的理解"（安东尼•吉登斯，1998），即对行为的动机和目的能给出具体理由。但吉登斯也指出，即便说行动者拥有这样的理解，也并不意味着对行为的各个具体部分都能以话语形式给出理由，更不等于行动者完全具有以话语形式详细阐述这类理由的能力。但不管如何，结构约束下行动者具有理性是不能否认的，这正是行动者具有主体性和创造性的表现，而这点，是结构范式视而不见的东西，也是其他结构主义思潮的缺陷。

　　国内外学者在研究中也发现，农民在结构约束下的各种行为和选择具有理性。国外学者从经济学、社会学、人类学、政治学等学科视野出发，对各种约束和限制下农民的理性行为进行了详细研究，本书的文献综述中也归纳了这些研究成果，这里就不再赘述。就国内而言，这方面的研究也较丰富。李培林（1996）曾在流动民工的社会网络和社会地位研究中指出了这一点，他认为流动民工在社会生活场和社会位置的变动中并未改变对血缘关系和地缘关系的依赖，这种依赖是一定结构安排下的节约成本的理性选择，而且这种选择影响和改变着制度化结构的安排。这说明，农民在结构的制约下，能理性地反思自己的行为，进而通过自己行动来改变自己所处的环境。黄平（1997）对中国农民的研究表明，在结构性的压力和限制下，农户具有理性选择能力。中国农民在自己所处的特定资源和规则条件下，特别是在社会历史环境和结构性的城乡关系、户籍身份制度等限制约束下，农民会在生存理性的驱动下，选择自己的生存方式和行为。"无论在什么样的制度性安排和结构性条件下，中国农民作为有目的的行动主体都不是完全无能为力的，相反，在生存理性的驱使下，他们总是为了他们的家庭以及他们自己的生存条件的维持和改善而不断地试错、不断地选择、不断地行动着，他们的行为也一样具有所谓的反思性……一个最有理论和实践意义的后果，是这些行动所导致的规则的变化和资源的重组，易言之，由这些行动所引起的社会结构的改变。"张江华（2007）在研究工分制的劳动激励和集体行动效率时，认为农民在工分制下追求工分的行为是一种经济理性行为，农民的经济理性是工分最大化。劳动者投入劳动的动机都是理性的。换句话说，在工分制的制度约束下，个体或农户以各种方式获取更多的工分（挣工分）成为一种理性选择行为。劳动者追加劳动时只考虑其劳动量是否可被计入工分，即便其追加劳动所产生的整体集体边际收益为零或负，对该劳动者而言其行为仍是理性的（张江华，2004）。张兆曙（2004）以后乐村农民 50 年来的经济实践为基本素材，发现新中国成立 50 多年来，后乐村的农民在不同时期的制度、体制等结构性约束下呈现不同面行动选择："草鞋交易""鸡毛换糖""小百货交易"和"家庭小商品生产"等，这些行为事实上是农民在结构约束下的理性选择行为，

"他们以最大程度的努力和智慧去避免没有指望的农业生产，以便在土地以外获取更多的收益"。周明宝（2002）通过对浙西南农民工城乡"两栖"现象的研究，认为这种流动形式其实亦是旧的经济体制及有关制度限制和二元社会结构约束下农民作出的理性抉择，这也是农民在结构约束下做出的理性选择行为。

农户在各种结构性约束和限制下，对子女的教育投入行为，也表现出主体性和理性选择。结构约束下农户的理性教育投入行为具有五个显著特点。具体而言，具有与境性、互动性、动态性、过程性、建构性等特征。

（1）农户理性教育投入行为具有与境性（context）①特征。在不同时间、地点和特定环境约束下，农户的教育投入行为表现出差异和变化，不同情境下的行为并不相同。不同情境下的教育投入行为，是农户根据当时所处的环境和条件而做出的特定教育选择行为，农户的这种教育选择行为是理性思考的结果。比如农户在面临突然的特殊情况或不可抗拒的风险时，会根据当时情况和条件而选择对子女的教育投入方式。在对 D 村和 W 村的调查中，我们发现家庭的突然变故与农户子女辍学有关，也发现如果农户一家都进城务工，往往会把孩子也带到务工所在地上学。这些都说明农户教育投入行为具有与境性特征。

（2）农户理性教育投入行为具有互动性特征。农户教育投入行为是农户理性思考的结果，但这种理性思考还受很多因素影响，最主要的是受到家庭、社会、文化、制度等结构性因素的制约和影响。在这些结构性影响因素面前，农户并不是完全被动和无能为力的，主体选择与结构约束相互作用，二者互动，最终形成了农户特定的教育选择与投入行为。可见在农户教育投入行为表象的背后，包含了农户运用理性，在家庭、社会、文化、制度等结构性的限制中，对子女教育投入的行为方式的选择，是主体选择与结构约束互动的结果，也是农户以理性为中介，行为选择与结构约束相互建构的结果。这体现了建构者和建构物的互动，一方面农户的教育投入行为影响、建构社会结构，使得社会结构体现了农户的主体性和建构性；另一方面，社会结构也约束、建构农户的教育投入行为，呈现相互建构的互动性。

（3）农户理性教育投入行为具有动态性特征。农户教育投入行为的与境性、互动性决定了其必然具有动态性。农户教育投入行为并不是固定和一成不变的，而是随时间、地点、条件等情境的不同而变化、发展的。在不同时间、地点、条件下，农户会依据当时情境做出教育选择，选择对子女的特定教育投入行为。在家庭、社会、文化、制度等结构性约束下，农户会依据自身家庭条件和子女学习情况，根据自己的判断而选择不同的教育投入行为，这也说明了农户教育投入行为的动态性特征。事实上，这点在第四章所述的农户教育投入行为呈现差异与变化

① 卡林·诺尔·塞蒂纳在《制造知识——建构主义与科学的与境性》中提到了科学的与境性，"与境性"意指一种情境，包含有特定时间、地点、特定内容和人们特定行为之意。这里借用该词，表示行为的情境特征，表明在特定时间、地点和特定约束下农户教育投入的特定行为（卡林·诺尔·塞蒂纳，2001）。

现象中已得到充分的证明。

（4）农户教育投入行为具有过程性特征。农户对子女的教育投入行为从农户具有一定投入目的、动机到选择一定教育投入方式，呈现出过程性。而在不同条件、不同情境和不同结构性约束下，农户对子女从一种教育投入行为转向另一种教育投入行为，也呈现一个变化的过程。这种动态的变化过程，体现了农户对教育的认识和态度的转化过程。农户教育投入的动机以及对子女教育的期望，也包含着在结构性约束下，农户行为与结构因素的互动过程，蕴含着农户对子女教育的理性选择过程。

（5）农户对子女的理性教育投入行为具有建构性特征。农民的理性行为并不是纯粹的完全理性，纯粹的完全理性只是一种理想类型，这在现实生活中并不存在。农户对子女的教育投入行为要受到家庭内部因素和社会、文化等因素的影响和制约，甚至连农户的思维方式、认识问题的出发点和行为的动机，都深深地打上了文化和社会的烙印。有鉴于此，本书认为农户的理性教育投入行为是文化、社会建构的结果。一方面，农户教育投入行为具有理性，是农户理性思考的结果，是结构约束下的理性选择，这体现了农户的主体性和行为的反思性与建构性；另一方面，农户的理性选择又是结构约束下的选择行为，农户的理性思考也受结构的影响和制约。故此，农户理性教育投入行为是文化、社会建构的结果。张江华（2004）指出农户行为的文化建构，他对中国 20 世纪 50～80 年代工分制下农户经济行为的研究，看到了农户生产与消费行为的文化建构。他以广西壮族自治区田东县立坡屯山村的农户劳动投入行为为个案，认为人们的劳动动机受制于消费的文化意义与价值。除了满足人们生活的基本需求，它还是一种文化建构。个体与家庭的消费行为也因此是一个文化表演的过程，是表达和制造社会与文化认同的过程。农户的行为是社会、文化建构的结果，这种建构不是无意识的，而是充满理性的，是一种理性建构，体现了农户在各种结构性约束面前，具有主体创造性，是农户教育投入行为与各种结构性影响因素之间的理性互动。

二、农户理性教育投入行为的社会建构过程

我们认识到行动与结构是以理性为中介的相互建构，而农户理性教育投入行为具有与境性、互动性、动态性、过程性、建构性等特征，是社会建构的产物。因此，具体分析农户理性教育投入行为的社会建构过程更能加深对这些特征的把握和认识，也能看到农户教育投入行为在受到各种结构性因素的影响和制约时，是如何运用理性而选择、调适行为，以及行为和结构如何互动与互构。

（一）农户理性教育投入行为的文化建构过程

前文我们谈到农民理性行为时，曾指出农民理性行为受文化的影响和约束。事实上，要对农民行为进行深层理解，把握农户教育投入行为在受到各种结构性因素的影响和制约时，是如何运用理性而选择、调适行为，必须从文化角度进行解读，把握农户教育投入行为的文化建构过程。黄平（1997）认为："从文化角度探讨当前我国农民的非农活动也有助于我们理解一个社会中的结构、制度、行动者及其活动以及文化意义诸层面的关系，它们之间实际上是一个相互建构、相互制约的过程。"从文化角度对农户教育投入行为和各种结构相互建构过程的把握，需要从两条路经来分析。一是要看到文化对农民行为具有建构作用。文化通过观念、生活方式、文化的自我复制、自我强化和自我传承来建构行动者的行为方式。"文化对于行动既可以产生因果作用，又可以产生建构作用……文化还有自我复制、自我强化和自我传承的特性，会通过行动者之间的互动对行动者及其行动的方式产生建构作用"（翟岩，2008）。二是要看到农民行为对文化的建构作用。因为农民是理性人，有目的、动机和对行为的反思性，在文化、观念的约束下，能理性地选择适合自己的行为方式和生存方式，这种理性思考和选择，表明了农民在文化约束和影响下的主动性和主体创造性，通过这种理性行为，也对文化具有形塑和建构作用，又会形成新的文化观念和生存伦理。

几千年来，中国农民在以户为单位的小农生产、生活中，形成了独特的乡土观念、生存伦理和文化。费孝通用"乡土中国"来概括中国农民的这种文化特色。此外，在生存环境恶劣、生存资源匮乏的条件下，农民形成了以生存为主、规避各种风险、谨小慎微的生存哲学。用斯科特的话说，形成了"安全第一"的"生存伦理"。农民这种乡土观念和生存文化是行为建构的结果，是在农民的生产和生活实践行为中形成的。反过来，文化也影响、约束着农民的行为和生活方式，并随着文化的传承、复制而被内化于农民的行为中，有形、无形地影响和规制着农民的行为。

新中国成立后，一方面，政府通过实施一系列教育体制和政策，通过增加学校数量、实施大众教育和一些特殊手段来增加和保障农民的受教育机会。这使普通农民的孩子可以通过教育来改变身份，改变其生活和生存方式。这改变了旧中国的特殊的教育获得模式，再不像旧中国农村只有家庭背景好、经济富裕的富农、地主阶层子弟能接受教育，新中国普通农民的子弟接受教育的机会增加了，这直接影响到农民对子女的教育投入观念和行为，出现了农民对子女教育的积极投入。另一方面，由于户籍制度的设立，农民身份改变也越来越难，进一步强化了农民的乡土观念，加上计划体制下不允许商品经济的发展，"重农抑商"的政策效应在农村进一步固化，农民认为种地比干其他事情强的观念也进一步强化。加上各种天灾和新中国一些政策的偏差，能吃饱饭、能糊口是当时农民的主要想法。取消高考制度，限制了农村孩子通过教育的流动，也使农民通过教育促使身份改变的希望破灭。这些观念和想法促使农民对子女的教育投入行为也表现为以生存理性为主，上学的目的很简单，就是希望能改善生活状况，如果没有物质条件，放弃对子女教育投入则是再自然不过的行为。在改革开放前，农户的教育投入行为与生存伦理、乡土观念、官方政治意识表现为相互影响、相互强化的建构过程，而在建构过程中，从农户的行为调试和选择中也能看到农民的理性思考。

改革开放后的 20 世纪八九十年代，随着政治、经济、教育的体制改革，社会对个体的各种限制出现了松动和解体。特别是随着经济体制的改革和转轨，农民的经济意识增强，与农民生存冲动相伴的是有了较多的追求经济利益的经济理性。从整个社会看，20 世纪 80 年代"脑体倒挂""科学家不如卖茶叶蛋的"的现象较为普遍，知识多并不意味着收入多。科学家、国家干部、教师等知识分子纷纷"下海淘金"，整个社会"读书无用论"的观念较为普遍。这些也使农户形成"读书不划算""读书无用"的观念，直接影响农户对子女的教育投入行为。农村许多孩子初中没上完，或者小学刚毕业就辍学了。而 20 世纪 90 年代，随着教育的经济收益增加，社会出现"知识就是金钱"的观念，"脑体倒挂"现象减少，这又刺激了农户追求子女教育的经济功能，为了能多挣钱而积极对子女进行教育投入。当历史进入 21 世纪，由于知识失业、教育过度等影响了大学毕业生就业，加上教育内卷化，又出现了新一轮"教育无用论"。又影响到农户对子女的教育投入行为。可见，每一次社会观念的变迁和农户思想的变化，都影响到农户对子女的教育投入行为，而农户对子女的教育投入行为，又刺激农户产生新的观念，形成新的思想。

与农民寻求生存冲动和经济收入密切相关但又有区别的另一种冲动，即改变生存方式的冲动，对农户的教育投入行为影响也较大。1949 年后，户籍制度、集体单位制度、国家干部制度的实行，也使得城乡居民出现了差距和差异。城乡居民的差异不仅体现在收入水平上，还体现在生活质量、生活方式和社会地位上，农民不仅意味着收入和生活水平较低，还表现为社会和文化地位低下。因此，要求摆脱土地的束缚、改变农民身份乃至脱离农村的想法，也在农民身上表现得较为强烈，于是追求地位、权力、身份、社会声誉等社会因素的行为表现出来，出现了农户教育投入的社会理性行为。为了追求生存方式和身份的改变，不管是在中华人民共和国成立后，甚至"文化大革命"时期，还是改革开放后"知识无用论"的时期，一些农户也并未放弃对子女的教育投入，他们坚信知识能改变命运，知识是农村孩子能改变生存方式的仅有几条途径之一。这种改变生存方式的冲动所引致的对子女积极的教育投入行为，也是对传统乡土观念的背弃，使农民的观念意识也发生了变化。

从我们的调查和访谈中，也能发现在 21 世纪的今天，随着社会、经济的发展，社会观念的变迁，特别是大众传媒对农民观念的影响，农民传统的乡土观念在一步步解体，生存伦理和思维方式也进一步改变。在对子女教育投入观念方面，呈现生存追求、经济追求和生存方式改变的多元化和相互交织状态，对子女的教育投入行为也呈现出差异和多元分化态势。即便对于同一农户，在不同时期，其对子女的教育投入观念也存在差异，表现出不同追求的教育投入行为。从下面的访谈个案我们可以看到这一点。

个案 6-1[①]：D 村住户，家有一儿一女，大的为女孩，在 H 市某事业单位上班，小儿子正上大学。从该户的交谈中了解到，他们对子女的教育观念，并不是一开始就确定了，而是呈现一个变化的过程。这个变化过程具体可概括为从开始希望孩子能认几个字的生存理性追求，到选择让孩子出去打工多挣点钱的经济理性追求，再到后来选择让孩子考大学，改变农民身份和命运的社会理性追求。

男户主：我们一开始对孩子的教育并没有明确目的，只是认为农村孩子嘛，能认几个字，写得自己的姓名就行。大女儿上学时，是 80 年代（20 世纪——笔者注）后期，我们那时一家人都在地里刨食，靠地吃饭，压根儿就没想要孩子将来干啥，只是想着生活能好点就行。女儿上到初中时，小儿子也上学了，90 年代（20世纪——笔者注）的时候，我们村一些人到广东、福建那边去打工，一个月能挣好几百元钱，一些小学毕业的农村孩子，就十三四岁都能挣几百元。这对我们农村人来说，挣得相当多了，有些还比国家干部挣得多。我们寻思女儿初中毕业后就让她出去打工，我那时在深圳打工一个月八九百，顶得上农村好几年的收成。

女户主：我们的想法当时看来挺好，可是孩子不同意，说她要到城里去工作，当个城里人。为此我们还做过女儿的思想工作，结果我们反倒被女儿给说服了，那就由她，上到哪里我们就供到哪。1998 年，女子中考，考上了关中一个水利学校。就让她上了个中专。当时中专还吃香，对我们农民来说，觉得还是不错。特别是女儿 2002 年毕业时，靠她自己找了一个事业单位，现在过得也不错。通过女儿上学的事，我们觉得多读点书还是好，能变为城里人就是我们农村人的福气了。后来小儿子上高中、考大学我们都全力支持，虽然现在孩子还在上学，我们也比较辛苦，可是我们心里还是很高兴的，觉得孩子有出息。

个案 6-2[②]：D 村住户，家有一个儿子，现上高二。该户收入颇丰，男户主以自己的木匠手艺，承包一些房屋装修或其他木工活。在访谈期间，适逢该男户主回家。该户对孩子的教育观念也经历了一个变化的过程，从最开始追求孩子学得一门技术以多挣钱，到后来一心希望孩子上大学，从农民变为城里人，改变农民

---

① 根据 2009 年 3 月 25 日访谈记录整理，编号：D20090325。
② 根据 2009 年 7 月 11 日访谈录音整理，编号：D20090711。

身份和地位。

男户主：对孩子的教育，我的想法和思想经历了一个波动，老实说，我起先想要孩子学门技术或手艺。打算他初中毕业后，上个职业学校学点技术，到南方进个厂，一月也能挣好几千，技术好收入更多。从我自己的经历看，有门手艺好处多。这几十年，我这木工手艺养活了我们一大家子，也还可以。但在外面承包装修和木活所遇到的一些事，让我改变了想法。其中一次是索要承包的装修款，当时给一个国家单位装修。出于对国家单位的信任，答应完工后再结算费用。结果单位老是拖欠，为那事伤透了脑筋，切身感受到农民地位低下，在要款过程中受到的冷遇和侮辱也不少，最后款也只要回了一半。在城里办事或者给城里人装修房子过程中，时常能遇到城里人对农村人的白眼、不公对待甚至侮辱。这么多年，我自己能感到城里人对农村人的歧视，哪怕你再有钱，城里人还是照样瞧不起你。

女户主：孩子他爸后来和我说，还是不能让儿子像我们这样当农民，要想办法改变一下。最好的办法就是让孩子上学考出去。每次他回来，都要给孩子上上思想课，把自己的一些感受给孩子说说，鼓励孩子好好学习，争取跳出农村，改变农村人的地位。

从上面两个访谈个案，我们在认识农户对子女教育观念改变的同时，也看到观念对行为的影响，以及农户在观念变化的过程中对子女教育投入行为的调整，而这正体现出文化对农户理性教育投入行为的建构。

总之，在农户对子女教育投入的观念变化以及行为调试的过程中，我们认识到文化在农户对子女教育投入行为过程中的作用，以及文化自身又是如何被农户的教育投入行为不断改变和建构的。

(二)农户理性教育投入行为的情境建构过程

1. 情境的偶发性与行为的意外后果

任何行动都与特定社会情境相关联。道格拉斯·C.诺斯(1994)认为："我们必须探究人类行为的两个特定方面：①动机；②对环境的解释。人类行为比经济学家模型中的个人效用函数所包含的内容更为复杂。诺斯对行为环境的解读，正是看到了行为情境的重要性。安东尼·吉登斯(1998)认为，人们在行动过程中，经常不断地运用场景的性质和特性来构成行动的过程,并赋予互动一定的意义内涵。"因此，情境就将互动最亲密、最细微的组成部分与社会生活的制度化方面远为广泛的性质关联起来了。吉登斯认为，所有的社会互动都体现在身体在场的具体情境中，且通过情境而完成。在行动和结构的互动中，我们需要认识在一定情境下的实践，并尽力发现在具体场景中发生的实践行为和各种结构之间的关系。情境具有社会性、可变性和偶发性，是一种结构性约束，而行动者在结构约束下具有选择的主动性。

农户教育投入行为的情境具有多样性，既包括微观的具体情境，还包括宏观的社会大环境，微观情境和宏观情境既相互影响，也共同影响农户的教育投入行为。正是这种相互交织、错综复杂，使得农户往往在具体情境下的行为取向和选择呈现差异，行为也会发生变化，而情境的变动性和偶发性进一步强化了这种差异。但农户对子女的教育投入行为变化也并不是不可捉摸、变化莫测，随情境的变化而随意变化，事实上，在情境变化和偶发性下，农户对子女的教育投入行为依然表现出农户的理性选择，体现出农户在结构性因素影响下的主体性。我们从访谈个案中也能感受到这一点。

个案 6-3[①]：W 村住户，家有一个女儿，现在县城某重点高中读高一。在对该户的访谈中了解到，在孩子考高中时，因未能按预期顺利升学，加之孩子母亲当年不幸遇到车祸，曾一度影响了该户的教育投入行为。

男户主：去年孩子考高中，因为考试那几天没休息好，发挥失误，没有上县城一中（为省级重点高中——笔者注）的分数线，只上了普通高中线，一下子给我们的心里泼了凉水。对孩子和我们当父母的打击都不小，因为孩子平时成绩很好，我们希望她能上重点高中，考个好大学。更糟糕的是孩子她妈去年 8 月被摩托车撞了，腿给折了，而撞人的车给跑了。真是倒霉的事都集中到一块儿了。好在孩子她妈没出大事，现在有时还头晕，一直药没断，到目前医药费都花了三四万了。本打算就让孩子上个普通高中，可还是有点不甘心，也觉得毁了孩子的前途，毕竟普通高中升学率低，读几年太划不来了。最后一狠心，向亲戚朋友处借了些钱给孩子交择校费，还是让她上县城一中。

行为除了与情境相关，还会产生一定的结果，结果有可能是预想不到的"意外结果"[②]，这也是行为的实践特性。吉登斯认为，"结构二重性"的意蕴就体现在行动的"条件"和"后果"所具有的错综复杂的意蕴之中。情境具有社会性、可变性和偶发性，是一种结构性约束。理性行为又是行动者在结构约束下的一种行为选择结果，既然是一种选择，就意味着是在一定条件和情境下的结果，这往往和行动者初期的行为预期存在一定的偏离，产生预想不到的"意外结果"。

农户对子女的教育投入行为往往会产生"意外后果"，难以预料，而这种意外后果既是行动的后果，也与行为的环境相关。农户教育投入行为的意外后果也

---

① 根据 2009 年 4 月 11 日的访谈记录整理，编号：W20090411。
② 吉登斯在论述自己的结构化理论时，专门论述过行为的"意外后果"（安东尼·吉登斯，1998）。

并不表明农民是非理性的，而是说明在一定环境下，行为的隐功能变为显性，产生与行为的显功能相偏离的结果。安东尼·吉登斯(1998)对默顿思想解读时指出，在默顿那里，有意的活动(显功能)和它的意外后果(隐功能)两相对立。他提出隐功能的目的之一，就是要表明表面上非理性的社会活动也许根本就不是那么回事，尤其是那些持续存在的活动或实践，而我们却通常把它们误认为"迷信""非理性""纯属传统惰性"之类的东西，从而对它们不屑一顾(安东尼·吉登斯，1998)。

我们应该看到农户教育投入行为具有的隐功能，即会产生某些意外后果，有助于深入认识农户教育投入行为的情境性，也有助于理解为何农户教育投入行为是理性的，并非一些人所说的那样不合理性。

个案 6-4[①]：D 村住户，家有一个儿子，升高中时只考上了普通高中，父母花钱选择了县里的省级重点中学，希望孩子能考上大学，现就读高二。但孩子迷恋打游戏，被学校警告、处分过几次，曾参与一次打架，差点被学校开除。

男户主：前年孩子升高中，只考上普通高中，上重点高中差了点分。孩子在我们乡里的初中成绩很好，数一数二。哎，还是我们这的教育差，和县城比还远着呢！

女户主：孩子考了个普通高中，也还差不多。我觉着考到哪里就让孩子去哪里上，可孩子的爸爸不同意。说孩子学习好，如果到好学校去读，将来上个大学没问题。我们花了好大的功夫才把他弄到县里的省重点高中，可孩子高一下学期迷上游戏，还和"社会混混"在一起，学习也落后了。现在想来真后悔当初的决定。

男户主：没想到，真的没想到。这娃一到城里就变了，学校因为他打架、玩游戏整晚不回宿舍都处分过他好几次，可就是改不了。我们家长也打过、骂过、教育过，可不起作用。看来当初不该让他到县里读，既花钱，又费心。如果还这样下去，就让他早点出去打工挣钱。

从该农户的访谈中，了解到他们深为自己当初选择让孩子上县里省级重点中学的行为而懊悔，儿子在学校的表现令他们失望，也是他们以前未预料到的。出现儿子荒废学业的意外后果并不是该农户所愿意看到的，也不能因此而认为当初农户对孩子的教育选择是非理性的。出现这种意外结果后，该农户的懊悔是对以往行为的反思和批判，也是对孩子下一步教育选择和投入行为的理性思考。

2. 情境、意外后果与行为的互动

农户对子女的教育投入行为，是特定情境下农户对环境和各方面条件权衡后的理性选择，但这种理性选择的教育投入行为又并不总是和农户的预期一致，常

---

① 根据 2009 年 6 月 27 日访谈记录整理，编号：D20090627。

常发生偏离，呈现差异，出现非预料的意外后果。情境、意外后果和行为三者的
关系，处于动态的变化之中，相互作用，相互影响。三者的关系本质上体现了行
动和结构在理性为中介下的相互建构。

从访谈个案 6-4 中，我们可以看到情境、行为、意外后果的互动过程。在孩
子只考上普通高中的情境下，该户出于追求孩子上大学的理性思考，采取不惜花
钱让孩子上省级重点中学的教育选择行为，但孩子迷恋游戏，不好好学习、混社
会的意外后果偏离了该户当初的行为目标，这种意外后果又是一种新情境，在新
情境下，该户不断反思过去行为选择的正确、合理与否，面对新情境，该户打算
让孩子早日打工挣钱的想法又是下一步教育投入行为选择的理性思考。这样的过
程，正体现了情境、行为和意外后果的互动，这一过程可用图 6-2 表示。

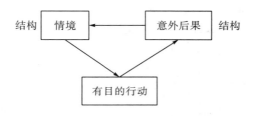

图 6-2　情境、行动与意外后果互动图

（三）农户理性教育投入行为建构过程的特征

行动者在结构约束下行动时，会根据社会情境的变化能动地、不断地调整
自己的行动策略，并积极地寻找和建构更符合自己利益、能给自己带来更多福
利和效用的结构。行动者在被结构形塑和建构的同时，他们的行动也在建构结
构（翟岩，2008）。而这种建构表现为一种动态的变化过程，具有动态性和过程
性特征。农户对子女的教育投入是有目的、有动机的理性行为，而在各种结构
性约束下，与社会结构相互建构，呈现一种动态的互构过程。进一步把握这种
具体建构过程的特征可以更好地理解农户对子女的教育投入行为，也可以更好
地把握农户教育投入行为差异和变化背后的逻辑本质。正如安东尼·吉登斯
（1998）所说，对社会事件过程的思考，需要持续不断地介入、脱离、再介入它
们所描述的事件世界，这正是问题的关键。对农户理性教育投入行为建构过程
的研究，也需要我们不断地介入、脱离、再介入农户对子女的教育投入事件中，
以把握其特征。

对农户理性教育投入行为的文化建构和情境建构过程的分析，可以看到农户
理性教育投入行为的建构表现为这样一个连续的过程：从初始动机与目标下的行
为选择，到各种结构性影响因素和具体情境下新的动机与目标，再到目标和动机

调适后新的行为选择。从具体访谈中农户的话语来看，我们也可看到建构过程的这些特征。

个案 6-5[①]：W 村住户，家有一个男孩，在 H 市一职业学院上学。对该户的访谈，了解到他们对孩子的教育投入行为出现过几次变化，每次的变化的原因不尽相同。

男户主：孩子上小学时，我们对孩子的教育并没有特别的地方，就让他在村里上小学，当时也就是希望他能多认识几个字，让孩子上学也就是尽到做父母的责任。上初中一年级时，孩子成绩不错。在一位当教师亲戚的开导和建议下，萌生了让孩子上高中考大学的想法，我把孩子弄到一个教育质量好的学校上学，那时觉得孩子成绩还好，在好学校学习应该考个重点高中没问题。后来孩子也顺利地升入了县里的重点中学。但上到高二后，孩子喜欢上网、经常旷课，学习成绩越来越差。老师和我们都教育他、做他的思想。但还是提不起他的学习兴趣，我们也很失望。仔细想想，也许我们让孩子考大学的观念应该转变，不太实际。去年他高考落榜，我们考虑到现在大学毕业生找工作也困难，我们家也没啥有背景的人，加上孩子也不是学习的料。最后就让他上了本地的一所职业学院，学点技术，也好以后挣点钱养家糊口。

个案 6-6[②]：D 村住户，家有两个女儿，大女儿在县城上高二，小女儿在镇里上初二。

女户主：我们让孩子上学，主要是出于尽父母的责任。两个孩子上学，从内心里讲，我们并不太愿意她们读太多的书。一来农村人，收入少，哪能供得起孩子读书呀；二来嘛，毕竟是女孩子，早晚都是别人家的人，书读得多或少都是一样。不过话又说回来，具体到孩子上学问题，当父母的也不忍心强迫孩子不读，这样将来要遭到孩子埋怨。

男户主：我们本打算让大女儿上完初中就得了，哪想到她考上了县里的省重点高中。我们和她商量，要不就不去读了，毕竟咱家经济不太宽裕。可孩子认准了，非去不可。我们也没办法，想想毕竟考上也不容易，就顺了她的意。大女儿志向还高，说还要考大学。我们当父母的还能说啥？扛着吧。现在小女儿还时不时地说，她也要像姐姐一样，考到县里去上学。看来在孩子上学问题上，父母还是得跟着孩子的想法走。

从上面两个访谈个案中，我们看到了农户对子女的教育动机和目标随具体情

---

① 根据 2009 年 7 月 12 日访谈录音整理，编号：W20090712B。
② 根据 2009 年 7 月 3 日访谈记录整理，编号：D20090703A。

境而变化，投入行为也不断调适和改变，这个变化的过程正是农户理性教育投入行为的建构过程。从访谈中可以发现这个建构过程具有以下三个特征。

1．行为的旨归：理性的最大化收益期望

农户对子女的教育投入行为是有目的、有动机的理性行为。农户的教育投入作为一种投资行为，也追求收益，其行为原则表现为追求最大化效益或满足的实现。但农户追求的"效益或满意"并不只局限于狭窄的经济领域，它还包括政治的、社会的、文化的、情感的等内容，访谈中农户谈到的"尽父母义务""学点技术以打工挣钱""考大学以改变命运""养家糊口"等都是这些方面追求的反映。农户教育投入行为的多元化追求目标，使得其行为具有社会性，所追求的目标也具有社会性。农户教育投入行为追求"效益或满意"具有的多方面内容，使得其行为表现出生存理性、经济理性和社会理性的差异性特征。

不管农户的教育投入行为受到何种结构性因素的影响和约束，农户总是表现出理性的思考和最大化效益或满足的追求，会根据具体情境的变化和发展，调适和选择合适的行为。在我们的访谈和调查中，能时刻感受到这点，也能从访谈个案 6-5、个案 6-6 农户的话语中捕捉到这一点。因此，理性的最大化收益期望是农户教育投入行为的目标导向，是其行为的旨归，也是其教育投入行为建构过程的特征之一。

2．变化情境下对行为和目标的理性反思

当农户按照初始的目标和动机选择了一定的行为后，还可能面临新情况、新问题。因为随着情境的变化，加上行动的意外后果，会出现新的行动环境。农户会不自觉地从新情境来反思原有的教育投入行为和目标的合理性与恰当性。访谈个案 6-4 中，该户择校让孩子上了重点中学，却出现孩子迷恋打游戏、不好好学习、混社会等意外后果，这些偏离了该户当初的行为目标和期望，该农户一直懊悔当初对孩子的教育选择，这种懊悔就是对先前教育投入行为的反思和批判。访谈个案 6-5 中，该农户最开始对孩子的教育想法很简单，就是尽到做父母的责任，对孩子的教育选择就是就近在村里上学；后来在亲戚的建议和开导下，反思之前的教育观念和行为，萌生了让孩子上高中考大学的想法，把孩子送到一个教育质量好的学校上学；孩子高中后学习不理想、经常上网和旷课，加上高考失败，促使该农户思考原有的想法和教育投入行为，并认为"也许我们让孩子考大学的观念应该转变，不太实际"。在新的情境下，农户会不断反思先前的教育观念、动机和行为，这种持续的反思性，是农户理性教育投入行为建构过程的一个显著特征。

3．目标和行为的理性调适

农户理性教育投入行为建构过程的第三个特征表现为农户对目标和行为的理性调适。"调适"是人类对物质环境作出反应并改变这些环境的特征的各种过程。农户对教育投入目标和行为的调适，是对原有目标和行为反思的结果，也是农户在各种结构性约束和新的情境下的理性选择。当原有行为在新的情境下已经不能实现最大化收益或满足时，农户要么会调整行为以实现既定的目标，要么重新制定适合新情境的目标。而如何调整，依据哪些因素调整，不同的农户往往并不一样，即便是同一农户也会依情境变化而变化。不管目标和行动如何调适，都体现了农户的理性思考，体现了追求最大化效益或满足实现的行动原则，即便最优的目标不能实现，农户也往往会根据情境选择次优的方案。可见农户对教育投入目标和行为的调适具有动机，这种动机就是最大化收益期望。

总之，最大化收益期望、对行为与目标的理性反思和调适是农户教育投入行为建构过程的几个特点。这几个特点既体现了农户作为行动者的主体性和创造性，也反映了各种具体情境和结构性因素对农户行为和理性的约束与影响。农户理性教育投入行为的建构过程如图6-3所示。

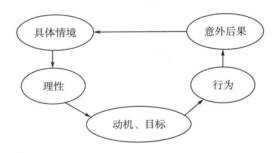

图6-3 农户理性教育投入行为建构过程示意图

三、农户教育投入行为的双重嵌入逻辑

（一）农户教育投入行为的实践逻辑

人们的实践活动具有不确定性和模糊性，这两个特征源自这样一个事实：实践活动的原则不是一些能意识到的、不变的规则，而是一些实践图式，这些图式是自身模糊的、并常因情境逻辑及其规定的几乎总是不够全面的视点而异（皮埃尔•布迪厄，2003）。正因如此，要完全弄清人们的实践活动并不是一件容易的事，但从总体上把握其实践的特性还是可能的，对农户教育投入行为实践逻辑的把握也需要注意这点。农户教育投入行为的实践逻辑是在有限的可观察到的教育投入实践活动中表现出的特性，把握农户教育投入行为的实践逻辑，就是要看到这种实践特性。

从上文分析中，我们可以看到农户教育投入行为具有理性，而农户的理性具有社会性特征。虽然农户理性与个人相关，具有个别的具体性，但是存在于农户个体思维中并支配其个人实践行为的理性是社会建构的结果。理性在支配农户教育投入行为的实践过程中，在建构各种结构性限制因素时也不断地建构理性自身。西蒙认为，人的理性具有限制，主要在于个人认识活动的局限性（Herbert，1995）。事实上，理性的有限性更重要的是因为受到社会的限制，受到各种结构性因素的制约。农户教育投入行为的理性是在特定的场域中被社会建构的，家庭、社会制度、文化、社会规定、情境被农户不断地内化，成为其理性的内在规定性。因此，只有在结构与行动的相互作用、相互建构关系中才能深入理解农户教育投入行为的理性。而这，正是理解农户教育投入行为实践逻辑的前提。

农户教育投入行为的实践逻辑既不同于经济学中所述的单纯经济行为的理性逻辑，也不同于哲学中从抽象与思辨层面论述的实践逻辑，而是农户实实在在的实践活动，是在理性支配下的能动性和建构性的实践活动。农户理性教育投入行为中所体现的能动作用和创造性是社会性的生成与建构过程。正如皮埃尔·布迪厄（1998）所言：这些性情倾向在实践中获得，又持续不断地旨在发挥各种实践作用；不断地被结构形塑而成，又不断地处在结构生成过程之中。

此外，农户教育投入行为的实践，既不是无意识的机械行动，也不是完全靠自己的意图任意盘算、自由计划自己的目标，使效用最大化的行动，而是本质上表现为：一方面具有主体选择性、目的性的理性；另一方面这种理性又要受到各种结构性因素的限制和约束，是结构约束和主体选择的结合，实质是理性行为的社会建构。这种分析视角与布迪厄的论述类似。皮埃尔·布迪厄（1998）指出：客观主义把行动理解成"没有行动者"的机械反应；而主观主义则把行动描绘成某种自觉的意图的刻意盘算、苦心追求，描绘成某种良知自觉之心，通过理性的盘算，自由地筹划着如何确定自己的目标，使自己的效用最大化。他从一开始就想摆脱这两种思路，以便说明在最细微、最平凡的形式中体现出来的那些实践活动——比如各种仪式、婚姻选择、日常生活中的世俗经济行为等等。事实上，这种视角在某种程度上与马克思对生产实践的看法有相近之处，马克思认为生产实践是主体同客体相互作用的过程。马克思（1975）指出："劳动首先是人和自然之间的过程，是人以自身的活动引起、调整和控制人和自然之间的物质变换过程。"这表明马克思主张从主观与客观、主体与客体的关系中去把握实践。农户教育投入行为的实践逻辑体现了主体的目的性、创造性，客体的条件性、制约性，以及实践过程中的规则性与程序性。从本质上看，是农户理性行为的社会建构过程。

（二）农户教育投入行为的双重逻辑

从前文的分析中，我们可以看到农户教育投入行为具有双重逻辑，是理性和实践有机结合的双重逻辑。所谓双重逻辑，指的是从表层来看，农户对子女的教育投入行为是理性的。农户对子女的教育有目的、有动机，在投入的具体过程中会反思其目标和行为，并做出特定情境下的选择。而从深层看，农户对子女的教育投入行为具有建构性，是理性的社会建构。一方面，农户在理性追求和反思下，其行为的动机、目标和行为本身打上了自身的印痕，农户的教育投入行为受到农户自身的建构；另一方面，农户的理性行为又受家庭、社会、文化、具体情境等结构性因素的约束与影响，是社会的建构。因此，从表层和深层两个层面来看，农户对子女的教育投入行为是理性化与建构的镶嵌，表现为第一层次的理性逻辑和第二层次更深的理性行为的社会建构的实践逻辑，是理性逻辑和实践逻辑的有机结合。

（1）从表层来看，农户教育投入行为是理性的，表现为行为的理性化逻辑。从前文的研究和分析中，特别是第四章的分析，我们看到了农户教育投入行为变化和差异背后的理性逻辑。农户教育投入行为的理性逻辑主要表现在三个方面。首先，理性体现于农户对子女教育投入的整个过程中。从农户对子女教育的观念、动机、目标，到行为选择，以及教育目标和行为的调适，在孩子接受教育的整个过程中，都体现了农户的理性，表现出其行为的理性化。其次，农户教育投入行为的理性表现出生存理性、经济理性和社会理性的差异。农户对子女的教育动机和目标追求，以及教育投入行为选择，表现出差异，并不是单纯地追求某一方面的目标，也不是单纯表现为某一方面的行为，而是表现出多样化特点。再次，农户理性教育投入行为表现出生存教育和地位教育的偏好。在农户追求生存理性、经济理性和社会理性的过程中，在子女的受教育种类和阶段上存在选择，而教育的生存和地位的功能差异与区别，也就自然反映在农户对子女的教育投入上。

（2）从深层来看，农户教育投入行为又具有社会建构性，是"理性的社会建构"，表现出行为的实践性逻辑。"理性的社会建构"表明农户教育投入行为的建构包含两方面的内容，具有建构的"二重性"特征。一方面，"理性"说明农户自己建构着教育投入行为，农户的教育投入行为受自身观念、思想和动机的建构；另一方面，"社会建构"表明农户的教育投入行为还是社会建构的，是家庭、社会、文化、情境等结构因素对农户行为的建构。用"理性的社会建构"这样的表述就是表明农户教育投入行为具有建构的"二重性"特征。

由此，我们看到在当前社会转型、教育内卷化背景下，农户对子女教育投入行为的差异和变化是有深刻原因的。一方面，农户教育投入行为的差异和变化是理性追求和选择的结果。在生存理性、经济理性和社会理性等不同的理性追求下，农民表现出对生存教育或地位教育的不同偏好，表现出对子女各阶段教育投入行为的不同选择，表现出多样化的教育投入行为。另一方面，农户教育投入行为的差异和变化是实践中行为和结构相互建构的结果。在实践中，农户的理性行为受到家庭、社会、文化、情境等结构性因素的约束和制约，在各种结构性约束下，农户理性选择对子女的教育投入行为，并随具体情境的变化而调适目标和行为，表现出以理性为中介的行为和结构的互动和互构。理性和实践的双重逻辑，使得农户的教育投入行为表现出差异，也表现出行为的变动性。把握了农户对子女教育投入行为理性和实践这一双重逻辑，也就把握了农户教育投入行为的深层机理，不至于被各种表象所迷惑。因此，农户教育投入的行为逻辑就是理性与建构的双重嵌入，是理性逻辑与实践逻辑的有机结合。

第七章　结论与展望

在社会转型与教育体制改革时期，我国农民对子女的教育投入的问题不仅存在，而且有的问题还比较严重。时至今日，农民家庭对子女的教育投入一直是孩子上学受教育的主要模式，所以对农户教育投入行为的研究不仅具有理论意义，而且更具有实践意义。我们只有把握现实生活中农户对子女教育投入的行为逻辑和隐藏在表层背后的规律，才能解决农户对子女教育投入的各种问题，更好地促进农村教育的发展。

本书中的研究问题来源于实地调研，在对已有文献资料研读的基础上，从科尔曼的社会"理性人"视角出发，结合行动与结构研究的社会建构论视角，确立了全书的分析框架。通过把握访谈中农户的话语，对农户的教育投入行为进行了研究并得出了结论。本书的研究目的是理解社会转型期教育内卷化下农户对子女教育投入的现状，并从这种表现出的现状中，把握农户对子女教育投入的行为逻辑，从而厘清目前有关农户对子女教育投入的一些模糊性认识，增进对农户教育投入行为的理解和认识。

本章对前述六章的分析进行总结和概括，对一些研究结论做一个归纳，并对研究中的一些问题予以反思和讨论，以利于将来的后续研究。

一、主要研究结论

本书通过研究，得出了一系列相关的结论。

(1) 对农户教育投入的社会生态场域进行了分析，探讨了社会转型期教育发展的困惑，并认为当前教育发展的困惑是教育内卷化，表现出教育有增长而无发展，教育的边际收益率降低，而这根源在于社会转型带来的教育失调和教育的文化缺失。中国社会转型期教育改革和发展过程中，出现了许多困惑：教育扩张的同时，教育质量却长期停滞，甚至有下降的趋势，高校扩招、合并与更名后教育质量的停滞；农村教育质量较低，城乡教育差距越来越大；高校毕业生就业的压力越来越大，毕业即失业的现象也屡见不鲜；大学毕业生收入减少，高学历人员的待遇增加有限，教育贬值现象普遍；高学历者从事低学历，甚至无须上学就能从事的工作，教育人才未能得到充分利用，教育资源浪费严重；大量高中学子放弃高考，新一轮"教育无用论"出现。这些现象和困惑如何解读，如何应对，正是许多学者探讨和分析的重要主题。本书认为，教育改革和发展中出现的这种种现象与困惑，可用教育内卷化概括。转型期教育内卷化，正是农户对子女教育投入行为的实践场域。把握了这种实践场域，也就为理解农户教育投入行为提供了现实语境和社会意蕴。

（2）本书就农户对子女教育投入行为的现实表征进行了分析和研究，认为差异性和变化性是农户教育投入行为的两个重要特征。农户教育投入行为的差异性主要体现在观念差异、物质投入与非物质投入行为的差异以及不同的教育选择差异。农户对子女教育投入行为的变化性主要表现在不同教育阶段对子女的教育投入动机、观念和行为存在变化，在具体的家庭、社会、文化、情境等结构性约束下，农户对子女教育选择存在变化，并不一致。

（3）本书分析了农户对子女教育投入行为的理性逻辑，认为农户教育投入行为存在理性，并表现出生存理性、经济理性和社会理性的追求。农户对子女教育投入的动机是三种理性各有侧重、相互交织的状况。这样一种探讨，事实上既厘清了农户教育投入行为的"理性"逻辑，也更好地回应了农户教育投入行为是"非理性"以及纯粹是经济理性的观点。从农户对子女教育投入行为的理性动机和追求中，我们看到了理性差异所导致的行为差异，也看到了理性追求所引致的行为变化，初步回答了教育投入行为差异和变化的原因。

（4）对农户教育投入行为的实践逻辑进行了探讨，进一步分析了农户在生活实践中对子女的教育投入行为，并从更深的逻辑层次上回答了农户教育投入行为差异和变化的原因。农户在生活实践中对子女的教育投入行为，一方面具有理性，表现为有动机和目的的理性追求，也表现为随社会具体情境而不断调适和变化其目标追求和行为选择；另一方面，农户的教育投入行为还受到家庭、社会、文化、情境的约束和限制，不能完全按照自己的想法行动。这样，农户对子女的教育投入实践就包含了主体选择性和结构约束性，这种实践正是以理性为中介，表现出农户的行为和家庭、社会、文化、情境的互动与相互建构。因此，本书称之为理性行为的社会建构。这样，农户对子女教育投入行为差异和变化的原因既与农户行为的理性化有关，也与农户的实践特性相关，表现出农户对子女教育投入行为的理性和实践的双重逻辑。

（5）从社会建构论来研究农户对子女教育投入的行为逻辑，避免了以往研究要么过于强调农民的自觉性和意图性而忽视农民理性的各种约束因素，要么过于强调各种结构限制而贬低或扼杀农民的理性。书中认为，我们既要看到结构对行动的约束和建构，也要看到行动对结构的建构与创造；既要用结构解释行动，也要用行动解释结构。运用结构与行为关系的社会建构论视角对农民行为进行分析和研究，把握农民行为的实践特性，将是今后农民行为研究的一大趋势。这也是农户行为研究范式从"经济理性"到"社会理性"转向后的新转向，是从"社会理性"到"理性的社会建构"转向。

(6)揭示了农户对子女教育投入的行为逻辑是理性行为的社会建构,这也是农户对子女教育投入行为差异与变化的根源。农户从追求生存、经济、政治权力、社会地位、社会声望、情感等社会收益最大化目标出发,权衡子女、家庭、社会、文化等因素,做出是否对子女教育投入的决策。当子女、家庭、社会、文化等因素发生变化时,在新情境下农户反思并调适先前对子女的教育投入行为,确立新的最大化社会收益目标,做出是否对子女教育投入的新决策。农户对子女的教育投入行为是结构约束与农户理性选择的结果,呈现出以理性为中介的行为与结构的互动和相互建构。

二、研 究 展 望

研究农户对子女教育的投入行为,解读其行为的表现和逻辑是一个既有理论意义,也有现实意义的课题。限于目前的研究条件和基础,本书在该研究领域还存在以下三方面内容值得进一步扩充和深入。

(1)就农户对子女的教育投入行为而言,我们既要从农户的行为本身来研究;又要跳出行为的局限,从整个社会场域来把握行为。而在探讨农户教育投入行为与家庭、社会、文化、情境等的关系的过程中,如何把握农户教育投入行为与各种结构性因素的互动与互构,是值得我们进一步研究的。特别是农户教育投入行为与文化、具体情境的建构过程,更是值得探讨。

(2)运用社会建构论视角对农民教育投入行为进行分析和研究,把握农民行为的实践特性,将是今后农民行为研究的一大趋势。本书不过是初步涉及这种研究视角。农户行为研究范式从"经济理性"到"社会理性"转向,以及从"社会理性"到"理性的社会建构"转向的过程和理论,也有待进一步充实和发展。

(3)书中对社会转型期教育内卷化的分析,也是一个值得深入研究的内容,这对把握当前教育发展困境,探索在教育内卷化下农户教育投入行为的变化具有现实和理论意义。

主要参考文献

A. H. 马斯洛，1987. 动机与人格[M]. 许金声等译. 北京：华夏出版社.

A. 恰亚诺夫，1996. 农民经济组织[M]. 萧正洪译. 北京：中央编译出版社.

D. B. 约翰斯通，2004. 高等教育财政:问题与出路[M]. 沈红等译. 北京：人民教育出版社.

R. K. 默顿，2003. 科学社会学[M]. 鲁旭东等译. 北京：商务印书馆：614.

T. 帕森斯，1988. 现代社会的结构与过程[M]. 梁向阳译. 北京：光明日报出版社：229.

T. 帕森斯，2003. 社会行动的结构[M]. 张明德 等译. 南京：译林出版社.

埃弗里特•M. 罗吉斯，拉伯尔•J. 伯德格，1988. 乡村社会变迁[M]. 王晓毅等译. 杭州：浙江人民出版社.

埃利希•弗罗姆，1988. 健全的社会[M]. 欧阳廉译. 北京：中国文联出版公司.

埃米尔•迪尔凯姆，1988. 社会学研究方法论[M]. 胡伟译. 北京：华夏出版社.

埃米尔•迪尔凯姆，2000. 社会分工论[M]. 渠东译. 北京：三联书店.

安东尼•吉登斯，1998. 社会的构成：结构化理论大纲[M]. 李康 等译. 北京：三联书店.

安维复，2003. 社会建构主义评介[J]. 教学与研究，4.

安维复，2005. 社会建构主义：后现代知识论的"终结"[J]. 哲学研究，(9)：60-67.

柏拉图，1986. 理想国[M]. 郭斌等译. 北京：商务印书馆.

包亚明，1997. 文化资本与社会炼金术——布尔迪厄访谈录[M]. 上海：上海人民出版社.

北京大学哲学系外国哲学史教研室，1957. 古希腊罗马哲学[M]. 北京：三联书店.

蔡昉，1998. 二元劳动力市场条件下的就业体制转换[J]. 中国社会科学，(2)：4-14.

陈汉辞，2009. 84 万人放弃高考：不需再走独木桥[N]? 第一财经日报，(2009-06-10)

陈坚，2002. 内卷化：农村教育研究的新视角[J]. 教育发展研究，17.

陈小莹，2006. 电厂抄表工年薪十万元 火电业经营状况恶化[N]. 第一财经日报，(2006-06-26)

陈晓福，魏天纬，2008. 陕西教育年鉴[M]. 西安：三秦出版社.

陈晓宇，陈良琨，夏晨，2003. 20 世纪 90 年代中国城镇教育收益率的变化与启示[J]. 北京大学教育评论，2.

代俊兰，2002. 农民的教育心态透视[J]. 河北师范大学学报(教育科学版)，4.

戴维•格伦斯基，2005. 社会分层[M]. 王俊等译. 北京：华夏出版社.

戴维•布莱克莱吉，1989. 当代教育社会学流派——对教育的社会学解释[M]. 王波等译. 北京：春秋出版社.

丹尼尔•科顿姆，2005. 教育为何是无用的[M]. 仇蓓玲等译. 南京：江苏人民出版社：126.

单中惠，杨汉麟，2000. 西方教育学名著提要[M]. 南昌：江西人民出版社.

道格拉斯•C. 诺斯，1994. 制度、制度变迁与经济绩效[M]. 刘守英译. 上海：上海三联书店：50.

邓大才，2006. 社会化小农：动机与行为[J]. 华中师范大学（人文社会科学版）.

邓和平，2006. 教育社会学研究[M]. 武汉：湖北人民出版社：212-213.

董云川，张建新，2006. 少数民族聚居省份高等教育入学机会差异探讨——云南高校实证调研报告[J]. 长春工业大学学报（高教研究版），1.

杜育恒，2000. 教育发展不平衡研究[M]. 北京：北京师范大学出版社.

杜赞奇，1996. 文化、权力与国家——1900—1942年的华北农村[M]. 王福明译. 南京：江苏人民出版社.

范志海，2004. 论中国制度创新中的"内卷化"问题[J]. 社会，4.

费孝通，1998. 乡土中国　生育制度[M]. 北京：北京大学出版社.

弗兰克·梯利，1995. 西方哲学史[M]. 葛力译. 北京：商务印书馆.

弗里德利希·冯·哈耶克，1997. 自由秩序原理（下）[M]. 邓正来译. 北京：三联书店.

富永健一，1988. 社会结构与社会变迁——现代化理论[M]. 董兴华译. 昆明：云南人民出版社.

格林，沙皮罗，2004. 理性选择理论的病变：政治学应用批判[M]. 徐湘林等译. 桂林：广西师范大学出版社：32.

龚继红，钟涨宝，2005. 农村家庭收入对农村家庭教育投资行为的影响——基于湖北省随州市农村家庭的调查[J]. 统计与决策，18.

龚继红，钟涨宝，2006. 农村家庭子女数量对家庭教育投资行为影响的实证研究——基于湖北省随州市农村家庭的调查[J]. 经济师，（8）：222-223.

顾明远，1998. 教育大辞典(增订合卷本)[M]. 上海：上海教育出版社.

管爱华，崔宜明，2006. "生存理性"与传统道德——中国传统农民的经济生活与价值诉求[J]. 探索与争鸣，6.

郭丛斌，2004. 二元制劳动力市场分割理论在中国的验证[J]. 教育与经济，（3）：7-11.

郭丛斌，丁小浩，2004. 职业代际效应的劳动力市场分割与教育的作用[J]. 经济科学，3.

郭继强，2007. "内卷化"概念新理解[J]. 社会学研究，（3）：194-208+245~246.

郭瑞云，2000. 我国分割的劳动力市场问题研究[J]. 现代经济探讨，（3）：45-47.

国家教育督导团，2006. 国家教育督导报告2005——义务教育均衡发展：公共教育资源配置状况[J]. 教育发展研究，9.

国家教育发展研究中心，2001. 2001年中国教育绿皮书[M]. 北京：教育科学出版社.

国家统计局人口和社会科技统计司，2002. 2002中国人口[M]. 北京：中国统计出版社.

国家统计局人口和社会科技统计司，2007. 2007中国人口[M]. 北京：中国统计出版社.

哈里特·朱克曼，1979. 科学界的精英——美国的诺贝尔奖奖金获得者[M]. 周叶谦等译. 北京：商务印书馆：343.

候建新，2002. 农民、市场与社会变迁——冀中11村透视并与英国乡村比较[M]. 北京：社会科学文献出版社.

胡芳日，2006. 我国家庭教育投资偏好形成及其影响[J]. 企业家天地（理论版），12.

胡建国，2007. 中国城镇劳动力市场工资差异的城乡户籍歧视问题探讨[J]. 统计与决策，1.

胡星斗，2009. 中国户籍制度的命运：完善抑或废除[J]. 学术研究，10.

黄敬宝，2004. 我国教育性失业问题研究综述[J]. 2004年中国教育经济学学术年会.

黄鹏进，2008. 农民的行动逻辑：社会理性抑或经济理性——关于"小农理性"争议的回顾与评析[J]. 社会科学论坛（学术评论卷），8.

黄平，1997. 寻求生存——当代中国农村外出人口的社会学研究[M]. 昆明：云南人民出版社.

黄宗智，1986. 华北的小农经济与社会变迁[M]. 北京：中华书局.

黄宗智，2000. 长江三角洲小农家庭与乡村发展[M]. 北京：中华书局.

加里·S.贝克尔，1987. 家庭经济分析[M]. 彭松建译. 北京：华夏出版社.

加里·S. 贝克尔，1987. 家庭经济分析[M]. 彭松建译. 北京：华夏出版社.

加里·S. 贝克尔，1987. 人力资本[M]. 梁小民译. 北京：北京大学出版社.

姜继红，汪庆尧，2007. 社会资本与就业行为的实证研究[J]. 扬州大学学报（人文社会科学版），6.

蒋斌，2006. 影响农民普通高中教育投资的社会因素分析[J]. 内蒙古社会科学（汉文版），5.

教育部财政司，国家统计局人口和社会科技统计司，2004. 中国教育经费统计年鉴[M]. 北京：中国统计出版社.

杰里·加斯顿，1988. 科学的社会运行[M]. 顾昕译. 北京：光明日报出版社.

金耀基，1999. 从传统到现代[M]. 北京：中国人民大学出版社.

卡林·诺尔·塞蒂纳，2001. 制造知识——建构主义与科学的与境性[M]. 王善博等译. 北京：东方出版社.

卡诺依，Defreitas M，G，2000. 分割的劳动力市场和教育，教育经济学国际百科全书(第二版)[M]. 闵维方等译. 北京：高等教育出版社.

康德，1986. 道德形而上学原理[M]. 苗力田译. 上海：上海人民出版社.

康德，2004. 纯粹理性批判[M]. 邓晓芒等. 北京：人民出版社.

赖德胜，1998. 教育、劳动力市场与收入分配[J]. 经济研究，5.

赖德胜，1999. 教育似一座孤岛——中国遭遇教育结构性过度[J]. 中国国情国力，（9）：10-11.

李春玲，2003. 社会政治变迁与教育机会不平等[J]. 中国社会科学，3.

李春玲，2005. 断裂与碎片——当代中国社会阶层分化实证分析[M]. 北京：社会科学文献出版社.

李建民，2002. 中国劳动力市场多重分隔及其对劳动力供求的影响[J]. 中国人口科学，2.

李旻，赵连阁，谭洪波，2006. 农村地区家庭教育投资的影响因素分析——以河北省承德市为例[J]. 农业技术经济，5.

李培林，1996. 流动民工的社会网络和社会地位[J]. 社会学研究，4.

李培林，1999. 走出国有企业的人员过密化逻辑[J]. 中国人口科学，2.

李培林，张翼，1999. 国有企业社会成本分析——对中国 10 个大城市 508 家企业的调查[J]. 中国社会科学，5.

李培林，张翼，2000. 国有企业社会成本分析[M]. 北京：社会科学文献出版社

李文利，2004. 中国高等教育经费来源多元化分析[R]. 教育部和 OECD 联合主办"高等教育发展与财政政策国际研讨会"工作论文. 北京，(7)

李泽厚，1981. 美的历程[M]. 北京：文物出版社.

厉以宁，1999. 关于教育产品的性质和对教育的经营[J]. 教育发展研究，（10）：9-14.

联合国教科文组织国际教育发展委员会，1996. 学会生存——教育世界的今天和明天[M]. 北京：教育科学出版社.

联合国开发计划署，2001. 人类发展报告[M]. 北京：中国财政经济出版社.

林南，2005. 社会资本——关于社会结构与行动的理论[M]. 张磊译. 上海：上海人民出版社.

刘精明，2005. 国家、社会阶层与教育[M]. 北京：中国人民大学出版社.

刘民权，俞建拖，李鹏飞，2006. 学费上涨与高等教育机会公平问题分析[J]. 北京大学教育评论，2.

刘少杰，2006. 国外社会学理论[M]. 北京：高等教育出版社.

刘世定，邱泽奇，2004. "内卷化"概念辨析[J]. 社会学研究，（5）：96-110.

刘艺容，杨继莲，2004. 农村居民教育投资困境及对策分析[J]. 吉首大学学报(社会科学版)，1.

刘祖云，2000. 从传统到现代——当代中国社会转型研究[M]. 武汉：湖北人民出版社.

陆慧，2004. 我国城乡教育收益率的变动趋势研究[J]. 农业技术经济，1.

陆学艺，1991. 社会学[M]. 北京：知识出版社.

陆学艺，2002. 当代中国社会阶层研究报告[M]. 北京：社会科学文献出版社.

路易•阿尔都塞，1984. 保卫马克思[M]. 顾良译. 北京：商务印书馆.

路易斯•亨利•摩尔根，1981. 古代社会（上）[M]. 杨东莼译. 北京：商务印书馆.

马尔科姆•沃特斯，2000. 现代社会学理论[M]. 杨善华等译. 北京：华夏出版社.

马克思，1975. 资本论（第一卷）[M]. 北京：人民出版社.

马克思，1985. 1844 年经济学——哲学手稿[M]. 北京：人民出版社.

马克思•韦伯，1987. 新教伦理与资本主义精神[M]. 于晓等译. 北京：三联书店.

马克思•韦伯，1997. 经济与社会（上）[M]. 林荣远译. 北京：商务印书馆.

马维娜，2003. 局外生存[M]. 北京：北京师范大学出版社.

马小勇，2003. 理性农民所面临的制度约束及其改革[J]. 中国软科学，7.

马小勇，白永秀，2006. 中国农民的经济理性与农村政策的选择[J]. 贵州社会科学，4.

米尔顿•弗里德曼，罗斯•弗里德曼，1982. 自由选择——个人声明[M]. 胡骑等译. 北京：商务印书馆.

潘洪林，2007. 科技理性与价值理性[M]. 北京：中央编译出版社.

彭慕兰，史建云，2003. 世界经济史中的近世江南：比较与综合观察——回应黄宗智先生[J]. 历史研究，4.

彭文平，2002. 农民理性行为与农村经济可持续发展[J]. 江西财经大学学报，6.

皮埃尔•布迪厄，2003. 实践感[M]. 蒋梓骅译. 南京：译林出版社.

皮埃尔•布迪厄，2005. 科学的社会用途[M]. 刘成富等译. 南京：南京大学出版社.

皮埃尔•布迪厄，华康德，1998. 实践与反思——反思社会学导引[M]. 李猛等译. 北京：中央编译出版社.

皮埃尔•布尔厄，2004. 国家精英：名牌大学与群体精神[M]. 杨亚平译. 北京：商务印书馆：9.

皮埃尔•布尔厄，2005. 科学的社会用途——写给科学场的临床社会学[M]. 刘成富等. 南京：南京大学出版社.

皮埃尔•布尔约，J.C. 帕斯隆，2002. 再生产——一种教育系统理论的要点[M]. 邢克超译. 北京：商务印书馆.

恰亚诺夫，1996. 农民经济组织[M]. 萧正洪译. 北京：中央编译出版社.

乔纳森•特纳，2001. 社会学理论的结构（上）[M]. 邱泽奇译. 北京：华夏出版社.

乔森纳•特纳，2001. 社会学理论的结构（下）[M]. 邱泽奇译. 北京：华夏出版社.

秦晖，2003. 农民中国：历史反思与现实选择[M]. 郑州：河南人民出版社.

曲恒昌，曾晓东，2000. 西方教育经济学研究[M]. 北京：北京师范大学出版社.

全国人民代表大会常务委员会，2008. 中华人民共和国义务教育法[M]. 北京：法律出版社.

陕西省统计局，2007. 陕西统计年鉴 200[M]. 北京：中国统计出版社.

陕西省统计局，2008. 陕西统计年鉴 2008[M]. 北京：中国统计出版社：39-40.

斯图尔特•霍尔，2003. 表征：文化表象与意指实践[M]. 徐亮等译. 北京：商务印书馆：56.

宋林飞，1999. 西方社会学理论[M]. 南京：南京大学出版社.

苏国勋，2002. 社会学与社会建构论[J]. 国外社会科学，1.

孙昂，姚洋，2006. 劳动力的大病对家庭教育投资行为的影响——中国农村的研究[J]. 世界经济文汇，1.

孙英，2007. 城郊农民社会资本模式解析——以成都城郊农民为例[J]. 天府新论，6.

田永坡，2006. 高等教育扩展与"知识失业"：国外的研究和经验[J]. 高等教育研究，7.

汪柱旺，2004. 构建"以国为主"的农村义务教育投入体制[J]. 改革与战略，12.

王春光，2007. 城乡结构：中国社会转型中的迟滞者[J]. 中国农业大学学报（社会科学版），1.

王海南，潘朋飞，2000. "教育市场化"的提法不妥——与潘军先生再商榷[J]. 教育与经济，3.

王海燕，1997. 影响初中后学生分流的因素分析[J]. 教育探索，6.

王鹭娟，李朝平，2008. "教育过度"问题研究综述[A]2008年中国教育经济学年会会议论文集[C].

王铭铭，1997. 村落视野中的文化与权力：闽台三村五论[M]. 北京：三联书店.

王善迈，1997. 社会主义市场经济条件下的教育资源配置方式[J]. 教育与经济，（3）：1-6.

王献玲，2006. 农村基础教育投入现状及对策[J]. 天津师范大学学报（基础教育版），9.

王一涛，夏守信，2004. 大学高收费约束下的农户高等教育选择——Y县22户农民的访谈[J]. 青年研究，12.

威廉·费尔丁·奥格本，1989. 社会变迁——关于文化和先天的本质[M]. 王晓毅等译. 杭州：浙江人民出版社.

韦森，2006. 斯密动力与布罗代尔钟罩——研究西方世界近代兴起和晚清帝国相对停滞之历史原因的一个可能的新视角[J]. 社会科学战线，1.

文军，2001. 从生存理性到社会理性选择：当代中国农民外出就业动因的社会学分析[J]. 社会学研究，6.

沃尔夫冈·查普夫，1998. 现代化与社会转型[M]. 陈黎等译. 北京：社会科学文献出版社.

武向荣，2007. 教育扩展中的过度教育现象及其收入效应——基于中国现状的经验研究[J]. 北京师范大学学报（社会科学版），3.

西奥多·W. 舒尔茨，1991. 经济增长与农业[M]. 郭熙保等译. 北京：北京经济学院出版社.

西奥多·W. 舒尔茨，2006. 改造传统农业[M]. 梁小民译. 北京：商务印书馆.

西奥多·W. 舒尔茨，1990. 人力投资——人口质量经济学[M]. 贾湛等译. 北京：华夏出版社.

席盘林，2009. 万人弃考背后的文化缺失[J]. 中国人大，8.

谢立中，1998. 西方社会学名著提要[M]. 南昌：江西人民出版社.

徐勇，2003. 流动中的乡村治理：对农民流动的政治社会学分析[M]. 北京：中国社会科学出版社.

徐勇，邓大才，2006. 社会化小农：解释当今农户的一种视角[J]. 学术月刊，（7）：5-13.

许经勇，曾芬钰，2000. 竞争性的劳动力市场与劳动力市场分割[J]. 当代财经，（8）：9-13.

薛晓源，曹荣湘，2004. 文化资本、文化产品与文化制度——布迪厄之后的文化资本理论[J]. 马克思主义与现实，1.

亚当·斯密，1972. 国民财富的性质和原因的研究（上）[M]. 郭大力等译. 北京：商务印书馆：257-258.

亚当·斯密，2003. 道德情操论[M]. 蒋自强等译. 北京：商务印书馆：282-283.

亚当·斯密，2005. 国富论[M]. 唐日松等译. 北京：华夏出版社.

亚里士多德，1995. 形而上学[M]. 吴寿彭译. 北京：商务印书馆.

亚里士多德，2003. 尼各马可伦理学[M]. 廖申白译. 北京：商务印书馆.

严文蕃，2003. 社会资本对美国少数民族参与高等教育的影响[J]. 教育研究，4.

杨婷，2007. 户籍限制高考，中学生被迫留学[N]，中国经济时报，（2007-04-04）.

仪平策，王卓斐，2003. 论"理性"概念的五大基本范式——文艺美学关键词研究之一[J]. 理论学刊，（4）：146-150，160.

易晓波，曾英武，2009. 康德"理性"概念的涵义[J]. 东南大学学报，（哲学社会科学版），（4）：29-34，126.

俞德鹏，2002. 城乡社会：从隔离走向开放——中国户籍制度与户籍法研究[M]. 济南：山东人民出版社.

袁桂林，洪俊，李伯玲，等，2004. 农村初中辍学现状调查及控制辍学对策思考[J]. 中国教育学刊，2.

袁连生，2003. 论教育的产品属性、学校的市场化运作及教育市场化[J]. 教育与经济，（1）：11-15.

约翰•伊特韦尔，1996. 新帕尔格雷夫经济学辞典[M]. 北京：经济科学出版社.

翟岩，2008. 试析结构与行动理论相互融合的可能与途径[J]. 社会科学战线，1.

詹姆斯•C. 斯科特，2001. 农民的道义经济学：东南亚的反叛与生存[M]. 程立显等译. 南京：译林出版社.

詹姆斯•M. 布坎南，1988. 经济学家应该做什么[M]. 成都：西南财经大学出版社.

詹姆斯•M. 布坎南，1989. 自由、市场与国家[M]. 平乔新等译. 上海：上海三联书店.

詹姆斯•S. 科尔曼，2008. 社会理论的基础[M]. 邓方译. 北京：社会科学文献出版社.

张芳杰，1984. 牛津现代高级英汉双解词典[M]. 香港：牛津大学出版社.

张江华，2004. 工分制下农户的经济行为——对恰亚诺夫假说的验证与补充[M]. 社会学研究，6.

张江华，2007. 工分制下的劳动激励与集体行动的效率[J]. 社会学研究，5.

张人杰，1989. 国外教育社会学基本文选[M]. 上海：华东师范大学出版社.

张曙光，施贤文，2003. 市场分割、资本深化和教育深化[J]. 云南大学学报，（社会科学版），（5）：70-76.

张玉林，刘保军，2005. 中国的职业阶层与高等教育机会[J]. 北京师范大学学报(社会科学版)，3.

张展新，2004. 劳动力市场的产业分割与劳动人口流动[J]. 中国人口科学，（2）：45-51.

张兆曙，2004. 生存伦理还是生存理性——对一个农民行为论题的实地检验[J]. 东南学术，5.

郑秉文，2003. 经济理论中的福利国家[J]. 中国社会科学，1.

郑风田，1999. 制度变迁与中国农民经济行为[M]. 北京：中国农业科技出版社.

中国城市发展报告编辑委员会，2004. 中国城市发展报告[M]. 北京：电子工业出版社.

中国社会科学院人口与劳动经济研究所，2007. 中国人口年鉴——2007[N]. 北京：中国人口年鉴杂志社.

钟涨宝，陈小伍，王绪朗，2007. 有限理性与农地流转过程中的农户行为选择[J]. 华中科技大学学报，（社会科学版），（6）：113-118.

周明宝，2002. 无奈抉择下的一种理性创造——浙西南农民工城乡"两栖"现象专题调研[J]. 社会，11.

朱梅，应若平，2005. 从农村"六合彩"赌博看农民理性的演变——一个经济社会学的视角[J]. 湖南社会科学，（6）：71-75.

Anne B D, Jules L P, 2003. Social capital in education: theoretical issues and empirical knowledge in attainment research[J]. The International Handbook on the Sociology of Education: An International Assessment of New Research and Theory: 58-81.

Annette L. Social class difference in family—school relationships: the importance of culture capital[J]. Sociology of Education, 1987, 60: 73-85.

Anthony G. 1973. The Class Structure of the Advanced Societies[M]. London: Hutchinson.

Balbir J. 1991. Return to education: further analysis of cross country data[J]. economics of Education Review, 10(3).

Barlow R, 1970. Efficiency aspects of local school finance[J]. Journal of Political Economy 78 : 1028-1040.

Barr N, 1998. The Economics of Welfare State[M]. Oxford: Oxford University Press: 329.

Boeke J H. 1953. Economics and Economic Policy of Dual Societies as Exemplified by Indonesia[M]. New York: Institute of Pacific Relations.

Bourdieu P，1986. The forms of capital[J]. In Handbook of Theory of and Research for the Sociology of Education：
    241-258.

Bowles S，Gintis H，1976. Schooling in Capitalist America：Educational Reform and the Contradictions of Economic
    Life[M]. New York：Basic Books.

Clifford G. 1963. Agricultural Involution：The Process of Ecological Change in Indonesia. Berkeley[J]，California：
    University of California Press.

Coleman J S，1990. Foundation of Social Theory[M]. Cambridge：Belknap Press of Harvard University Press：15.

Collins R，1977. Some comparative principles of educational stratification[J]. Harvard Educational Review，47：1-27.

Deng，Zhong，Donald J T，1997. The impact of cultural revolution on rrends in educational attainment in the People's
    Republic of China[J]. American Journal of Sociology Vol. 103：390-409.

Dijkstra A，Peschar J L. 2003 Social capital in education：theoretical issues and empirical knowledge in attainment
    research[J]. An International Assessment of New Research and Theory：Inc. pp. 58-81.

Doeringer P B，Michael J P，1971. Internal labor markets and manpower analysis，lexington[J]. Massachusetts：D. C.
    Heath.

Foucault M，1986. The Care of the Self[M]. New York：Pantheon Books.

Freeman R B，1976. The Overeducated American[M]. New York：Academic Press.

Geertz C，1963. Agricultural Involution：the Process of Ecological Change in Indonesia[M]. California：University of
    California Press：82.

Giddens A，1973. The Class Structure of the Advanced Societies[M]. London：Hutchinson.

Granovetter，1985. Economic action and social structure：the problem of embeddedness[J]. American Journal of Sociology
    91(3)：481-510.

Herbert A S，1955. A behavioral model of rational choice[J]. The Quarterly Journal of Economics，69.

Jain B，1991. Return to education：further analysis of cross country data[J]. Economics of Education Review，10(3).

James R，2000. Non-traditional students in Australian higher education：persistent inequities and the new ideology of
    student choice[J]. Tertiary Education and Management，6，(2).

Jay D T，1987. Parental cultural capital and educational attainment in the netherlands a refinement of the cultural[J].
    American Sociological Review，4.

Joel J. 1976. The Sorting Machine[M]. New York：David Mckay.

Kerckhoff A C，1995. Institutional arrangements and stratification processes in industrial societies[J]. Annual Review of
    Sociology，21：323-347.

Kristiansen S，Wahid F，Furuholt B，2006. Investing in knowledge? information asymmetry and indonesian schooling[J].
    The International Information & Library Review，38：192-204.

Lareau A，1987. Social class difference in family—school relationships：the importance of culture capital[J]. Sociology of
    Education：73-85.

Lewis O，1959. Five Families：Mexican case studies in the culture of poverty[M]. Toronto：Mentor Books.

Mark G,1985. Economic action and social structure：the problem of embeddedness[J]. American Journal of Sociology，

91 (3)：481-510.

Michael S，1973. Job market signaling[J]. Quarterly Journal of Economics. 87，（3）387-389.

Oscar L，1959. Five Families：Mexican Case Studies in the Culture of Poverty[J]. Toronto：Mentor Books.

Parish W L，1984. Destratification in China. In Class and Social Stratification in Post-Revolution China[M]. Cambridge：Cambridge University Press. pp. 84-120.

Pierre B. 1986. The Forms of Capital. In Handbook of Theory of and Research for the Sociology of Education[M]. CT：Greenwood Press：241-258.

Popkin S，1979. The Rational Peasant：The Political Economy of Rural Society in Vietnam[M]. Berkeley：University of California Press：31.

Psacharopoulos G，1994. Returns to investment in education：a global update[J]. World Development，22 (9)：1325-1343.

Richard J，2000. Non-traditional students in australian higher education：persistent inequities and the new ideology of student choice[J]. Tertiary Education and Management，6 (2).

Robin B，1970. Efficiency aspects of local school finance[J]. Journal of Political Economy，78：1028-1040.

Samuel B，Herbert G. 1976. Schooling in Capitalist America：Educational Reform and the Contradictions of Economic Life[M]. New York：Basic Books.

Samuelson P A，1954. The pure theory of public expenditures[J]. Review of Economics and Statistics，36，（4）.

Samul P. 1979. The Rational Peasant：The Political Economy of Rural Society in Vietnam[M]，Berkeley：University of California Press.

Schultz，Theodore W，1961. Investment in humancapital[J]. The American Review，51：1-17.

Simon H，1955. A Behavioral Model of Rational Choice[J]. The Quarterly Journal of Economics，69，（1）：99-118.

Sorokin P A，1927. Social Mobility[M]. New York：Harper：190.

Spencer M，1973. Job market signaling[J]. Quarterly Journal of Economics，87 (3)：355-357.

Spring J，1976. The Sorting Machine[M]. New York：David Mckay.

Teacherman J D. 1987. Parental cultural capital and educational attainment in the Netherlands a refinement of the cultural. American Sociological Review，52 (4).

Tsang M C，Levin H M，1985. The economics of overeducation[J]. Economics of Education Review，4.

Weber M. 1947. The Theory of Social and Economic Organization[M]. New York：Free Press.

附录 1　访谈提纲

访谈日期、地点、编号[①]：＿＿＿＿＿＿
访谈问题如下。

一、被访者概况

1. 被访者基本情况

被访者年龄、性别、受教育程度、现从事的具体工作(务农或者其他)。

2. 被访者家庭概况

(1)家庭经济收入、文化水平、社会关系等。
(2)子女概况：子女数量、性别、年龄、受教育阶段、就读学校、学习状况。

二、农户对子女教育投入的动机与目的

1. 如何看待教育及孩子上学？
2. 让子女上学的主要目的是什么？
3. 期望子女受到哪种层次的教育？
4. 对孩子的教育期望和目的存在变化吗？
5. 是哪些因素引起对孩子教育期望和目的的变化？

三、农户对子女教育投入的现状

1. 对孩子教育的经济投入现状

对子女学费、住宿费、买辅导资料、上辅导班(培训班)、家教、择校等方面的经济投入。

2. 对子女的非物质投入现状

在帮助、监督、督促孩子学习方面的情感、时间、精力等投入。

[①] 对 D 村和 W 村访谈的编号按照"村+访谈日期+某日访谈户数"为原则进行，其中"某日访谈户数"以大写字母 A、B、C……依次为区分。如果某日仅访谈一户，则不予区分。例如：W20090704A 表示 2009 年 7 月 4 日对 W 村某户的访谈，且为该天访谈的第一户。

四、不同教育阶段农户对子女的教育投入行为

1．不同的教育阶段的投入行为具体有哪些？
2．选择这些教育投入行为是基于哪些考虑？
3．这些教育投入行为有变化吗？
4．是什么因素促使这些教育投入行为发生变化？

五、农户对子女教育投入行为的影响因素

1．对子女教育投入受哪些因素影响？
2．家庭、社会、文化等方面的影响因素具体有哪些？
3．教育投入行为受这些因素影响的过程是什么？

六、农户对子女教育投入行为的变化过程

1．在各种因素影响对子女教育投入时，对孩子的教育投入行为有变化吗？
2．在面对各种影响因素时，如何调整对子女的教育投入行为？
3．调整对子女的教育投入行为时，又是基于哪些考虑？

附录2 调查问卷

农户朋友：

您们好！

这份问卷是为了了解农村家庭对子女教育投入的情况，以便为农村教育和社会发展提供重要依据。调查问卷不记名，调查资料保密，请放心回答。

谢谢你们的配合！

填答问卷说明：请将符合您情况的选项填写在横线上。

1. 您的性别：___。
2. 您的文化程度是：___。
   ①小学　　　②初中　　　③高中或中专　　　④大专及以上
3. 您家有____个子女？性别分别是：____男____女？
4. 您们家一年的总收入为：____。
5. 您们家所有孩子每年的教育总支出为：____。
6. 您希望孩子通过什么方式来提高生活质量？____
   ①接受教育　②经商　　　③参军　　　④打工　　　⑤务农
7. 您送子女上学的主要目的是____。
   ①希望子女离开农村，改变命运　　　②考大学，为家庭争光
   ③尽父母责任和义务　　　　　　　　④让孩子多学知识以适应社会
   ⑤希望孩子将来能挣更多的钱　　　　⑥希望孩子将来能当官
8. 您希望孩子能上学到哪个层次？____
   ①小学　　　②初中　　　③高中(职高)　　　④大学　　　⑤研究生
9. 您了解孩子的学习情况吗？____
   ①非常了解　　　②了解　　　③略知一二　　　④不了解
10. 您对子女学习方面有哪些经济投入？____(可多选)
    ①交学费　　　　　②买文具　　　　　③买辅导资料(课外书)
    ④上辅导(培训)班　⑤请家教　　　　　⑥择校费

11．您对子女学习有哪些精力投入？＿＿＿＿（可多选）

①督促、辅导孩子学习　　　　　　　②向老师了解孩子学习情况

③接送孩子上学　　　　　　　　　　④经常到学校看望孩子

⑤让孩子少干农活，多点学习时间

12．影响您对孩子教育投入的主要因素是＿＿＿＿

①孩子学习成绩　　　　②家庭收入　　　　③就业形势

④孩子性别　　　　　　⑤教育质量

13．如果子女学习成绩不好，您会怎么办？＿＿＿＿

①选择上教学质量好的学校　　　　　②放弃供孩子上学

③顺其自然，上到哪里算哪里

14．如果孩子不愿意上学，您会怎么办？＿＿＿＿

①坚决反对　　　　　　　　②做孩子思想工作，劝说孩子继续上学

③随孩子想法　　　　　　　④乐意孩子不上学

15．如果家里经济困难，您是否让孩子继续上学？＿＿＿＿

①不让孩子上学　　　　　　②看孩子学习情况，成绩不好就不让上

③根据孩子意愿，想上就让上　　④想一切办法，让孩子继续上学

16．如果孩子升学失败，您打算＿＿＿＿。

①想各种办法，让孩子继续上学　　　②让孩子上职业技术学校学技术

③放弃让孩子上学

17．在当前大学生找工作难、教育收益少的情况下，您是否愿意供子女上大学？＿＿＿＿

①愿意　　　　　　　　　　②不愿意